COURS
DE
LITTÉRATURE CELTIQUE

II

DU MÊME AUTEUR :

Cours de littérature celtique. — T. I : *Introduction à l'étude de la littérature celtique.* 1 vol. in-8º (Thorin, éditeur). 8 »

Essai d'un catalogue de la littérature épique de l'Irlande. In-8º. 1883 (Thorin, éditeur). 12 »

Histoire des ducs et des comtes de Champagne. 7 vol. (ou 6 tomes en 7 vol.). In-8º. (Thorin, éditeur.) 52 50

Toulouse. — Imprimerie A. CHAUVIN ET FILS, rue des Salenques, 28.

LE CYCLE
MYTHOLOGIQUE

IRLANDAIS
ET LA MYTHOLOGIE CELTIQUE

PAR

H. D'ARBOIS DE JUBAINVILLE

PROFESSEUR AU COLLÈGE DE FRANCE

PARIS
ERNEST THORIN, ÉDITEUR
LIBRAIRE DU COLLÈGE DE FRANCE, DE L'ÉCOLE NORMALE SUPÉRIEURE
DES ÉCOLES FRANÇAISES D'ATHÈNES ET DE ROME
7, RUE DE MÉDICIS, 7

1884

PRÉFACE

Un des documents le plus souvent cités sur la religion celtique est un passage de César, *De bello gallico*, où le conquérant de la Gaule raconte quels sont, suivant lui, les principaux dieux des peuples qu'il a vaincus dans cette contrée :

« Le dieu qu'ils révèrent surtout est Mercure ; ses
» statues sont nombreuses. Les Gaulois le considèrent
» comme l'inventeur de tous les arts, le guide dans les
» chemins et les voyages ; ils lui attribuent une très
» grande influence sur les gains d'argent et sur le com-
» merce. Après lui viennent Apollon, Mars, Jupiter et
» Minerve. De ceux-ci ils ont presque la même opinion
» que les autres nations : Apollon chasse les maladies ;
» Minerve instruit les débutants dans les arts et les mé-
» tiers ; Jupiter a l'empire du ciel ; Mars a celui de la
» guerre. Quant ils ont résolu de livrer bataille, ils lui
» consacrent d'avance par un vœu le butin qu'ils comp-
» tent faire (1)... »

Si nous prenons ce texte au pied de la lettre, il paraît

---

(1) *De bello gallico*, livre VI, chap. XVII.

que les Gaulois auraient eu cinq dieux presque identiques à autant de grands dieux romains : Mercure, Apollon, Mars, Jupiter et Minerve ; la différence n'aurait guère consisté que dans les noms. Cette doctrine semble confirmée par des inscriptions romaines, où des noms gaulois sont juxtaposés comme épithètes ou par apposition aux noms de ces dieux romains. On pourrait donner de nombreux exemples. Nous citerons : 1° pour Mercure, les dédicaces *Mercurio Atusmerio* (1), *Genio Mercurii Alauni* (2), *Mercurio Touren[o]* (3), *Visucio Mercuri[o]* (4), *Mercurio Mocco* (5) ; 2° pour Apollon, les dédicaces *Apollini Granno* (6), *[A]pollini Mapon[o]* (7), *Apollini Beleno* (8) ; 3° pour Mars les dédicaces *Marti Toutati* (9), *Marti Belatucadro* (10), *Marti Camulo* (11), *Marti Caturigi* (12) ; 4° pour Jupiter, les dédicaces *Jovi Taranuco* (13), *Jovi Tarano* (14) ; et 5° pour

(1) *Bulletin des antiquaires de France*, 1882, p. 310.
(2) Brambach, *Corpus inscriptionum rhenarum*, 1717.
(3) *Ibid.*, n° 1830.
(4) *Ibid.*, n° 1696.
(5) Inscription de Langres, chez De Wal, *Mythologiæ septentrionalis monumenta latina*, vol. I, n° CLXVII. *Moccus* paraît être le cochon ou sanglier, en vieil irlandais *mucc*, génitif *mucce*, thème féminin en *a* ; en gallois, *moch*, et en breton, *moc'h*.
(6) Brambach, n°ˢ 566, 1614, 1915 ; *Corpus inscriptionum latinarum*, t. III, n°ˢ 5588, 5861, 5870, 5871, 5873, 5874, 5876, 5881 ; t. VII, n° 1082.
(7) *Corpus inscriptionum latinarum*, t. VII, n° 218.
(8) *Ibid.*, t. V, n°ˢ 737, 741, 748, 749, 753.
(9) *Ibid.*, t. III, n° 5320 ; t. VII, n° 84.
(10) *Ibid.*, t. VII, n°ˢ 746, 957.
(11) *Ibid.*, t. VII, n° 1103 ; Brambach, n° 164 ; Mommsen, *Inscriptiones confœderationis Helveticæ*, n° 70.
(12) Brambach, n° 1588.
(13) *Corpus inscriptionum latinarum*, t. III, n° 2804.
(14) *Ibid.*, t. VII, n° 168.

Minerve les dédicaces *Deæ Suli Minervæ* (1), *Minervæ Belisamæ* (2). Ce sont les cinq dieux dont parle César.

Avant de tirer du passage précité de César, des inscriptions que nous venons de mentionner et des documents analogues, une conclusion quelconque, il est indispensable d'en déterminer exactement le sens. Le texte de César commence par le mot « dieu » : *Deum maxime Mercurium colunt.* Que signifie le mot « dieu » dans la langue que parlait César quand il dictait ses *Commentaires* ? Cicéron, dans son traité *De inventione rhetorica*, distingue entre ce qui est nécessaire ou certain et ce qui est probable ; comme exemple de propositions probables, il cite celle-ci : « Ceux qui s'occupent de philosophie ne croient pas qu'il y ait des dieux (3). » Pour Lucrèce, les dieux sont une création de l'esprit humain, développée par les hallucinations du rêve (4). Le mot « dieu, » aux yeux de la plupart des membres de l'aristocratie romaine contemporains de César, désignait une conception sans valeur objective (5).

Nous pensons pourtant être en droit d'affirmer que la langue employée par César dans les *Commentaires* est celle d'un croyant ; peu nous importe ce qu'il pouvait penser au fond de sa conscience. César est un homme

---

(1) *Corpus inscriptionum latinarum*, t. VII, n°ˢ 42, 43.
(2) De Wal, *Mythologiæ septentrionalis monumenta latina*, vol. 1, n° LII.
(3) *De inventione*, livre I, chap. XXIX, § 46.
(4)   Quippe etenim jam tum divum mortalia sæcla
      Egregias animo facies vigilante videbant,
      Et magis in somnis mirando corporis auctu
      . . . . Livre V, vers 1168 et suivants.
(5) Comparez Boissier, *La religion romaine d'Auguste aux Antonins*, t. I, p. V-VI.

politique dont le but, quand il parle, est de préparer ses auditeurs à lui obéir quand il commandera. Il est, parmi ses compatriotes, un de ceux qui ont le mieux su mettre en pratique les vers fameux de Virgile :

> Tu regere imperio populos, Romane memento ;
> Hæc tibi erunt artes, pacique imponere morem
> Parcere subjectis, et debellare superbos (1).

Placée en face de populations qui croient à leurs dieux, l'aristocratie romaine, sceptique ou non, admet officiellement l'existence des dieux et s'en fait un moyen de gouvernement. Pour comprendre César, il faut admettre que, dans la langue dont il se sert, le mot « dieu » désigne des êtres dont l'existence réelle est considérée comme indiscutable, et qu'on ne peut sans erreur manifeste se figurer comme de simples conceptions de l'esprit humain, comme des fictions plus ou moins fantaisistes, plus ou moins logiques. La langue de César fut, après lui, celle des inscriptions romaines de la Gaule.

Notre manière d'envisager les doctrines mythologiques est toute différente de celle qu'avaient adoptée les hommes politiques de Rome et les croyants qui ont dicté les inscriptions romaines de la Gaule. Nous ne sommes ni, comme les premiers, appelés à gouverner une population que des habitudes séculaires attachaient au culte de ses dieux, ni, comme les seconds, des païens. Les dieux des Gaulois, comme ceux des Romains, sont, à nos yeux, une création de l'esprit humain, inspirée à une population ignorante par le besoin d'expliquer le monde. Il est, par conséquent, très difficile de nous satisfaire,

---

(1) Virgile, *Énéide*, livre VI, vers 851-853.

quand on prétend démontrer que deux divinités, l'une romaine, née de la combinaison de la mythologie romaine et de la mythologie grecque, l'autre gauloise et issue du génie propre à la race celtique, sont identiques l'une à l'autre. Il ne suffit pas que les deux figures divines se superposent à peu près l'une à l'autre par quelque côté ; il faut, sinon concordance complète, au moins accord sur tous les points fondamentaux.

Lorsqu'il s'agit d'affirmer l'identité d'un personnage réel, on est beaucoup moins difficile. J'ai connu tel professeur illustre ; à son cours j'ai admiré sa science profonde des textes, la justesse et la nouveauté des conclusions qu'il en tirait, l'élégante netteté de son langage, le charme de sa diction, l'éclat de son regard, l'animation de ses traits. Dans son cabinet il a achevé de me séduire par la bienveillance de son accueil, par la finesse de son sourire, par la spirituelle simplicité de sa conversation savante d'où tout pédantisme était absent. Ensuite, je le rencontre dans la rue. Je ne lui parle pas ; il ne me dit rien ; ses yeux, si vifs il y a un instant, sont mornes et ternes ; rien, dans sa physionomie, ne révèle l'homme éminent qui se manifestait avec tant de supériorité dans la chaire du professeur devant un nombreux auditoire, ou au coin de la cheminée sans témoins pendant un entretien familier. Maintenant il semble ne penser à rien : que dis-je ? La pensée qui l'occupe et que j'ignore est peut-être la plus triviale et la plus vulgaire. Mais les traits de son visage, tout à l'heure inspirés, en ce moment insignifiants et presque sans vie, offrent à mon regard un ensemble de lignes que je reconnais. Je m'écrie : C'est lui ! et je ne me suis pas trompé.

Les Romains procédaient d'une manière analogue

quand il était question de leurs dieux. Leur Jupiter, par exemple, portait comme insigne caractéristique la foudre dans la main droite ; les Gaulois avaient aussi un dieu qui maniait la foudre. Sur ce simple indice, les Romains crurent reconnaître dans le dieu gaulois leur Jupiter. De ce que les deux dieux, l'un national, l'autre étranger, avaient un attribut identique, les Romains conclurent que ces deux dieux n'en faisaient qu'un ; ils le conclurent sans se préoccuper des différences que, sur d'autres points beaucoup plus importants, pouvaient offrir ces deux figures mythiques.

Du reste, quand il s'agissait de grands dieux, qui dans le monde exerçaient, croyait-on, un pouvoir général, il ne pouvait pas en être autrement. Il était inadmissible que la foudre obéît à deux maîtres, l'un en Gaule, l'autre en Italie. Si l'explication qu'on donnait du phénomène de la foudre au sud des Alpes était bonne, il fallait bien qu'elle restât bonne au nord-ouest des Alpes.

Le Mars romain décidait du sort des batailles. De deux choses l'une : ou le dieu gaulois de la guerre était identique au Mars romain, et dès lors son culte pouvait être maintenu dans la Gaule conquise ; ou il était inférieur, en ce cas c'était un dieu vaincu, dont le culte devenait inutile.

Le résultat de la conquête devait être nécessairement ou la suppression du culte des grands dieux gaulois, ou la confusion de ce culte avec le culte des grands dieux romains ; et la seconde alternative était celle dont la réalisation était le plus facile à obtenir, puisqu'elle n'infligeait aux vaincus aucune humiliation. Elle avait l'avantage d'empêcher toute lutte religieuse entre les vaincus et les vainqueurs qui voulaient se les assimiler ; elle rapprochait par là l'époque de cette assimilation. La confusion des deux cultes était par conséquent la solution qu'un homme politique devait préférer.

César a donc affirmé l'identité de cinq grands dieux de Rome avec les grands dieux de la Gaule, et cette identité a été admise après César. Elle l'a été d'autant plus facilement que les Romains croyant à la réalité de leurs dieux se contentaient pour les reconnaître d'attributs tout à fait secondaires; alors, avant de prononcer que deux divinités sont identiques, on ne se livrait point à l'enquête minutieuse qu'entreprend de nos jours tout savant qui applique à l'étude de la mythologie les procédés de l'érudition moderne.

Notre conclusion sera par conséquent celle-ci :

Nous ne pouvons accepter sans vérification les assertions de César d'où l'on semblerait en droit de conclure que la religion des Gaulois et celle des Romains étaient à peu près les mêmes. Il faut consulter d'autres textes que celui par la citation duquel nous avons commencé, et que les inscriptions qui semblent être la confirmation de ce document. Telle est la raison qui nous a fait entreprendre le travail contenu dans ce volume. Sans prétendre y résoudre les innombrables questions que soulève l'étude de la mythologie celtique, nous y proposons une solution à quelques-unes des principales difficultés qui peuvent être agitées à propos d'un sujet si digne d'attirer l'attention de l'historien.

Ce n'est pas une mythologie celtique que nous livrons au public, c'est un essai sur les principes fondamentaux de cette mythologie. Nous avons pris pour base de notre étude le traité que les Irlandais connaissent sous le nom de *Lebar Gabala*, « Livre des conquêtes » ou « des invasions. » Notre travail est un commentaire de ce document, tel qu'on le trouve dans le Livre de Leinster, manuscrit du milieu du douzième siècle, dont l'Académie royale d'Irlande a publié un fac-similé. Les nombreux textes que nous citons, outre celui-là, n'ont d'autre objet que de l'expliquer.

Notre œuvre aura les inconvénients que présente la méthode exégétique ; le principal sera celui des répétitions ; les légendes, analogues à des légendes déjà exposées, demanderont souvent le retour d'explications données précédemment. Mais nous espérons qu'on nous saura gré d'avoir respecté l'ordre antique dans lequel l'Irlande a jadis classé les récits fabuleux qui constituent la forme traditionnelle de sa mythologie. En substituant à ce vieux plan consacré par les siècles un classement plus méthodique, mais nouveau et arbitraire, nous aurions brisé de nos mains le tableau même que nous voulions mettre sous les yeux du lecteur (1).

---

(1) L'exception que nous avons faite pour la légende de Cessair n'est qu'apparente, puisque cette légende est une addition chrétienne au cycle mythologique irlandais.

LE
CYCLE MYTHOLOGIQUE IRLANDAIS

ET LA

MYTHOLOGIE CELTIQUE

CHAPITRE PREMIER.

NOTIONS GÉNÉRALES.

§ 1. Les catalogues de la littérature épique irlandaise. — § 2. Les cycles épiques irlandais. — § 3. De la place occupée par la littérature épique dans la vie des Irlandais aux premiers siècles du moyen âge. — § 4. Le cycle mythologique irlandais. Les races primitives dans la mythologie irlandaise et dans la mythologie grecque. — § 5. Le cycle mythologique irlandais (*suite*). Les inondations dans la mythologie irlandaise et dans la mythologie grecque. — § 6. Le cycle mythologique irlandais (*suite*). Les batailles entre les dieux dans la mythologie irlandaise, dans celle de la Grèce, de l'Inde et de l'Iran. — § 7. Le roi des morts et le séjour des morts dans la mythologie irlandaise, dans la mythologie grecque et dans celle des *Véda*. — § 8. Les sources de la mythologie irlandaise.

§ 1.

Les catalogues de la littérature épique irlandaise.

Dans le volume précédent nous avons dit qu'il existe plusieurs catalogues des morceaux qui composaient la littérature épique irlandaise. Le plus ancien de ces catalogues paraît avoir été dressé vers l'an 700 de notre ère, sauf une ou deux additions qui dateraient de la première moitié du dixième siècle. Le deuxième appartient à la seconde moitié du même siècle. Le troisième nous a été conservé par un manuscrit du seizième siècle.

Le premier de ces catalogues se trouve dans deux manuscrits; l'un des deux a été écrit vers 1150 : c'est le Livre de Leinster, p. 189-190, d'après lequel ce catalogue a été publié par O'Curry, *Lectures on the ms. materials*, p. 584-593; l'autre date du quinzième ou du seizième siècle : c'est le ms. H. 3. 17, col. 797-800 du Collège de la Trinité de Dublin, d'après lequel le même catalogue a été publié par M. O'Looney dans les *Proceedings of the Royal irish Academy*, Second series, vol. I, *Polite Literature and Antiquities*, p. 215-240. Ce catalogue est anonyme; il contient cent quatre-vingt-sept titres dans le premier des deux manuscrits.

Le deuxième catalogue, inédit jusqu'ici (1), se rencontre, à ma connaissance, dans trois manuscrits : le Rawlinson B. 512 de la bibliothèque bodléienne d'Oxford, f° 109-110, quatorzième siècle; le Harleian 5280, f° 47 recto-verso du British Museum, quinzième siècle; et le 23. N. 10, autrefois Betham 145, de l'Aca-

---

(1) Depuis que ces lignes sont écrites, il en a été publié une édition dans le volume intitulé : *Essai d'un catalogue de la littérature épique de l'Irlande*, p. 260-264.

démie royale d'Irlande, p. 29-32, seizième siècle. Il comprend cent cinquante-neuf titres dans le premier des trois manuscrits; il est attribué à Urard mac Coisi, *file* de la seconde moitié du dixième siècle.

Il n'y a que vingt titres dans le troisième catalogue : celui-ci, plus récent que les deux premiers et sans nom d'auteur, est conservé par un manuscrit du seizième siècle au Musée Britannique, sous le n° 432 du fonds Harléien, et il a été publié dans les *Ancient Laws of Ireland*, t. I, p. 46.

Le deuxième et le troisième catalogue contiennent des titres qui ne sont pas compris dans le premier, mais, même en ajoutant au premier catalogue un supplément formé avec les titres qui lui manquent et que les deux autres catalogues contiennent, on n'aurait pas la liste complète des morceaux qui formaient le vaste ensemble de la littérature épique irlandaise. D'après la glose de l'introduction au *Senchus Môr*, le nombre des histoires que devait savoir l'*ollam* ou chef des *file* était de trois cent cinquante. Les manuscrits irlandais des Iles Britanniques nous ont conservé quelques-unes des histoires dont les titres n'ont pas été inscrits dans les catalogues dont nous venons de parler. Par contre, on ne retrouve plus dans ces manuscrits une partie des histoires dont ces catalogues nous ont transmis les titres. Ainsi notre connaissance de la littérature épique irlandaise offre bien des lacunes qu'il sera probablement toujours impossible de combler.

§ 2.

Les cycles épiques irlandais.

Les monuments de la littérature épique irlandaise semblent pouvoir se diviser en quatre sections :

1° Le cycle mythologique, qui concerne l'origine et la plus ancienne histoire des dieux, des hommes et du monde;

2° Le cycle de Conchobar et de Cûchulainn, comprenant des récits qui se rapportent, soit à ces deux personnages soit à d'autres héros que l'on se figurait avoir été leurs contemporains, ou les avoir soit précédés soit suivis à peu d'années de distance. Suivant les annalistes irlandais, Conchobar et Cûchulainn auraient vécu vers le même temps que Jésus-Christ; ainsi Cûchulainn serait mort, d'après Tigernach, l'an 2 de notre ère et Conchobar l'an 22 (1);

3° Le cycle ossianique, dont les principaux personnages sont Find, fils de Cumall, et Ossin ou Ossian, fils de Find ; il paraît avoir pour base des événements historiques du second et du troisième siècle de notre ère; Tigernach met la mort de Find en 274 (2);

---

(1) O'Conor, *Rerum hibernicarum scriptores*, t. II, 1re partie, p. 14, 16. Certaines personnes en Irlande au douzième siècle croyaient ces personnages beaucoup plus anciens. Un des récits légendaires conservé par le *Livre de Leinster* fait régner Conchobar trois cents ans avant J.-C. Windisch, *Irische texte*, p. 99, lignes 16-17.

(2) O'Conor, *Rerum hibernicarum scriptores*, t. II, 1re partie, p. 49.

4° Un certain nombre de morceaux qui, si on les plaçait bout à bout dans l'ordre chronologique des faits vrais ou imaginaires auxquels ils se rapportent, nous offriraient, en quelque sorte, les annales poétiques de l'Irlande, du troisième siècle de notre ère au septième. Les pièces relatives à des événements postérieurs au septième siècle sont fort peu nombreuses.

§ 3.

De la place occupée par la littérature épique dans la vie des Irlandais aux premiers siècles du moyen âge.

Pendant les longues soirées d'hiver, les morceaux épiques ou histoires compris dans ces quatre sections étaient débités par les *file* aux rois entourés de leurs vassaux dans les grandes salles de leurs *dûn* ou châteaux (1). Les *file* récitaient aussi ces histoires aux foules qu'attiraient les grandes assemblées périodiques du 1ᵉʳ mai ou *Beltené*, du premier août ou *Lugnasad*, et du 1ᵉʳ novembre ou *Samain*, dont une des plus célèbres est celle qui se tenait à Usnech le 1ᵉʳ mai, ou jour de *Beltené*.

Usnech était considéré comme le point central de l'Irlande; un roc naturel servant de borne indiquait le point d'où partaient les lignes séparatives des

---

(1) *Scél as-am-berar com-bad-é Find, mac Cumaill, Mongán,* dans le *Leabhar na h-Uidhre*, p. 133, col. 1, lignes 29-31.

cinq grandes provinces (en irlandais *coicid* ou « cinquièmes »), entre lesquelles se partageait l'Irlande. C'est là que d'ordinaire, le 1ᵉʳ mai, les mariages annuels se rompaient et que des liens nouveaux succédaient à ceux que la coutume avait brisés. A ces assemblées, on rendait des jugements, on réformait les lois, les rois recrutaient des soldats, les négociants venaient offrir leurs marchandises à des populations ordinairement dispersées sur toute la surface d'un vaste territoire où le commerce ne pouvait les atteindre; enfin les *file* trouvaient, pour leurs récits épiques, de nombreux auditoires (1). Sans avoir la prétention au même succès, nous allons reprendre les récits de ces vieux conteurs. Nous commencerons par le cycle mythologique.

§ 4.

Le cycle mythologique irlandais. Les races primitives dans la mythologie irlandaise et dans la mythologie grecque.

Les morceaux qui appartiennent au cycle mytho-

---

(1) Sur les récits épiques des *file* dans les assemblées publiques d'Irlande, voyez la pièce intitulée *Aenach Carmain*, publiée chez O'Curry, *On the manners*, t. III, p. 526-547. Les quatrains 58-65 concernent ces récits. Le versificateur irlandais a intercalé dans ses vers six mots qui, dans les catalogues, servent de titre à autant de sections : *togla* ou « prises de villes, » *tána* ou « enlèvements de troupeaux, » *tochmorca* ou « demandes en mariage, » *fessa* ou « fêtes, » *aitti* ou « morts violentes, » *airggni* ou « massacres. » Il cite aussi

logique sont épars dans les divers chapitres (1) dont nos catalogues se composent. Mais ceux de ces morceaux que l'on peut considérer comme fondamentaux appartiennent au chapitre intitulé *Tochomlada* ou émigrations. Sur les treize pièces que ce chapitre comprend, sept sont mythologiques :

1° *Tochomlod Partholoin dochum n-Erenn*, émigration de Partholon en Irlande ;

2° *Tochomlod Nemid co h-Erind*, émigration de Nemed en Irlande ;

3° *Tochomlod Fer m-Bolg*, émigration des *Fir-Bolg* ;

4° *Tochomlod Tuathe Dé Danann*, émigration de la nation du dieu de Dana ou des *Tuatha Dé Danann* ;

5° *Tochomlod Miled, maic Bile, co h-Espain*, émigration de Milé, fils de Bilé en Espagne ;

6° *Tochomlod mac Miled a Espain in Erinn*, émigration des fils de Milé, d'Espagne en Irlande ;

7° *Tochomlod Cruithnech a Tracia co h-Erinn ocus a tochomlod a Erinn co Albain*, émigration des Pictes de Thrace en Irlande et d'Irlande en Grande-Bretagne.

Ces titres suffisent pour nous montrer qu'une des parties les plus importantes de la mythologie irlandaise racontait comment diverses races divines et humaines étaient venues successivement s'établir en Irlande. Ainsi la littérature irlandaise met à l'origine des choses une série de faits mythiques qui présen-

---

plusieurs pièces bien connues, comme *Fianruth Fiand*, *Tecusca Cormaic*, *Timna Chathair* (cf. Livre de Leinster, p. 216, col. 1, lignes 19-34).

(1) Sur ces chapitres, voir notre tome I*er*, p. 350-351.

tent une grande analogie avec une des conceptions les plus connues de la mythologie grecque. Voici comment s'exprime Hésiode dans le poème dont le titre est : *Les Travaux et les Jours.*

« La race d'or des hommes doués de parole
» fut celle que créèrent la première les immortels
» habitants des palais de l'Olympe ; cette race exista
» sous Kronos, quand il régnait dans le ciel. Ces
» hommes vivaient comme des dieux, l'esprit sans
» inquiétude, loin des fatigues et de la douleur ; ils
» n'éprouvaient aucune des misères de la vieil-
» lesse, leurs pieds et leurs mains avaient tou-
» jours la même vigueur ; ils passaient leur vie
» dans la joie des festins, à l'abri de tous maux,
» et ils mouraient comme domptés par le som-
» meil. Pour eux toute chose tournait à bien ; le
» champ fertile leur produisait, sans culture, des
» fruits abondants, dont il n'était jamais avare.
» Ceux qui récoltaient se faisaient un plaisir de
» partager paisiblement avec leurs nombreux et
» bons voisins. Et quand cette race eut été ensevelie
» dans les entrailles de la terre, elle se transforma,
» par la volonté du grand Zeus, en démons bien-
» faisants qui habitent la terre et y sont les gardiens
» des hommes mortels. Ils observent les bonnes et
» les mauvaises actions ; invisibles dans l'air qui
» leur sert de vêtement, ils se promènent sur toute
» la terre, distribuant les richesses : telle fut la
» royale prérogative qu'ils obtinrent.

» Une seconde race, beaucoup moins bonne, celle

» d'argent, fut ensuite créée par les habitants des
» palais de l'Olympe; elle n'était comparable à la
» race d'or ni par le corps ni par l'esprit. Pendant
» cent ans, l'enfant élevé par sa mère attentive
» grandissait inepte dans la maison ; mais quand
» il avait atteint la puberté et le terme de l'ado-
» lescence, il ne vivait plus que peu de temps, et
» c'était dans la douleur, à cause de sa stupidité ;
» car ces hommes ne pouvaient s'abstenir de com-
» mettre l'injustice les uns envers les autres. Ils
» refusaient le culte aux Immortels et les sacrifices
» aux Tout-Puissants sur les autels sacrés, violant
» ainsi le droit et la coutume. Alors, Zeus, fils de
» Kronos, leur ôta la vie, irrité contre eux parce
» qu'ils ne rendaient pas d'honneurs aux dieux bien-
» heureux qui habitent l'Olympe. Mais quand la terre
» eut recouvert ces hommes, on leur donna le nom
» de puissants mortels souterrains; ils occupent le
» second rang : toutefois, comme les premiers, ils
» sont entourés d'honneurs.

» Alors Zeus créa une troisième race d'hommes
» doués de parole, celle d'airain, qui ne fut en
» rien semblable à celle d'argent. Issue des frênes,
» elle était forte et robuste; ce qui l'occupait c'étaient
» les œuvres douloureuses et injustes d'Arès, dieu
» de la guerre. Ils ne mangeaient pas de froment ;
» leur vigoureux et redoutable courage ressemblait
» à l'acier. Leur force était grande ; des mains in-
» vincibles terminaient les bras qui s'attachaient à
» leurs corps puissants. D'airain étaient leurs ar-

» mes, d'airain leurs maisons ; c'était l'airain qu'ils
» travaillaient, le noir fer n'existait pas encore. Ils
» s'enlevèrent eux-mêmes la vie par leurs propres
» mains et allèrent dans la maison putride du froid
» Aïdès. Quelque redoutables qu'ils fussent, la noire
» mort se saisit d'eux et ils quittèrent la brillante
» lumière du soleil.

» Mais quand la terre eut aussi recouvert cette
» race, Zeus, fils de Kronos, en créa une quatrième
» sur la terre féconde. Celle-ci, plus juste et meil-
» leure, a donné les hommes héroïques et divins de
» la génération qui nous a précédés qu'on appelle
» demi-dieux dans la Terre immense. La guerre
» fatale et les durs combats leur ont ôté la vie. Les
» uns sont morts près de Thèbes aux Sept-Portes,
» dans la terre de Cadmus, en livrant bataille à
» cause des brebis d'Œdipe ; les autres, franchis-
» sant sur leurs navires la vaste étendue de la mer,
» allèrent à Troie à cause d'Hélène à la belle che-
» velure, et la mort les y enveloppa.

» Zeus, fils de Kronos, les séparant des hommes,
» leur a donné la nourriture et une demeure aux
» extrémités de la terre, loin des immortels. Kro-
» nos règne sur eux : ils vivent, l'esprit libre de
» souci, dans les îles des Tout-Puissants, près de
» l'Océan aux gouffres profonds, ces héros bienheu-
» reux auxquels un champ fécond, qui fleurit trois fois
» l'an, produit des fruits doux comme le miel (1). »

(1) Hésiode, *Les Travaux et les Jours*, vers 109-173 (cf. Ovide,

Ainsi les Grecs croyaient qu'à une époque antérieure à celle où vivaient ceux de leurs ancêtres qui ont fait les guerres épiques de Thèbes et de Troie, trois races dont ils ne descendaient point s'étaient succédé sur le sol de leur patrie. Nous trouvons, en Irlande, une doctrine à peu près identique. Les noms de ces races mythiques ne sont pas les mêmes en Irlande qu'en Grèce. Hésiode les appelle race d'or, race d'argent, race d'airain ; les Irlandais parlent de la famille de Partholon, de celle de Nemed et des *Tùatha Dê Danann*. Les *Tùatha Dê Danann* sont identiques à la race d'or des Grecs ; dans la famille de Partholon nous reconnaîtrons la race d'argent des Grecs ; dans la famille de Nemed leur race d'airain. Ainsi l'ordre suivi par les Grecs n'est pas le même que celui que nous trouvons en Irlande. La race d'or des Grecs, placée chez eux chronologiquement la première, arrive la dernière chez les Irlandais, qui lui donnent le nom de *Tùatha*

Métamorphoses, livre I, vers 89-127). Nous avons supprimé dans notre traduction le vers 120, que certains éditeurs considèrent comme une interpolation, et qui est en tout cas inutile. Nous conservons le vers 169 :

Τηλοῦ ἀπ' ἀθανάτων τοῖσιν Κρόνος ἐμβασιλεύει.

La croyance qu'il exprime est certainement fort ancienne en Grèce, puisqu'on la trouve dans la seconde olympique de Pindare, qui remonte à l'année 476 avant J.-C. Dans cette pièce, Pindare a cherché à concilier la doctrine énoncée dans le vers 169 des *Travaux et des Jours* avec la doctrine, identique dans le fond, mais différente dans les détails, que nous trouvons dans les vers 561-569 du livre IV de l'*Odyssée*. Sur ce sujet, voir aussi Platon, *Gorgias*, c. 79.

Dê Danann. Mais la famille de Partholon ou race d'argent précède en Irlande comme en Grèce la famille de Nemed ou race d'airain.

Quant aux demi-dieux grecs qui forment la quatrième race, qui ont combattu à Thèbes et à Troie et qui sont les ancêtres de la race actuelle, ils ont pour correspondants les *Firbolg*, les fils de Milé et les *Cruithnech* ou Pictes de la mythologie irlandaise. Par conséquent les sept morceaux dont nous avons donné les titres : Emigration de Partholon en Irlande, Emigration de Némed en Irlande, Emigration des *Firbolg*, Emigration des *Túatha Dê Danann*, Emigration de Milé, fils de Bilé, en Espagne, Emigration des fils de Milé d'Espagne en Irlande, Emigration des Pictes ou *Cruithnech* de Thrace en Irlande et d'Irlande en Grande-Bretagne, nous exposent la forme irlandaise d'une doctrine dont les éléments fondamentaux se trouvent déjà en Grèce dans l'ouvrage d'Hésiode intitulé : *Les Travaux et les Jours*.

Entre le récit grec et le récit irlandais, il y a de nombreuses différences ; elles tiennent, pour une forte part, aux développements que la légende irlandaise a reçus depuis le christianisme. Mais à côté de ces différences, il y a des ressemblances frappantes. En voici un exemple. — Les *Túatha Dê Danann*, la dernière en date des trois races primitives dont la race irlandaise actuelle ne descend pas, a finalement le même sort que la race d'or de la mythologie grecque, la première des trois races primitives dont les Grecs ne sont point issus.

« La race d'or, » nous dit Hésiode, « se trans-
» forma, par la volonté du grand Zeus en démons
» bienfaisants qui habitent la terre et y sont les gar-
» diens des hommes mortels. Ils observent les bon-
» nes et les mauvaises actions; invisibles dans l'air
» qui leur sert de vêtement, ils se promènent sur
» toute la terre, distribuant les richesses. Telle fut
» la royale prérogative qu'ils obtinrent. » De même
les *Tuatha Dê Danann*, après avoir été, avec un corps
visible, seuls maîtres de la terre, ont pris dans un
âge postérieur une forme invisible sous laquelle ils
partagent avec les hommes l'empire du monde, leur
venant en aide quelquefois, d'autres fois leur dispu-
tant les plaisirs et les joies de la vie.

§ 5.

*Le cycle mythologique irlandais (suite). Les inonda-
tions dans la mythologie irlandaise et dans la mythologie grecque.*

Après les sept émigrations, *tochomlada*, que nous
avons placées en tête du cycle mythologique, nous
citerons les *tomadma*, ou irruptions d'eau, déluges
partiels qui figurent au nombre de deux dans les
catalogues de la littérature épique irlandaise et qui
auraient donné naissance à deux lacs d'Irlande, dans
la province d'Ulster : 1° *Tomaidm locha Echdach*,
irruption d'eau qui aurait formé le lac dit aujourd'hui
Lough Neagh ; 2° *Tomaidm locha Eirne*, irruption

d'eau qui aurait donné naissance au lac dit aujourd'hui Lough Erne. La mythologie grecque connaît aussi deux déluges, celui d'Ogygès et celui de Deucalion ; le premier en Attique (1), le second dans la région de la Grèce située près de Dodone et de l'Achéloüs (2). Les deux déluges analogues que leur donnent pour pendants les catalogues de la littérature épique d'Irlande ont dans cette littérature de nombreux doublets.

§ 6.

Le cycle mythologique irlandais (suite). — *Les batailles entre les dieux dans la mythologie irlandaise, dans celles de la Grèce, de l'Inde et de l'Iran.*

La guerre tient une place importante dans la mythologie irlandaise. Au cycle mythologique appartiennent, par exemple, la bataille de Mag Tured, *Cath maige Tured*; la bataille de Mag Itha, *Cath Maige Itha*; les combats de Nemed contre les Fomôré, *Catha Neimid re Fomorcaib*; le massacre de la tour de Conann, *Orgain tuir Chonaind*; le massacre d'Ailech, où périt Neit fils de Dê ou Dieu, *Argain Ailich for Neit mac in Dui*, etc. — Dans le monde divin de l'Irlande,

---

(1) Acusilas, fragment 14 (Didot-Müller, *Fragmenta historicorum græcorum*, t. I, p. 102); Castor, fragment 15, chez Didot-Müller, *Ctesiæ... fragmenta*, p. 176. Dans les deux cas, il s'agit d'un texte d'Eusèbe, *Præparatio evangelica*, X, 10.

(2) Aristote, *Météorologiques*, livre I, chap. XIV, §§ 21 et 22 ; édition Didot, t. III, p. 572.

on distingue deux groupes unis par les liens de parenté les plus intimes, et cependant ennemis. Les batailles et les massacres dont nous venons de parler sont ou les épisodes de leur lutte ou des imitations plus récentes de divers épisodes de cette lutte, qui est elle-même une édition celtique de la guerre du Zeus hellénique contre Kronos son père et contre les Titans, de la lutte d'Ahuramazda ou Ormazd, dieu du Bien, contre Añgra Mainyu ou Ahriman, personnification du Mal dans la littérature iranienne ; des combats soutenus par les dieux du jour et de la lumière, les *Déva*, contre les *Asura*, dieux des ténèbres, de l'orage et de la nuit, dans la littérature de l'Inde. En Irlande, les *Tûatha Dé Danann* et, comme eux, Partholon et Nemed qui sur divers points sont des doublets des *Tûatha Dé Danann*, ont pour rivaux les *Fomôre*. Dagdê, = *Dago-dévo-s ou « bon dieu, » roi des *Tûatha Dé Danann*, est le Zeus ou l'Ormazd de la mythologie irlandaise ; les *Tûatha Dé Danann* « ou gens du dieu (*dévi*) [fils] de Dana, » ne sont autre chose que les *Déva* de l'Inde, les dieux du jour, de la lumière et de la vie. Le nom des *Fomôre*, adversaires des Tûatha Dé Danann, désigne en Irlande un groupe mythique semblable aux *Asura* indiens, aux Titans grecs ; leur chef, Bress, Balar ou Téthra, est issu d'une conception mythique originairement identique à celle qui a produit : le Kronos grec, l'Ahriman des Iraniens, le Yama védique, roi des morts, père des dieux ; Tvashtri, dieu père dans le *Véda* ; enfin, le Varuna védique, dieu suprême primitif supplanté par Indra.

§ 7.

Le roi des morts et le séjour des morts dans la mythologie irlandaise, dans la mythologie grecque et dans celle des Véda.

Téthra, chef des Fomôré, vaincu dans la bataille de Mag-Tured, devient roi des morts dans la région mystérieuse qu'ils habitent au delà de l'Océan (1). De même le Kronos grec, vaincu dans la bataille de Zeus contre les Titans, règne dans les îles lointaines des Tout-Puissants ou des Bienheureux, sur les héros défunts qui ont combattu à Thèbes et à Troie.

L'idée du règne de Kronos sur les héros morts se présente à nous pour la première fois dans les *Travaux et les Jours* d'Hésiode, vers. 169 (2); et certains critiques ont prétendu supprimer ce vers comme renfermant une contradiction avec le passage de la *Théogonie* qui donne le Tartare comme séjour au même Kronos (3).

Le Tartare est une région obscure et souterraine. Sa description lugubre, telle que nous la donne la

---

(1) *Echtra Condla Chaim*, chez Windisch, *Kurzgefasste irische Grammatik*, p. 120, lignes 1-4.
(2) .... ἐς πείρατα γαίης
τηλοῦ ἀπ' ἀθανάτων· τοῖσιν Κρόνος ἐμβασιλεύει.
Hésiode, *Les Travaux et les Jours*, vers 168-169.
(3) Τιτῆνες θ'ὑποταρτάριοι, Κρόνον ἀμφὶς ἐόντες.
Hésiode, *Théogonie*, vers 851.

Théogonie (1), ne peut concorder avec la description des îles séduisantes qui, dans les *Travaux et les Jours* deviennent le domaine de Kronos vaincu. Mais entre la composition de la *Théogonie* d'Hésiode et celle du poème des *Travaux et des Jours*, attribué au même auteur, il y a eu, dans la mythologie grecque, une évolution où la conception de la destinée de l'homme après la mort s'est sensiblement modifiée.

L'*Iliade* et la partie la plus ancienne de l'*Odyssée* ne connaissent pour les morts d'autre séjour que l'Aïdès obscur (2) et souterrain (3), dont un autre nom est Erèbe. De l'Aïdès, ou domaine du dieu Aïdès, l'*Iliade* distingue le Tartare, qui est également situé dans les profondeurs de la terre, mais bien plus bas. Il y a autant de distance de l'Aïdès au Tartare que de la terre à l'Aïdès (4). C'est dans le Tartare que demeurent les Titans (5), et parmi eux Kronos, privé comme eux de la lumière du soleil (6).

---

(1) Hésiode, *Théogonie*, vers 721 et suivants.

(2) Τέκνον ἐμὸν, πῶς ἦλθες ὑπὸ ζόφον ἠερόεντα, dit la mère d'Ulysse à son fils. *Odyssée*, XI, 155. Ἀΐδης, ἐνέροισιν ἀνάσσων..... ἔλαχε ζόφον ἠερόεντα, *Iliade*, XV, 188, 191.

(3) *Iliade*, XX, 57-65. Poseidaon, dieu de la mer, l'ébranle par une tempête qui fait trembler la terre, et Aïdès, le dieu des morts, craint que la terre ne se déchire au-dessus de lui.

(4) *Iliade*, VIII, 13-16.

(5) τοὺς ὑποταρταρίους οἳ Τιτῆνες καλέονται.
Iliade, XIV, 279.

(6) .... ἓν Ἰαπετός τε Κρόνος τε
ἥμενοι, οὔτ' αὐγῆς ὑπερίονος ἠελίοιο
τέρποντ' οὔτ' ἀνέμοισι, βαθὺς δέ τε Τάρταρος ἀμφίς.
Iliade, VIII, 479-481; cf. *Hymne à Apollon*, vers 335, 336 :

On trouve la même doctrine dans la *Théogonie*, à cette différence près que l'Aïdès et le Tartare, distincts dans l'*Iliade*, paraissent se confondre l'un avec l'autre dans le poème d'Hésiode. Le Tartare n'est plus seulement le séjour des Titans et de Kronos vaincu par Zeus (1), il est aussi la demeure du dieu qui personnifie l'Aïdès homérique (2); du dieu qui, dans les entrailles de la terre, règne sur les morts (3). Cette lugubre habitation des morts et des dieux vaincus a une entrée que l'on se figure au nord-ouest au delà du fleuve Océan (4).

Vers la fin du septième siècle avant notre ère, l'Océan, qui n'était pour les Grecs qu'une conception mythique, un cours d'eau créé par l'imagination, devint pour eux une conception géographique. On sait comment le hasard fit découvrir à un navire samien

Τιτῆνές τε θεοί, τοὶ ὑπὸ χθονὶ ναιετάοντες
Τάρταρον ἀμφὶ μέγαν, τῶν ἐξ ἄνδρες τε θεοί τε.
(1) *Théogonie*, vers 717-733, 851.
(2)   Ἔνθα δὲ γῆς δνοφερῆς καὶ Ταρτάρου ἠερόεντος
. . . .
ἔνθα θεοῦ χθονίου πρόσθεν δόμοι ἠχήεντες
ἰφθίμου τ' Ἀΐδεω καὶ ἐπαινῆς Περσεφονείης
ἑστᾶσιν.....
Théogonie, vers 736-769.
(3) ...... Ἀΐδης, ἐνέροισι καταφθιμένοισιν ἀνάσσων.
Théogonie, vers 850.
(4) « Ἡ δ' ἐς πείρατ' ἵκανε βαθυρρόου Ὠκεανοῖο
.....
.... παρὰ ῥόον Ὠκεανοῖο
ᾔομεν...
Τὴν δὲ κατ' Ὠκεανὸν ποταμὸν φέρε κῦμα ῥόοιο. » *Odyssée*, XI, vers 13-22, 639; cf. XII, vers 1 et 2.

les côtes sud-ouest de l'Espagne, baignées par l'océan Atlantique, et que jusque-là, seuls parmi les populations méditerranéennes, les Phéniciens avaient fréquentées (1). Ce grand événement fait partie du récit des événements, tant historiques que légendaires, qui préparèrent la fondation de Cyrène, de l'an 633 à l'an 626 avant notre ère (2).

Dès lors, les Grecs se figurèrent l'Océan non plus comme un fleuve entourant le monde, mais comme une masse d'eau immense, aux limites inconnues située principalement à l'ouest de l'Europe et de l'Afrique. De là naquit une conception nouvelle du séjour des morts et de Kronos. De là, dans la partie la plus moderne de l'*Odyssée*, dans la *Télémachie*, l'idée de la plaine à laquelle on donne le nom d'*Elusion*, où habite le blond Rhadamanthus, où de l'Océan souffle le vent du nord-ouest, et où Ménélas trouvera l'immortalité (3). De là, la croyance aux îles des Tout-Puissants ou des Bienheureux, royaume de Kronos dans le poème des *Travaux et des Jours* (4).

Dans la seconde olympique de Pindare, qui célèbre une victoire remportée aux jeux d'Olympie en 476, la plaine *Elusion* et les îles des Tout-Puissants ou des Bienheureux se confondent et ne forment qu'une île où est la forteresse de Kronos, qui a Rhadamanthus

(1) Hérodote, livre IV, chap. 152, §§ 2 et 3.
(2) Max Duncker, *Geschichte des Alterthums*, t. VI, 1882, p. 266.
(3) *Odyssée*, IV, 563-569.
(4) *Opera et dies*, 166-171.

pour associé (1). Cette doctrine nouvelle est identique à la doctrine celtique et représente, dans l'histoire des peuples européens un âge historique tout différent de celui auquel appartient la doctrine du Tartare et de l'Aïdès telle qu'on la trouve dans l'*Iliade* et dans la partie la plus ancienne de l'*Odyssée*.

Il n'y a pas à s'arrêter à la conception plus récente dans laquelle Platon fait du Tartare le lieu de punition des méchants, et des îles des Bienheureux le lieu où les justes trouvent leur récompense (2). C'est un système philosophique postérieur à la mythologie populaire primitive. L'Aïdès homérique renferme, sans distinction, tous les défunts bons ou mauvais, vertueux ou coupables.

L'important, pour nous, est de retrouver dans la mythologie irlandaise, dont les doctrines fondamentales peuvent être appelées, d'une façon plus générale, mythologie celtique, des conceptions qui ont aussi tenu, dans la mythologie grecque, une place considérable. Les Celtes ont eu un dieu identique au Kronos grec. Ce dieu celtique s'appelle en Irlande Tethra. Vaincu et chassé, comme Kronos, par un autre dieu plus puissant et plus heureux, il règne, comme Kronos, au delà de l'Océan, sur les morts, dans la nouvelle et séduisante patrie que leur assigne la mythologie celtique, d'accord avec les

---

(1) *Pindari carmina*, édition Schneidewin, t. I, p. 17 et 18, vers 70 et suivants.

(2) Gorgias, chap. 79, *Platonis opera*, édition Didot-Hirschig, t. I, p. 384.

croyances du second âge de la mythologie grecque.

La mythologie védique nous offre une conception analogue. Le dieu des morts et de la nuit, Yama ou Varuna, a été vaincu par Indra, son fils, dieu du jour ; Yama et Varuna sont, au fonds des choses et sauf certains détails, une création mythique qui ne diffère pas du Tethra irlandais. Mais les Celtes placent le séjour des morts dans un lieu tout autre que les chantres védiques, puisque ceux-ci donnent pour habitation aux morts le ciel ou même le soleil (1). Ils n'avaient pas comme les Celtes l'idée de cet océan immense où tous les soirs l'astre du jour, perdant sa lumière et la vie, trouve un tombeau jusqu'au lendemain.

§ 8.

Les sources de la mythologie irlandaise.

Dans notre exposé des traditions mythologiques irlandaises, nous suivrons le plan consacré par les plus vieux usages et que nous fait connaître la liste des migrations conservée dans les catalogues des histoires racontées par les *file*. Malheureusement nous n'avons plus les sept pièces dont ces catalogues nous ont transmis les titres. Mais une composition irlandaise du onzième siècle, le « Livre des conquêtes, » *Lebar Gabala*, nous en a gardé un abrégé.

---

(1) Abel Bergaigne, *La religion védique*, t. I, p. 74, 81, 85, 88 ; t. III, p. 111-120.

Nous prendrons cet abrégé pour base, en le complétant et en en contrôlant les assertions à l'aide de divers auteurs tant irlandais qu'étrangers. Les étrangers sont d'abord l'auteur de la compilation attribuée à Nennius; il écrivait probablement au dixième siècle (1), et chez lui on trouve un résumé fort curieux, bien que malheureusement trop court, des croyances mythologiques admises en Irlande à cette époque. Vient ensuite Girauld de Cambrie, qui a écrit sa *Topographia hibernica* à la fin du douzième siècle. Les auteurs irlandais sont des chroniqueurs et des poètes.

Parmi les chroniqueurs, un des plus intéressants est Keating, bien précieux malgré la date récente de son livre, qui ne remonte qu'à la première moitié du dix-septième siècle. Mais l'auteur avait à sa disposition des matériaux qui ont été anéantis dans les guerres désastreuses dont l'Irlande a été dans le même siècle le théâtre et la victime. Le poète le plus important est Eochaid ûa Flainn, mort en 984, et par conséquent postérieur de peu d'années à Nennius. Ses œuvres auraient un plus grand intérêt si

---

(1) Depuis que ces lignes sont écrites, j'ai reçu, de l'obligeance amicale de M. de La Borderie, un exemplaire de son savant ouvrage intitulé : *Etudes historiques bretonnes*, l'historia Britonum *attribuée à Nennius*. Il résulte des recherches de M. de La Borderie qu'une partie du livre composé, dit-on, par Nennius existait déjà au IXe siècle, et que ce livre a été depuis interpolé. La partie relative à la mythologie irlandaise appartient-elle à la rédaction primitive? est-ce une des additions? La solution de cette question me paraît incertaine.

elles n'étaient si courtes et sans l'excès d'une concision qui produit souvent l'obscurité.

Pour rendre plus claire et plus complète l'idée que les Irlandais païens se formaient de leurs dieux, nous terminerons par une excursion dans les cycles héroïques. Nous dirons quelques mots des relations que, suivant la légende, les héros ont eues avec les dieux, et nous verrons ces relations mythiques se continuer jusqu'à des temps postérieurs à saint Patrice, c'est-à-dire postérieurs au milieu du cinquième siècle, où l'on place en général la conversion des Irlandais au christianisme.

CHAPITRE II.

ÉMIGRATION DE PARTHOLON.

§ 1. La race de Partholon en Irlande. La race d'argent dans la mythologie d'Hésiode. — § 2. La doctrine celtique sur l'origine de l'homme. — § 3. La création du monde dans la mythologie celtique telle que nous l'a conservée la légende de Partholon. — § 4. Lutte de la race de Partholon contre les Fomôré. — § 5. Suite de la légende de Partholon. La première jalousie, le premier duel. — § 6. La chronologie et la légende de Partholon.

§ 1.

La race de Partholon en Irlande. — La race d'argent dans la mythologie d'Hésiode.

Des trois races qui, suivant la mythologie grecque, ont successivement habité le monde avant les héros des guerres de Troie et de Thèbes, la seconde en date est la race d'argent, dont le caractère dominant était le défaut d'intelligence. L'éducation des enfants durait un siècle, et, malgré les soins attentifs des mères, la sottise des enfants persistait chez l'homme mûr et remplissait de maux le court espace de temps qui lui restait à vivre (1).

La race d'argent est identique à celle que les documents irlandais les plus anciens placent au début de l'histoire mythique de leur pays. Ils lui donnent le nom de « famille de Partholon (2). » Comme la race d'argent des Grecs, la famille de Partholon se distingue par son ineptie (3).

La première liste des histoires épiques d'Irlande est le plus ancien document où nous rencontrions le nom de Partholon. On y lit le titre : « Emigration de Partholon. » La rédaction de cette liste paraît dater des environs de l'an 700 après Jésus-Christ. Ensuite le texte le plus ancien que nous ayons sur Partholon est un passage de l'*Histoire des Bretons* de Nennius, qui semble avoir été écrit au plus tard au

---

(1) Hésiode, *Les Travaux et les Jours*, vers 130-134.

(2) *Muinter Parthaloin Chronicum Scotorum*, édition Hennessy, p. 8. Par une coïncidence fortuite, ce nom irlandais, dont le P initial ne diffère que graphiquement du B, offre un son identique à celui qu'a pris en irlandais le nom de l'apôtre Barthélemy. Entre la légende de ce saint et celle du personnage mythique irlandais, il n'y a aucun rapport. Partholon, aussi écrit « Bartholan, » semble être un composé dont le premier terme *bar* signifierait « mer » (Whitley Stokes, *Sanas Chormaic*, p. 28). Le second terme *tolon*, en suivant une autre orthographe *tolan*, paraît être un dérivé de *tola* « ondes, flots ». Ainsi Partholon signifierait « qui a rapport aux flots de la mer ». C'est ce que répète en d'autres termes sa généalogie ; car, suivant elle, il descend de Baath (*Leabhar na hUidhre*, p. 1, col. 1, ligne 24), dont le nom veut dire aussi « mer. » Voyez *Glossaire* d'O'Cléry et *Glossaire* de Cormac, au mot *Báth*.

(3) Voir, dans le chapitre suivant, § 3 (p. 50), comment s'explique sur elle Tûan mac Cairill.

dixième siècle. « En dernier lieu, y lisons-nous, les
» Scots venant d'Espagne arrivèrent en Irlande. Le
» premier fut Partholon, qui amenait avec lui mille
» compagnons, tant hommes que femmes. Leur
» nombre, s'accroissant, atteignit quatre mille hom-
» mes ; puis une maladie épidémique les attaqua,
» et ils moururent en une semaine, en sorte qu'il
» n'en resta pas un (1). »

Ce court sommaire renferme une inexactitude.
Nous verrons que, suivant la fable irlandaise, un
des compagnons de Partholon échappa au désastre
final, et que son témoignage conserva la mémoire
des événements mythiques qui forment l'histoire de
cette légendaire et primitive colonisation de l'Irlande.

§ 2.

La doctrine celtique sur l'origine de l'homme.

Un fait curieux, qui résulte du texte de Nennius,
est que dès le dixième siècle l'évhémérisme irlandais
avait changé le caractère de la mythologie celtique.
La doctrine celtique est que les hommes ont pour

---

(1) « Novissime autem Scoti venerunt de partibus Hispaniæ ad
Hiberniam. Primus autem venit Partholonus cum mille hominibus,
viris scilicet et mulieribus, et creverunt usque ad quatuor millia
hominum, venitque mortalitas super eos, et in una septimana perierunt, ita ut ne unus quidem remaneret ex illis. » *Appendix ad opera
edita ab Angelo Maio.* Rome, 1871, p. 98.

premier ancêtre le dieu de la mort (1), et ce dieu habite une région lointaine au delà de l'Océan ; il a pour demeure ces « îles extrêmes, » d'où, suivant l'enseignement druidique, une partie des habitants de la Gaule était arrivée directement (2). La notion de cette région mythique, où l'ancêtre des hommes règne sur les morts, appartient en commun à la mythologie grecque et à la mythologie celtique. Chez Hésiode, les héros qui ont péri dans la guerre de Thèbes et dans celle de Troie ont trouvé une seconde existence « aux extrémités de la terre, loin des im-
» mortels. Kronos règne sur eux. Ils vivent, l'esprit
» libre de souci, dans les îles des Tout-Puissants et
» des Bienheureux, près de l'Océan aux gouffres
» profonds (3). »

Or, Kronos, sous le sceptre duquel ces guerriers défunts trouvent les joies d'une vie meilleure que la première, est l'ancêtre primitif auquel ces illustres héros et la race grecque tout entière font remonter leur origine. Kronos est père de Zeus, et Zeus, surnommé le père, « Zeus, maître de tous les dieux,
» amoureusement uni à Pandore, a engendré le bel-
» liqueux Graicos (4) » d'où la race grecque est des-

---

(1) « Galli se omnes ab Dite patre prognatos prædicant, idque a druidibus proditum dicunt. » César, *De bello gallico*, l. VI, ch. 18, § 1.

(2) « Alios quoque ab insulis extimis confluxisse. » Timagène chez Ammien Marcellin, l. XV, chap. 9, § 4 ; édit. Teubner-Gardthausen, t. I, p. 68.

(3) Hésiode, *Les Travaux et les Jours*, vers 168-171.

(4) « Πανδώρη, Διὶ πατρὶ, θεῶν σημάντορι πάντων,
μιχθεῖσ' ἐν φιλότητι, τέκε Γραῖκὸν μενεχάρμην. »

cendue. Il y a donc une grande analogie, sur ce point, entre la mythologie grecque et la mythologie celtique.

Dans les croyances celtiques, les morts vont habiter au delà de l'Océan, au sud-ouest, là où le soleil se couche pendant la plus grande partie de l'année, une région merveilleuse dont les joies et les séductions surpassent de beaucoup celles de ce monde-ci. C'est de ce pays mystérieux que les hommes sont originaires. On l'appelle en irlandais *tire beo*, ou « terres des vivants, » *tir n-aill*, ou « l'autre terre, » *mag mór* (1), ou « grande plaine, » et aussi *mag meld* (2), « plaine agréable. » A ce nom païen, auquel rien ne correspondait dans les croyances

---

Hésiode, *Catalogues*, fragment 20, édition Didot, p. 49. A côté de cette doctrine, il y en a une autre qui fait descendre les Grecs de Iapétos. Mais si, dans cette autre conception mythologique, Iapétos se distingue de Kronos, premier ancêtre des dieux, tandis que Iapétos est le premier ancêtre des hommes, Iapétos s'offre à nous comme une sorte de doublet de Kronos : il a le même père et la même mère, *Théogonie*, vers 134, 137 ; il est, avec les autres Titans, le compagnon de sa défaite, et il l'accompagne dans son exil ; comme les autres Titans, il habite avec lui le Tartare, *Iliade*, VIII, 479 ; XIV, 279 ; *Hymne à Apollon*, vers 335-339 ; *Théogonie*, vers 630-735.

(1) On trouve les deux premiers noms dans la pièce intitulée *Echtra Condla*, Windisch, *Kurzgefasste irische Grammatik*, p. 119, 120 ; *Mag mór*, dans *Tochmarc Etaine*, chez Windisch, *Irische Texte*, p. 132, dernière ligne.

(2) Co-t-gairim do Maig Mell, pièce intitulée *Echtra Condla*, chez Windisch, *Kurzgefasste irische Grammatik*, p. 119 ; cf. *Serglige Conculainn*, chez Windisch, *Irische Texte*, p. 209, ligne 30 ; et 214, note 24.

chrétiennes, l'évhémérisme des annalistes chrétiens de l'Irlande substitua le nom latin de la péninsule ibérique, *Hispania*. Dès le dixième siècle, où écrivait Nennius, ce nom, étranger à la langue géographique de l'Irlande primitive, avait pénétré dans la légende de Partholon ; et c'était alors d'Espagne, et non du pays des morts, qu'on faisait arriver avec ses compagnons ce chef mythique des premiers habitants de l'île (1).

§ 3.

La création du monde dans la mythologie celtique telle que nous l'a conservée la légende de Partholon.

Dans les sources irlandaises, la légende de Partholon est beaucoup plus développée que chez Nennius.

La doctrine celtique sur le commencement du monde, telle qu'elle nous est parvenue dans les récits irlandais, ne contient aucun enseignement sur

---

(1) « Novissime autem Scoti venerunt a partibus Hispaniæ in Hiberniam. Primus autem venit Partholanus. » *Historia Britonum*, attribuée à Nennius, dans *Appendix ad opera edita ab Angelo Maio*. Romæ, 1871, p. 98. La légende est encore plus défigurée chez Keating. Suivant cet auteur, Partholon arrive par mer de Mygdonie en Grèce ; il parcourt la Méditerranée, pénètre dans l'Océan, côtoie l'Espagne en la laissant à droite, et débarque sur la côte sud-ouest de l'Irlande. Un débris de la légende primitive est conservé par la généalogie qui fait Partholon fils de Baath, c'est-à-dire de la Mer. Voir plus haut, p. 25, note 2. « Fils de la mer » est une formule poétique qui signifie « originaire d'une île de la mer. »

l'origine de la matière (1) ; mais elle nous représente la terre prenant sa forme actuelle peu à peu et sous les yeux des diverses races humaines qui s'y sont succédé. Ainsi, quand arriva Partholon, il n'y avait en Irlande que trois lacs, que neuf rivières et qu'une seule plaine. Aux trois lacs, dont nous trouvons les noms dans un poème d'Eochaid ùa Flainn, mort en 984, sept autres s'ajoutèrent du vivant de Partholon ; Eochaid nous apprend aussi leurs noms (2). Une légende nous raconte l'origine d'un de ces lacs. Partholon avait trois fils, dont l'un s'appelait Rudraige. Rudraige mourut ; en creusant sa fosse, on fit jaillir une source ; cette source était si abondante qu'il en résulta un lac, et on appela ce lac Loch Rudraige (3).

Du temps de Partholon, le nombre des plaines s'éleva de un à quatre. L'unique plaine qui existât en Irlande s'appelait *Sen Mag*, « la vieille plaine. » Quand Partholon et ses compagnons arrivèrent en Irlande, il n'y avait dans cette plaine « ni racine ni rameau d'arbre (4). » A cette plaine unique, les enfants de Partholon en ajoutèrent trois autres par des défrichements, dit la légende sous la forme évhémé-

---

(1) Chez les chrétiens irlandais, le terme consacré pour désigner la matière en tant que créée est *duil*, génitif *dulo*.

(2) Livre de Leinster, p. 5, col. 2, lignes 29-33, 37, 38.

(3) Livre de Leinster, p. 5, col. 1, lignes 15-16. *Chronicum Scotorum*, édition Hennessy, p. 6.

(4) « Ni frith frêm na flesc feda. » Poème d'Eochaid ua Flainn, Livre de Leinster, p. 5, col. 2, ligne 48.

riste qui nous est parvenue (1) ; mais le texte primitif parlait certainement de la formation de ces plaines comme d'un phénomène spontané ou miraculeux (2).

§ 4.

Lutte de la race de Partholon contre les Fomôré.

La race de Partholon ne pouvait se passer de guerre étrangère et de guerre civile. Elle eut la guerre étrangère contre le Fomôré auxquels elle livra la bataille de Mag Itha. Nous n'avons pas de raison pour croire que cette guerre soit une addition à la légende primitive. Cependant il n'est pas question de la bataille de Mag Itha dans le plus ancien catalogue de la littérature épique irlandaise. La plus ancienne mention que nous en connaissions appartient à la deuxième liste des morceaux qui compo-

---

(1) Poème d'Eochaid ûa Flainn, déjà cité dans le Livre de Leinster, p. 5, col. 2, lignes 26-28. Le nombre des plaines nouvelles est de quatre dans la prose du *Lebar Gabala*, Livre de Leinster, p. 5, col. 1, lignes 34-36, et chez Girauld de Cambrie, *Topographia hibernica*, III, 2, édition Dimock, p. 141, ligne 13.

(2) L'expression consacrée est que ces plaines *ro-slechta*, « furent battues. » Ce n'est pas le terme propre pour exprimer l'idée d'un défrichement, quoi qu'en ait pu dire Eochaid na Flainn :

Ro slechta maige a mór-chaill
Leis ar-gaire di-a-grad-chlaind.

« Furent battues plaines hors de grand bois
« Chez lui en peu de temps par son agréable progéniture. »

Livre de Leinster, p. 5, col. 2, lignes 26 et 27.

saient cette littérature, et cette deuxième liste a été écrite dans la seconde moitié du dixième siècle.

La bataille de Mag Itha fut livrée entre Partholon et un guerrier qui s'appelait Cichol Gri-cen-chos. *Cen-chos* veut dire « sans pieds. » Cichol était donc semblable à Vritra, dieu du mal, qui n'a ni pieds ni mains dans la mythologie védique (1). Des hommes qui n'avaient qu'une main et qu'une jambe prirent part au combat parmi les adversaires de Partholon. Ils nous rappellent l'Aja Ekapad (2), ou le Non-né au pied unique, et le Vyamsa ou démon sans épaule de la mythologie védique (3); Cichol, chef des adversaires de Partholon, était de la race des Fomôré (4), c'est-à-dire des dieux de la mort, du mal et de la nuit, plus tard vaincus par les Tûatha dê Danann ou dieux du jour, du bien et de la vie. La taille des Fomôré était gigantesque (5) : c'étaient des démons, dit un auteur du xiie siècle (6). Ces ennemis de Partholon étaient arrivés en Irlande, rapporte un écrivain irlandais du xviie siècle, deux cents ans avant Partholon dans six navires qui contenaient chacun cinquante hommes et cinquante femmes. Ils vivaient

---

(1) Bergaigne, *Mythologie védique*, t. II, p. 202, 221.
(2) *Id., ibid.*, t. III, p. 20-25.
(3) *Id., ibid.*, t. II, p. 221.
(4) *Lebar Gabala*, dans le Livre de Leinster, p. 5, col. 1, lignes 19-23.
(5) Girauld de Cambrie, *Topographia hibernica*, III, 2, édition Dimock, p. 141, ligne 27; p. 142, ligne 7.
(6) *Chronicum Scotorum*, édition Hennessy, p. 6, ligne 7.

de pêche et de chasse (1). Partholon remporta sur eux la victoire et délivra l'Irlande de l'ennemi étranger.

§ 5.

Suite de la légende de Partholon. La première jalousie, le premier duel.

Une légende moderne raconte un des ennuis qu'eut cette heureux guerrier. Il surprit un jour sa femme en conversation criminelle avec un jeune homme. Il adressa à l'épouse infidèle une admonestation sévère. Elle lui répondit que c'était lui qui avait tort, et elle lui cita un quatrain dont voici la traduction :

> Miel près d'une femme, lait près d'un enfant ;
> Repas près d'un héros, viande près d'un chat ;
> Ouvrier à la maison à côté d'outils,
> Homme et femme seuls ensemble, il y a grand danger.

Partholon, en colère, cessa de se posséder : il saisit le chien favori de sa femme et le lança sur le sol avec tant de violence que le pauvre animal périt broyé. Ce fut le premier acte de jalousie dont l'Irlande ait été le théâtre (2). Partholon mourut quelques temps après. Alors l'Irlande fut pour la première fois le théâtre d'un duel.

(1) Keating, *Histoire d'Irlande*, édition de 1811, p. 166
(2) *Id., ibid.*, p. 164, 166.

Deux des fils de Partholon ne s'accordèrent pas ; ils s'appelaient l'un Fer, l'autre Fergnia. Ils avaient deux sœurs, Iain et Ain. Fer épousa Ain, Fergnia prit pour femme Iain. A cette époque, en Irlande, tout mariage était un marché ; les femmes se vendaient, et lors de leur premier mariage le prix de cette vente appartenait au père en totalité, si celui-ci vivait encore ; quand le père était mort, une moitié du prix de vente de la femme appartenait au membre de la famille qui avait hérité de l'autorité paternelle ; l'autre moitié revenait à la femme elle-même. Les deux frères Fer et Fergnia agitèrent entre eux la question de savoir qui d'entre eux exercerait le droit de chef de famille et percevrait la moitié du prix de vente de leurs sœurs. Ne pouvant s'entendre, ils eurent recours aux armes. Voilà ce que nous lisons dans la glose du traité de droit connu sous le nom de *Senchus Môr*. Suivant ce traité, quand on veut saisir une propriété féminine, il doit y avoir un intervalle de deux jours entre la signification préalable et l'acte de la saisie. Le délai est le même, dit ce texte juridique, quand les objets qu'il est question de saisir sont des armes qui doivent servir à un combat d'où doit résulter la solution d'un procès ; et l'identité du délai résulte de ce que le premier duel judiciaire qui ait eu lieu en Irlande s'est livré à propos du droit des femmes (1).

---

(1) « Athgabail aile... im dingbâil m-bantellaig... im tincur roe, im tairec n-airm, ar is im fir ban ciato imargaet roe. » *Ancient laws of Ireland*, t. I, p. 146, 150, 154. Saisie de deux jours... pour enlever

La glose cite à ce sujet des vers dont voici la traduction :

> Les deux fils de Partholon, sans doute,
> C'est eux qui livrèrent la bataille ;
> Fer et Fergnia le très brave
> Sont les noms des deux frères (1).

Voici la traduction d'un autre quatrain :

> Fer et Fergnia furent les guerriers,
> Voilà ce que racontent les anciens ;
> Ain et Iain, qui mirent en mouvement l'armée,
> Etaient deux filles principales de Partholon (2).

---

une propriété féminine... pour avoir des objets nécessaires au combat, pour se procurer une arme, car c'est au sujet du droit des femmes que la première bataille a été livrée.

(1)   Dâ mac Partholain cen acht
      Is iat dorigni in comarc ;
      Fer is Fergnia co meit n-gal
      Anmanda in dâ brâthar.
            Ancient laws of Ireland, t. I, p. 154.

Ce quatrain ne peut être ancien : le nominatif neutre *anmanda*, qui a trois syllabes, aurait été, en vieil irlandais *anmann*, de deux syllabes seulement. Si l'on restituait cette forme, le vers serait faux. La légende de Fer et de Fergnia paraît postérieure à la rédaction du *Lebar Gabala*, qui donne les noms des fils de Partholon, Livre de Leinster, p. 5, col. 1, lignes 12-14, et qui ne parle ni de Fer ni de Fergnia. Leur légende peut avoir été inventée pour expliquer le passage du *Senchus Môr* dans la glose duquel nous la trouvons.

(2)   Fer ocus Fergnia na fir,
      Is-ed innisit na sin ;
      Ain ocus Iain, do-certas sloig,
      Da prim-ingin Parthaloin.
            Ancient laws of Ireland, t. I, p. 154.

§ 6.

Fin de la race de Partholon.

L'histoire de la race de Partholon se termine par un événement redoutable : en une semaine, les descendants de Partholon, alors au nombre de cinq mille, mille hommes et quatre mille femmes, moururent d'une maladie épidémique qui commença un lundi et se termina le dimanche suivant : de tant de personnes, un seul homme restait en vie. Le lieu où la mort frappa ces malheureux fut la plaine de Senmag, la seule qu'ils eussent trouvée à leur arrivée en Irlande (1). Suivant le *Glossaire* de Cormac, ils avaient eu la sage prévoyance de se réunir dans cette plaine afin que les morts fussent, au fur et à mesure de leur décès, plus facilement enterrés par les survivants (2). La fin terrible de la race de Partholon fut, dit-on, causée par la vengeance divine. Si Partholon avait quitté sa patrie pour habiter l'Irlande, ce n'était pas volontairement : c'était en exécution d'une

---

(1) C'est la version du *Lebar gabala*, livre de Leinster, p. 5, col. 1, lignes 39-44. Suivant Eochaid Ua Flainn, cet événement serait arrivé dans la plaine de Breg. Livre de Leinster, p. 6, col. 1, ligne 5. Sur cet événement, voir Girauld de Cambrie, *Topographia hibernica*, III, 2, p. 42; et le passage de Nennius cité plus haut, p. 26.

(2) « Fóbith an-adnacail i-sna-muigib-sin o-nafib nad beired in-duineba, » « à cause de leur sépulture dans ces plaines-là par ceux que n'emporterait pas l'épidémie. » *Glossaire* de Cormac chez Whitley Stokes, *Three irish glossaries*, p. 45.

sentence qui l'avait condamné à l'exil (1), et cette sentence était juste ; Partholon était coupable d'un double parricide : il avait tué son père et sa mère. Son bannissement ne fut pas une peine suffisante pour expier son crime. Pour satisfaire la vengeance divine, il fallut la destruction de sa race entière (2). Ainsi, dans la légende homérique, les enfants de Niobé périssent jusqu'au dernier sous les traits que leur lancent Apollon et Artémis irrités parce que Niobé a insulté Latone (3). Chez Hésiode, la race d'argent, identique à celle de Partholon, est détruite par la colère de Zeus (4).

§ 7.

La chronologie et la légende de Partholon.

On compléta cette légende en introduisant dans le récit des éléments chronologiques étrangers à la rédaction primitive et en donnant à Partholon des ancêtres qui le rattachent aux généalogies bibliques. La leçon la plus ancienne ne contenait aucune men-

---

(1) « Doluid for longais [Partholon], » *Scél Túain maic Cairill*, dans le *Leabhar na hUidhre*, p. 15, col. 2, ligne 22.

(2) Le *Leabhar Breathnach*, dans le livre de Lecan, manuscrit du quinzième siècle, après avoir rapporté la mort de la race de Partholon, ajoute ces mots : « a n-digail na fingaili do roindi for a » hathair agus for a mathair. » Todd, *The irish version of the historia Britonum of Nennius*, p. 42.

(3) *Iliade*, XXIV, 602-612.

(4) *Les Travaux et les Jours*, vers 136-139.

tion d'année : les jours seuls y étaient indiqués. Partholon était arrivé en Irlande le 1ᵉʳ mai (1). Le 1ᵉʳ mai est le jour de la fête de Belténé ou du dieu de la mort, premier ancêtre du genre humain. Dans la plus ancienne tradition, c'est de lui que Partholon est fils. Il arrive en ce monde le jour spécialement consacré à son père.

Cette indication chronologique concorde avec la principale indication géographique contenue dans sa légende. Quand il arriva en Irlande, ce fut à Inber Scêné qu'il débarqua (2). Inber Scêné est aujourd'hui la rivière de Kenmare, dans le comté de Kerry, c'est-à-dire à la pointe sud-ouest de l'Irlande, vis-à-vis de la contrée mystérieuse où, au delà de l'Océan, le Celte défunt trouvait une nouvelle vie et où régnait son premier ancêtre.

Débarquée en Irlande le jour de la fête du dieu des morts, la race de Partholon avait plus tard, au retour de la même fête, été frappée du coup fatal : la semaine terrible où une maladie épidémique avait détruit cette race avait commencé le 1ᵉʳ mai (3), et

---

(1) Cêt-somain, *Chronicum Scotorum*, édition Hennessy, p. 4. Le *Lebar Gabala* ajoute : le quatorzième jour de la lune : « for XIIII esca, » Livre de Leinster, p. 5, col. 1, ligne 8. De ces trois mots un seul est resté dans le *Chronicum Scotorum*, c'est le chiffre XIIII. Le *Lebar Gabala* est le *Chronicum Scotorum* ajoutent tous deux que c'était un mardi. Mais nous ignorons la date de cette dernière notation chronologique.

(2) « In Inbiur Scéne. » *Lebar gabala*, Livre de Leinster, p. 5, col. 1, ligne 8; cf. Keating, édition de 1811, p. 164.

(3) Le texte le plus ancien où nous trouvions cette date est un

sept jours avaient suffi au fléau pour achever son œuvre. Après avoir débuté le lundi dans cette œuvre funèbre, l'épidémie s'était arrêtée le dimanche suivant, lorsque des cinq mille personnes qui alors habitaient l'Irlande une seule était encore en vie.

Mais quand les Irlandais devinrent chrétiens, cette généalogie si courte et si simple de Partholon ne fut plus admise; cette chronologie ne parut plus suffisante : il fallut trouver à ce personnage mythique des ancêtres dans la Bible, et lui donner une place dans le système chronologique que les travaux d'Eusèbe et le grand nom de saint Jérôme avaient fait adopter par les érudits chrétiens. La Bible nous apprend que Japhet, fils de Noé, fut père de Gomer et de Magog (1). Les Irlandais imaginèrent que l'un de ces deux fils de Japhet, Gomer suivant les uns, Magog suivant les autres, fut père ou grand-père de Bâth, et que Bâth donna le jour à Fênius dit *Farsaid* ou le Vieux (2); Fênius Farsaid, un des ancêtres mythiques les plus célèbres de la race irlandaise, dont le nom juridique est Fêné, aurait été un des soixante et dix

---

poème d'Eochaid Ua Flainn, mort en 984, et qui a été inséré dans dans le *Lebar gabala*, Livre de Leinster, p. 6, col. 1, ligne 4.

(1) *Genèse*, chapitre X, versets 1, 2.

(2) « Da mac Magog maic Iafeth, maic Noi, idon Baath ocus Ibath. Baath, mac doside Fenius Farsaid, athar na Scithecda, idon Fenius, mac Baath, maic Magog, maic Iafeth, maic Noi et reliqua. » *Leabhar na hUidhre*, p. 1, col. 1. Dans le Livre de Leinster, p. 2, col. 1, ligne 8, Gomer prend la place de Magog, et Baath descend de Gomer par Ibath, qui devient père de Baath, dont il est frère dans le *Leabhar na hUidhre*.

chefs qui bâtirent la tour de Babel. Un de ses fils fut Nêl, qui épousa Scota, fille de Pharaon, d'où le nom de Scots, un de ceux qui désignent la race irlandaise ; Nêl eut de Scota, Gôidel Glas, d'où le nom de Gôidel, un de ceux que porta aussi la race irlandaise (1). Gôidel Glas fut père d'Esru. Esru vivait au temps de Moïse et de la sortie d'Egypte. Cela fait du déluge à la sortie d'Egypte, sept générations pour un espace de 837 ans, suivant les calculs de Bède, la grande autorité chronologique en Irlande au moyen âge (2), en sorte que chaque génération correspond à une durée de 119 ans. Esru eut plusieurs fils dont l'un, Sera, fut père de Partholon ; et dont un autre est l'ancêtre des races qui ont ultérieurement peuplé l'Irlande (3).

Il ne faut pas demander trop de logique aux vieux chroniqueurs irlandais. Si nous en croyons le *Lebar Gabala*, Partholon, petit-fils d'un contemporain de Moïse, arriva en Irlande la soixantième année de l'âge d'Abraham (4), c'est-à-dire trois cent trente ans

(1) Féni ô Fenius asbertar,
    brig cen docta ;
  Gaedil ô Gaediul Glas garta,
    Scuit ô Scota.
Livre de Leinster, p. 2, col. 1, lignes 36, 37.

(2) Bede, *De temporum ratione*, chez Migne, *Patrologia latina*, t. 90, col. 524-528. Le déluge aurait eu lieu l'an du monde 1658, la sortie d'Egypte l'an du monde 2493.

(3) Voyez la préface du *Lebar gabala*, dans le Livre de Leinster, p. 2 ; et le *Lebar gabala* lui-même : Livre de Leinster, p. 5, col. 1, lignes 6, 7 et 10.

(4) Livre de Leinster, p. 5, col. 1, ligne 11 ; *Chronicum Scotorum*,

avant Moïse (1). Le même traité met aussi la venue de Partholon trois cents ans après le déluge (2). Nous trouvons déjà cette date : « trois cents ans après le déluge », dans le poème d'Eochaid ùa Flainn, que nous avons plusieurs fois cité (3) et qui fut écrit dans la seconde moitié du dixième siècle. Cette date devrait, suivant les Irlandais, correspondre à la soixantième année de l'ère d'Abraham dans la chronologie de Bède; mais il n'y a pas une concordance exacte, il faudrait quatre cent trente-sept ans (4) : nous ne pouvons rien demander de bien précis aux chronologistes irlandais pas plus qu'aux Gallois.

On ne s'est pas contenté de fixer la date de l'arrivée de Partholon : on a voulu déterminer la durée de sa race. Suivant le poème d'Eochaid ùa Flainn, il se serait écoulé trois siècles entre le 1er mai, où la race de Partholon débarqua à Inber Scéné, à l'extrémité sud-ouest de l'Irlande, et le 1er mai où commença l'épidémie si terrible qui devait l'enlever tout entière. Cette durée de trois cents ans a été inspirée, comme la concordance avec l'ère d'Abraham et

---

édit. Hennessy, p. 4. Suivant Bède, l'an soixante d'Abraham est l'an du monde 2083.

(1) Je suis la chronologie de Bède. L'an soixante d'Abraham serait l'an du monde 2083, et Moïse serait né l'an du monde 2413.

(2) Livre de Leinster, p. 5, col. 1, ligne 5. On lit trois cent douze ans dans la légende de Tûan. Voyez plus bas, chap. III, § 3.

(3) Livre de Leinster, p. 5, col. 2, lignes 19, 20.

(4) De l'an du monde 1856, date du déluge, à l'an du monde 2083, date de la soixantième année d'Abraham suivant la chronologie de Bède. Migne, *Patrologia latina*, t. LXXXX, col. 524, 527.

comme le rapport chronologique entre Partholon et le déluge, par le désir de mettre la chronologie irlandaise en rapport avec la chronologie biblique. Nennius n'a pas connu ces divagations.

Chez Nennius, les Pictes arrivent dans les îles Orcades d'où ils gagnent le nord de la Grande-Bretagne huit cents ans après l'époque où le prêtre Héli était juge d'Israël, et quand Postumus régnait sur les Latins. Si l'on s'en rapporte à la chronologie de saint Jérôme, Héli et Postumus vivaient au douzième siècle avant notre ère (1); par conséquent, suivant Nennius, l'arrivée des Pictes dans les îles Orcades et en Grande-Bretagne aurait eu lieu au quatrième siècle avant notre ère ; or, ajoute Nennius, l'arrivée des Scots en Irlande est postérieure à l'arrivée des Pictes en Grande-Bretagne ; et le premier des Scots qui vint en Irlande fut Partholon (2). Si donc nous en croyons Nennius, la légende des Partholon est un fait historique qui n'est pas antérieur au quatrième siècle avant notre ère.

Nennius est donc bien loin des chronologies fan-

---

(1) Migne, *Patrologia latina*, t. XXVII. col. 277-285.

(2) « Quando vero regnabat Bruto in Britannia, Heli sacerdos judicabat in Israel, et tunc arca testamenti ab alienigenis possidebatur, Postumus autem frater ejus apud Latinos regnabat. Post intervallum vero multorum annorum Picti venerunt et occupaverunt insulas quæ vocantur Orcades et postea ex insulis vastaverunt regiones multas et occupaverunt eas in sinistrali parte Britanniæ tenentes usque ad hodiernum diem. Novissime autem Scotti venerunt a partibus Hispaniæ ad Hiberniam. Primus autem venit Partholonus. » *Appendix ad opera edita ab Angelo Maio*, Romæ, 1871, p. 98.

tastiques imaginées plus tard. Il n'a pas, du reste, sur les dates, des doctrines bien rigoureusement déterminées, et il paraît peu se soucier de mettre sa notation chronologique d'accord avec elle-même ; car, plus loin, parlant d'un fait qui, dans l'histoire mythologique d'Irlande, est bien postérieur à l'arrivée de Partholon, racontant l'arrivée des fils de Milé, il nous dit qu'elle eut lieu mille douze ans après le passage de la mer Rouge ; or, d'après sa chronologie, le passage de la mer Rouge aurait eu lieu quinze cent vingt-huit ans avant notre ère (1) ; par conséquent les fils de Milé auraient débarqué en Irlande l'an 516 avant J.-C., tandis que Partholon, bien antérieur aux fils de Milé, n'aurait pas pris possession de l'Irlande avant le quatrième siècle, et y aurait apparu plus d'un siècle après les fils de Milé, qui sont cependant postérieurs à lui.

Il est facile de comprendre la cause de cette contradiction. La chronologie des fils de Milé est fondée sur des traditions qui ont une certaine valeur historique, des listes de rois, par exemple, tandis que la légende de Partholon n'offre, dans sa forme la plus ancienne, qu'un seul élément de chronologie comparative : c'est l'histoire du Tûan mac Cairill, d'abord homme, puis successivement cerf, sanglier, vautour et saumon ; sous ces cinq formes, il vécut en tout

---

(1) Suivant saint Jérôme, Migne, *Patrologia latina*, t. XXVII, col. 179-180, le passage de la mer Rouge aurait eu lieu 1512 ans avant notre ère.

trois cent vingt ans. Sous ses quatre premières formes, dont la durée totale fut de trois siècles, il fut témoin de toutes les émigrations qui constituent la plus ancienne histoire, l'histoire mythologique d'Irlande ; puis, sous l'empire de la race actuelle, changé d'abord en saumon, il redevint homme et raconta ce qu'il avait vu. Cette fantastique et vieille légende n'offre pas une base bien solide aux travaux des chronologistes. Nennius n'a donc su quelle date donner à l'arrivée de Partholon. Après lui on a été plus hardi. Mais nous ferons observer que la légende de Tûan est inconciliable avec la doctrine des chronographes chrétiens postérieure à Nennius, suivant lesquels la race de Partholon aurait eu, à elle seule, trois cents ans de durée, et qui, de l'arrivée de cette race à celle des fils de Milé ou de la race actuelle, comptent neuf cent quatre-vingts ans (1) au lieu de trois cents, comme on lit dans la légende de Tûan.

(1) De l'an du monde 2520 à l'an du monde 3500 : Annales des Quatre Maîtres, édition d'O'Donovan, 1851, t. I, p. 4, 24.

CHAPITRE III.

ÉMIGRATION DE PARTHOLON (suite). LÉGENDE DE TUAN MAC CAIRILL.

§ 1. Pourquoi la légende de Tûan mac Cairill a-t-elle été inventée ? — § 2. Saint Finnên et Tûan mac Cairill. — § 3. Histoire primitive de l'Irlande suivant Tûan mac Cairill. — § 4. La légende de Tûan mac Cairill et la chronologie. Modifications dues à l'influence chrétienne. — § 5. La légende de Tûan mac Cairill, dans sa forme primitive, est d'origine païenne.

§ 1.

Pourquoi la légende de Tûan mac Cairill a-t-elle été inventée ?

Quand Hésiode, dans les *Travaux et les Jours*, esquisse rapidement l'histoire des trois premières races : de la race d'or, de la race d'argent et de la race d'airain, qui se sont succédé sur la terre, et qui ont chacune péri avant la création de la race suivante et sans laisser de postérité, il ne se demande pas comment le souvenir de chacune de ces races et de leur histoire a pu parvenir jusqu'à lui. Dans le domaine poétique de la mythologie, un Grec ne s'embarrassait pas de si peu. Les Irlandais, en hommes sérieux, ont traité les choses moins légèrement.

Comme la race d'or, comme la race d'argent, comme la race d'airain en Grèce, la race de Partholon, celle de Nemed, celle des Tùatha Dê Danann se sont succédé en Irlande; la première avait disparu quand est arrivée la seconde, la seconde s'était éteinte quand est arrivée la troisième. Vaincus par les ancêtres des Irlandais modernes, la troisième race, celle des Tùatha Dê Danann, s'est abritée derrière le manteau de l'invisibilité qu'elle ne dépouille plus que dans des circonstances exceptionnelles. Comment est parvenue jusqu'à nous la connaissance de ce passé lointain qui concerne des populations où les habitants actuels de l'île ne comptent pas d'ancêtres, et auxquelles, par conséquent, les traditions des familles, les traditions nationales ne peuvent remonter?

La biographie merveilleuse de Tùan mac Cairill, Tùan, fils de Carell, donnait aux Irlandais et peut-être même à toute la race celtique la solution de cette difficulté. Nous avons de cette légende une rédaction chrétienne arrangée par un auteur qui voulait faire accepter par le clergé chrétien, comme une histoire pieuse, une des plus antiques traditions païennes de ses compatriotes. Nous allons donner cette tradition telle qu'elle nous a été transmise. Nous en connaissons trois manuscrits : le *Leabhar na hUidhre*, écrit vers l'année 1100; le manuscrit Laud 610 de la bibliothèque bodléienne d'Oxford, quinzième siècle; et le manuscrit H. 3. 18 du Collège de la Trinité de Dublin, seizième siècle (1).

§ 2.

Saint Finnên et Tuan mac Cairill.

Transportons-nous au milieu du sixième siècle de notre ère. Saint Finnên vient d'arriver en Irlande avec son célèbre Evangile, qui doit être l'objet de contestations entre lui et saint Columba. Nous avons parlé de la copie de cet Evangile faite par Columba, du mécontentement de Finnên, et de sa plainte portée devant le roi Diarmait, fils de Cerball (2), qui déclara Finnên propriétaire de la copie exécutée par Columba.

Finnên fonda un monastère à Mag-bile, aujourd'hui Movilla, dans le comté de Down, en Ulster. Il alla un jour, accompagné de ses disciples, faire visite à un riche guerrier qui demeurait dans la même localité. Mais ce guerrier interdit aux clercs

(1) *Leabhar na hUidhre*, p. 15-16, incomplet; Laud 610, f°° 102-103; Trinity College Dublin, H. 3. 18, p. 38-39.
(2) Diarmait, fils de Cerball, régna de 544 à 565, suivant les Annales de Tigernach : O'Conor, *Rerum hibernicarum scriptores*, t. II, 1ʳᵉ partie, p. 139, 149.

l'entrée de la forteresse qu'il habitait. Pour obtenir la levée de cette défense, Finnên fut obligé de recourir au moyen que la loi irlandaise mettait à la disposition des faibles quand, victimes d'une injustice, ils voulaient contraindre les forts à céder devant leur plainte désarmée. Ce moyen était le jeûne (1).

Il jeûna tout un dimanche devant la forteresse du puissant et malveillant guerrier. Celui-ci se laissa fléchir et fit ouvrir à Finnên. Sa croyance n'était pas bonne (2), dit le vieux conteur, c'est-à-dire qu'il n'était pas chrétien. Il y avait encore des païens en Irlande au sixième siècle.

Finnên fit donc une visite au guerrier, puis retourna dans son monastère et y parla de sa nouvelle connaissance. « C'est un homme excellent, » dit-il à ses disciples ; « il viendra à vous, vous consolera et » vous racontera les vieilles histoire d'Irlande. » En effet, le lendemain matin, de bonne heure, le noble guerrier arrive dans la demeure du prêtre, et souhaite le bonjour à Finnên et à ses disciples. « Ac- » compagnez-moi dans ma solitude, leur dit-il ; » vous y serez mieux qu'ici. » Ils allèrent avec lui dans sa forteresse, ils y célébrèrent l'office du dimanche, psalmodie, prédication et messe. — « Qui » êtes-vous ? » demanda Finnên à son hôte. — « Je

---

(1) *Senchus Môr*, dans *Ancient laws of Ireland*, t. I, p. 112, 114, 116, 118; t. II, p. 46, 352.

(2) « Ni-r-bu maith a-chretem ind laich, » *Leabhar na hUidhre*, p. 15, col. 1, lignes 39-40.

» suis originiraire d'Ulster, » répondit ce dernier.
« Mon nom est Tùan, fils de Carell (en irlandais,
» Tùan mac Cairill) ; mon père était fils de Muredach
» Munderc (1). C'est de mon père que ce désert m'est
» venu en héritage. Mais il fut un temps où l'on m'ap-
» pelait Tùan, fils de Starn, fils de Sera, Starn mon
» père était frère de Partholon. » — « Raconte-nous, »
lui dit Finnên, « l'histoire d'Irlande, c'est-à-dire ce
» qui est arrivé dans cette île depuis le temps de Par-
» tholon, fils de Sera (2). Nous n'accepterons chez toi
» aucune nourriture tant que nous n'aurons pas ob-
» tenu de toi les vieux récits que nous désirons. »
— « Il est difficile, » répondit Tùan, « que je prenne
» la parole avant d'avoir eu le loisir de méditer la
» parole de Dieu que tu nous as annoncée. » —
« N'aie aucun scrupule, » lui répliqua Finnên, « ra-
» conte-nous, nous t'en prions, tes propres aventu-
» res et les autres événements qui se sont passés en
» Irlande. » Tùan commença ainsi :

(1) Les Annales des Quatre Maîtres, édition d'O'Donovan, t. I, p. 174, font mourir en 526 Cairell, roi d'Ulster, fils de Muireadhach Muindercc. L'année 526 des Quatre Maîtres correspond à l'année 533 de Tigernach, et à l'année 530 du *Chronicum Scotorum* qui ne parlent pas de Cairell. Les Quatre Maîtres ont sans doute emprunté ce personnage à la légende de Tùan. Muireadach Muinderg, roi d'Ulster, mort en 479, *ibidem*, t. II, p. 1190, n'est pas plus authentique que Cairell ou Carell.

(2) Sera aurait eu deux fils : 1° Partholon ; 2° Starn, père de Tùan.

§ 3.

Histoire primitive de l'Irlande suivant Tûan mac Cairill.

« Cinq invasions ont été subies par l'Irlande jus-
» qu'à présent. Personne n'y était venu avant le
» déluge; et après le déluge, personne n'y arriva,
» tant qu'il ne se fut pas écoulé trois cent douze
» ans. »

Un autre texte fait dire à Tûan mille deux ans (1). Il est clair que cette légende, dans sa forme la plus ancienne, ne parlait pas du déluge, et que les deux dates ajoutées après coup sont l'expression de deux systèmes chronologiques différents, chacun étranger à la mythologie celtique. Reprenons le récit de Tûan.

« Alors Partholon, fils de Sera, vint s'établir en
» Irlande. Il était exilé; il amenait avec lui vingt-
» quatre hommes, accompagnés chacun de leur
» femme. Ses compagnons n'étaient guère plus in-
» telligents les uns que les autres (2). Ils habitèrent

---

(1) Cóic gabala ém, ol se, ro-gabad Eriu [co-sind-amsir-si, ocus ni-r-gabad rian-]dilind, ocus ni-s-ragbad iar n-[d]ilind co-ro-chatéa dí bliadain déc ar tri cétaib. » Ce texte est celui du *Leabhar na hUidhre*, p. 115, col. 2, lignes 19-21, sauf les mots entre crochets, qui sont empruntés aux manuscrits Laud 610 et H. 3. 18. La leçon « mille deux ans, » *da bliadain ar mile*, est celle du manuscrit H. 3. 18.

(2) Cette ineptie est chez Hésiode le caractère distinctif de la race d'argent : *Les Travaux et les Jours*, vers 130-134.

» l'Irlande jusqu'à ce qu'ils y furent cinq mille de la
» même race. Une mortalité les frappa entre deux
» dimanches, et tous perdirent la vie; un seul homme
» survécut. Car la coutume est que jamais massacre
» n'arrive sans qu'il échappe un historien qui, plus
» tard, raconte les événements. C'est moi qui suis
» cet homme-là. Resté seul, j'allai de forteresse en
» forteresse, de rocher en rocher, pour me mettre
» en sûreté contre les loups. Pendant vingt-deux
» ans, il n'y eut pas en Irlande d'autre habitant que
» moi. Je tombai dans la décrépitude, et j'arrivai à
» une extrême vieillesse. J'habitais les rochers et les
» déserts; mais je ne pouvais plus faire de course,
» et des cavernes me servaient d'asile.

» Ce fut alors que Nemed, fils d'Agnoman, prit
» possession de l'Irlande. Son père était un frère du
» mien (1). Je le voyais (2) du haut des rochers, et je
» fis en sorte de l'éviter. J'avais de grands cheveux,
» de grands ongles; j'étais décrépit, gris, nu, dans

---

(1) Si nous nous en rapportons au texte du *Leabhar na hUidhre*, p. 15, col. 2, ligne 37, et du manuscrit Laud 610, folio 102 verso, col. 1, Nemed aurait été frère du père de Tûan. Je crois qu'il y a là une faute de copie, et qu'on a écrit par erreur *bráthair*, qui est le nominatif, au lieu de *bráthar*, qui est le génitif.

(2) Le *Leabhar na hUidhre*, p. 15, col. 2, ligne 38, se sert de la première personne du singulier du présent de l'indicatif, *atachim*, qu'on trouve aussi écrit *atacim* dans le manuscrit H. 3. 18, p. 38, col. 1, ligne première. C'est une mauvaise transcription d'un plus ancien *at-a-chinn*, qui est le présent secondaire du verbe *atchiu*. On trouve *attacin*, par une seule *n*, dans le manuscrit Laud 610, folio 102 verso, col. 1.

» la misère et la souffrance. Après m'être endormi
» un soir, quand je me réveillai le matin j'avais
» changé de forme : j'étais cerf. J'avais retrouvé ma
» jeunesse et la gaieté de mon esprit, et je chantai
» des vers sur l'arrivée de Nemed et de sa race et
» sur la métamorphose que je venais de subir. »

Voici la traduction de la fin de ce poème :

« Près de moi est arrivée, ô Dieu bon! la tribu
» de Nemed, fils d'Agnoman. Ce sont de puissants
» guerriers qui, dans le combat, pourraient me faire
» de cruelles blessures. Mais sur ma tête se dispo-
» sent deux cornes armées de soixante pointes ; j'ai
» revêtu, forme nouvelle, un poil rude et gris. La
» victoire et ses joies me sont rendues faciles : il y
» a un instant, j'étais sans force et sans défense (1).

» Quand j'eus pris cette forme d'animal, je devins
» le chef des troupeaux d'Irlande. De grands trou-
» peaux de cerfs marchaient tout autour de moi,
» quels que fussent les chemins que je suivisse.
» Telle fut ma vie au temps de Nemed et de ses
» descendants.

» Lorsque Nemed et ses compagnons arrivèrent
» en Irlande, voici comment s'était fait leur voyage.
» Ils étaient partis dans une flotte de trente-quatre
» barques, et chaque barque contenait trente per-
» sonnes. En route, ils s'égarèrent pendant un an et

---

(1) Dans le texte du *Leabhar na hUidhre*, p. 16, col. 1, les mots
« is-and-sin ro-radius-[s]a na-briathra-sa sis » sont suivis d'un
poème en six quatrains. Nous donnons la traduction des deux derniers.

» demi (1), puis ils firent naufrage et périrent presque
» tous de faim et de soif. Neuf seulement échappè-
» rent : Nemed, avec quatre hommes et quatre fem-
» mes. Ce furent ces neuf personnes qui débarquè-
» rent en Irlande. Ils y eurent tant d'enfants et leur
» nombre augmenta tellement qu'ils atteignirent le
» le chiffre de quatre mille trente hommes et quatre
» mille trente femmes; alors ils moururent tous.

» Cependant j'étais tombé dans la décrépitude :
» j'avais atteint une extrême vieillesse. Or, j'étais
» une fois là, sur la porte de ma caverne; la mé-
» moire m'en est restée, et je sais qu'alors la con-
» formation de mon corps changea : je fus trans-
» formé en sanglier. Je chantai en vers cette méta-
» morphose :

« Aujourd'hui je suis sanglier... je suis roi, je suis
» fort, je compte sur des victoires..... Un temps fut
» où je faisais partie de l'assemblée qui rendit le
» jugement de Partholon. Ce jugement fut chanté;
» chacun en admirait la mélodie..... Combien était
» agréable le chant de mon éclatante sentence! il
» plaisait aux jeunes femmes qui étaient bien jolies.

---

(1) Si nous en croyons le *Leabhar na hUidhre*, p. 16, col. 1, ligne 21, et le manuscrit H. 3. 18, p. 38, col. 1, ce malheur leur serait arrivé dans la mer Caspienne; mais cette addition, relativement récente, ne se trouve pas dans le manuscrit Laud 610, folio 102 verso, col. 2, où le passage correspondant se lit à la première ligne. On sait que la géographie de Strabon fait communiquer la mer Caspienne avec l'Océan. Strabon, livre II, chap. V, § 18, édit. Didot-Müller et Deubner, p. 100, livre XI, chap. VII, § 1; même édit., p. 434.

» A la majesté, mon char associait la beauté. Ma
» voix rendait des sons graves et doux..... J'avais la
» marche rapide et assurée dans les combats.....
» J'étais charmant de visage..... Aujourd'hui, me
» voici changé en noir sanglier. »

» Voilà ce que je disais. Oui, certes, je fus san-
» glier. Alors je redevins jeune; mon esprit recouvra
» sa gaieté; je fus roi des troupeaux de sangliers
» d'Irlande, et je restai fidèle à mon habitude de me
» promener autour de ma maison quand je rentrais
» dans cette région de l'Ulster au temps où l'âge me
» faisait retomber dans la décrépitude et dans la mi-
» sère. C'était toujours ici que se produisait ma mé-
» tamorphose, et voilà pourquoi je revenais toujours
» ici attendre le renouvellement de mon corps.

» Puis Sémion, fils de Stariat, s'établit dans cette
» île. C'est de lui que descendent les Fir Domnann,
» les Fir Bolg et les Galiûin (1). Ils possédèrent l'Ir-
» lande pendant un temps.

» Alors j'atteignis la décrépitude et une extrême
» vieillesse. J'avais l'esprit triste; j'étais hors d'état
» de faire tout ce dont j'étais capable auparavant;
» j'habitais des cavernes sombres, des rochers peu
» connus, et j'étais seul. Puis j'allai dans ma maison,
» comme je l'avais toujours fait jusque-là. Je me rap-
» pelle bien toutes les formes que j'avais précédem-

(1) Nous reproduisons ici le texte du *Leabhar na hUidhre*, p. 16, col. 2, lignes 5-7. Le nom des Galiûin a été supprimé dans les manuscrits H. 3. 18, p. 38, col. 2, et Laud 610, folio 102 verso, col. 2. Ces manuscrits mettent le commencement des Galiûin plus tard.

» ment revêtues. Je jeûnai pendant trois jours ; [j'ai
» oublié de vous dire que chacune de mes métamor-
» phoses avait été précédée par trois jours de jeûne].

« Au bout de ces trois jours, mes forces furent
» tout à fait épuisées. Alors je fus métamorphosé
» en un grand vautour, ou, pour m'exprimer au-
» trement, en un énorme aigle de mer. Mon esprit
» recouvra sa gaieté. Je devins capable de tout ; je
» devins chercheur et actif ; je parcourais l'Irlande
» entière et je savais tout ce qui s'y passait. Alors
» je chantai des vers :

« Vautour aujourd'hui, j'étais hier sanglier.....
» Dieu qui m'aime m'a donné cette forme..... Je
» vécus d'abord dans la troupe des cochons sauvages.
» Aujourd'hui me voici dans celle des oiseaux.....
» Par une merveilleuse décision de la bonté divine
» sur moi et sur la race de Nemed, cette race est
» soumise à la volonté des démons, et moi je vis
» en la compagnie de Dieu. »

Nous demanderons la permission d'interrompre un instant Tûan mac Cairill pour appeler l'attention sur la forme pieuse à l'aide de laquelle l'auteur du moyen âge dont nous reproduisons la rédaction a cherché à faire accepter cette légende par le clergé chrétien. Tûan, changé en vautour, croit au vrai Dieu, tandis que les hommes qui habitent l'Irlande sont soumis à l'empire du démon et vivent dans le paganisme. Il aurait fallu en Irlande, au moyen âge, avoir l'esprit bien mal-fait pour rejeter, au nom du christianisme, une si édifiante histoire. Mais revenons à

notre héros et écoutons la suite du récit qu'il fait à
à saint Finnén et aux compagnons du pieux abbé.

« Beothach, fils de Iarbonel le prophète, s'empara
» de cette île après avoir vaincu les races qui l'occu-
» paient. C'est de Beothach et de Iarbonel que des-
» cendent les *Tûatha Dé [Danann]*, dieux et faux
» dieux auxquels on sait que remonte l'origine des
» savants irlandais. Il est probable que le voyage qui
» les conduisit en Irlande avait pour point de départ
» le ciel : ainsi s'expliquent leur science et la supé-
» riorité de leur instruction. Quant à moi, je restai
» longtemps en forme de vautour, et je vivais en-
» core sous cette forme quand arriva la dernière de
» toutes les races qui occupèrent l'Irlande.

» Ce furent les fils de Milé qui firent la conquête
» de cette île sur les Tûatha Dé Danann. Cependant
» je gardai la forme de vautour jusqu'à un moment
» où je me trouvai dans un trou d'arbre au bord
» d'une rivière. J'y jeûnai neuf jours. Le sommeil
» s'empara de moi, et là même je fus changé en
» saumon. Ensuite Dieu me plaça dans la rivière
» pour y vivre. Je m'y trouvai bien ; j'y fus actif et
» satisfait. Je savais bien nager, et j'échappai long-
» temps à tous les périls : aux mains des pêcheurs
» armés de filets, aux serres des vautours et aux
» javelots que des chasseurs me lançaient pour me
» blesser.

» Un jour, cependant, Dieu, mon protecteur,
» trouva bon de mettre un terme à cette heureuse
» chance. Les bêtes me poursuivaient ; il n'y avait

» pas d'eau où je ne rencontrasse un pêcheur en
» observation avec son filet. Un de ces pêcheurs me
» prit et me porta à la femme de Carell, roi de ce
» pays. Je me rappelle très bien cela. L'homme me
» mit sur le gril ; la femme me désira et me mangea
» à elle seule tout entier, en sorte que je me trouvai
» dans son ventre. Je me souviens du temps où
» j'étais dans le ventre de la femme de Carell ; j'ai
» conservé mémoire des conversations qui se te-
» naient dans la maison et des événements qui arri-
» vèrent en Irlande à cette époque-là.

» Je n'ai pas oublié non plus comment, après cela,
» [étant petit enfant], je commençai à parler comme
» tous les hommes. Je savais tous les événements
» qui étaient arrivés en Irlande. Je fus prophète, et
» on me donna un nom : on m'appela Tùan, fils de
» Carell. Ce fut ensuite que Patrice vint en Irlande
» et y apporta la foi. Un grand nombre furent con-
» vertis ; on me baptisa, et je crus au grand et uni-
» que Roi de toutes choses, créateur du monde. »

Tuan cessa de parler. Les auditeurs le remer-
cièrent. Finnên et ses compagnons passèrent avec
lui dans la salle à manger. Ils restèrent chez lui
une semaine, qu'ils employèrent à causer avec
lui. Toute l'histoire ancienne d'Irlande, toutes les
vieilles généalogies viennent de Tùan, fils de Carell.
Avant Finnên et ses compagnons, Patrice s'était déjà
entretenu avec Tùan, fils de Carell, qui lui avait
fait les mêmes récits. Après saint Patrice, saint Columba a aussi conversé avec Tùan, qui lui a appris

les mêmes choses ; et quand Tûan a raconté à Finnén les histoires dont nous venons de parler, il y avait là une foule de témoins ; or tous étaient Irlandais : on ne peut donc contester leur véracité, ni l'exactitude du récit, que nous reproduisons d'après eux.

§ 4.

La légende de Tûan et la chronologie. Modifications dues à l'influence chrétienne.

Combien de temps Tûan avait-il vécu sous ces différentes formes? On lui trouvait un total de trois cent vingt ans jusqu'au moment où commence sa seconde vie d'homme.

Voici comment on calculait :

Tûan a été homme la première fois pendant............	100 ans
Il a vécu sous forme de cerf.....	80 ans
— sous forme de porc.....	20 ans
— sous forme de vautour ou d'aigle.............	100 ans
Métamorphosé en poisson, il a passé sous l'eau............	20 ans
Total...	320 ans

Le texte qui nous fournit ces chiffres arrête la nomenclature de ces indications arithmétiques au moment où Tùan, mangé par la reine, cessa d'être poisson. Tùan, ajoute-t-il, resta sous forme humaine jusqu'au temps de Finnên, fils de Ua Fiatach (1). Ici, aucun chiffre. Pour savoir la durée totale de la vie de Tùan, il faudrait trouver combien de temps a duré la dernière période de son existence, quand, ayant forme humaine pour la seconde fois, il était fils, non plus de Starn, mais de Carell.

La réponse à cette question n'a pas toujours été la même. C'est à l'époque chrétienne qu'on a imaginé de faire vivre Tùan jusqu'au temps de saint Finnên, c'est-à-dire jusqu'au sixième siècle de notre ère. Ce sont les Irlandais chrétiens qui ont éprouvé le besoin de mettre l'authenticité de leurs traditions mythologiques sous le patronage de saint Finnên, de saint Columba et de saint Patrice. A l'époque païenne, il était inutile de faire vivre Tùan jusqu'à une date aussi rapprochée.

L'invention de ce personnage n'avait qu'un but : expliquer comment avait pu se transmettre aux Irlandais l'histoire de trois races qui avaient, dit-on, jadis occupé l'Irlande, qui avaient depuis disparu et desquelles ne descendaient pas les ancêtres de la

---

(1) « Tuan fuit in forma viri centum annis in Hêri[nn] iar Fintan; fiche bliadna in forma porci, LXXX ann[s] in forma cervi, centum anni[s] in forma aquilæ, XX [bliadan fo-lind in forma pi[s]cis, iterum in forma hominis co-sentaith co haimsir Finnio mic hui Fhiatach. » Bibliothèque bodléienne d'Oxford, Laud 610, folio 103 recto, col. 2. Nous verrons plus loin l'explication des mots *iar Fintan*, après Fintan, qui se rapportent à la légende de Cessair.

population actuelle de l'île. Ces trois races étaient celle de Partholon, celle de Nemed et celle des Tùatha Dê Danann. Tùan pendant sa première vie d'homme avait été contemporain de la « famille » de Partholon et de l'arrivée de Nemed. Cerf il avait été témoin de la destruction de la race de Nemed. Aigle ou vautour, il avait vu les Tùatha dê Danann maîtres de l'Irlande.

Grâce à ses transformations, Tùan avait pu, sans violer les lois ordinaires de la durée de la vie, sans autre phénomène surnaturel que ses métamorphoses, assister à l'arrivée et à la disparition successives des trois races qui ont précédé les fils de Milé, des trois races qui ont occupé l'Irlande avant les habitants historiques de l'île. Il avait survécu à ces trois races. Redevenu homme au temps des fils de Milé, c'est-à-dire des aïeux de la race irlandaise moderne, il leur avait raconté l'histoire de ces populations primitives, il avait même pu leur donner des détails sur l'origine des Fir-bolg, des Fir Domnann, des Fir-Galioin leurs adversaires de l'époque héroïque, puisqu'il était sanglier à la date de l'arrivée de ces trois peuples.

Ces vieux récits, une fois connus de la race de Milé, s'étaient transmis père en fils et de *file* en *file* avec le trésor entier des traditions nationales. Dans la plus ancienne rédaction de la légende, la seconde vie humaine de Tùan avait duré ce que dure ordinairement une vie d'homme : la prolonger au delà des limites naturelles aurait été inutile et contraire aux données fondamentales de cette composition épique qui n'admet pas ce genre de prodige.

Mais quand, pour faire adopter par le clergé chrétien le merveilleux tout païen de la légende de Tûan, on imagina de le placer sous la protection des saints les plus célèbres et les plus respectés du christianisme irlandais, il fallut modifier les données primitives du récit et y introduire un élément surnaturel que ce récit n'avait pas contenu jusque-là. Dès lors il fut admis que Tûan, devenu homme pour la seconde fois, avait vécu sous cette forme un grand nombre de siècles.

« Nous lisons dans les histoires d'Irlande, » écrit Girauld de Cambrie, « que Tûan dépassa de beau-
» coup la longévité de tous les patriarches bibliques.
» Quelque incroyable et quelque contestable que
» cela puisse paraître, il atteignit l'âge de quinze
» cents ans (1). » Ce miracle d'une excessive longévité n'a été imaginé en Irlande que quand on y a connu la Genèse. Mathusalem, le plus vieux des patriarches, est mort âgé de neuf cent soixante-neuf ans, Tûan a vécu quatre cent trente et un an de plus. C'est un des points par où se manifeste la supériorité de l'Irlande sur le reste du monde. Or, ce détail de

---

(1) Giraldus Cambrensis, *Topographia Hibernica*, III, 2, dans *Giraldi Cambrensis opera*, édités par Dimock, t. V, p. 142. Au lieu de Tuanus, le nom du personnage est écrit Ruanus, fidèle reproduction d'une faute qui se trouve déjà dans les manuscrits de Girauld de Cambrie.

la légende de Tùan n'a pu être imaginé que par un auteur qui avait lu la Bible.

Mais les métamorphoses par lesquelles Tùan est, dit-on, passé ont une origine littéraire tout autre.

§ 5.

La légende de Tùan mac Cairill dans sa forme primitive est d'origine païenne.

La croyance à des métamorphoses qui expliqueraient la merveilleuse science de certains hommes est une conception celtique que nous trouvons aussi dans le pays de Galles. Taliésin raconte qu'il a été aigle (1). L'idée qu'une âme pouvait en ce monde revêtir successivement plusieurs formes physiques différentes était une conséquence naturelle d'une doctrine celtique bien connue dans l'antiquité. Cette doctrine est que les défunts qui ont laissé dans le tombeau leur corps privé de vie trouvent en échange un corps vivant dans la contrée mystérieuse qu'ils vont habiter sous le sceptre séduisant du roi puissant des morts. (2).

(1) « Bum eryr, » *Kad Godeu*, vers 13, chez Skene, *The four ancient books of Wales*, t. II, p. 137.

(2) « Imprimis hoc volunt persuadere [druides], non interire animas, sed ab aliis post mortem transire ad alios. » César, *De bello gallico*, livre VI, c. 14, § 5.

.... Vobis auctoribus umbræ
Non tacitas Erebi sedes Ditisque profundi
Pallida regna petunt : regit idem spiritus artus
Orbe alio.

Lucain, *Pharsale*, l. I, v. 454-457.

C'est la foi à cette universelle métamorphose des humains qui a inspiré la croyance aux métamorphoses étranges de Tùan et de Taliésin. Ainsi la légende de Tùan a ses racines dans un des principes fondamentaux de la théologie des Celtes païens. Il n'est pas du reste le seul personnage dont l'âme ait en Irlande revêtu successivement deux corps d'homme et qui soit né deux fois. Mongân, roi d'Ulster au commencement du sixième siècle, était identique au célèbre Find, mort deux siècles avant la naissance de Mongân : l'âme de l'illustre défunt était revenue du pays des morts animer en ce monde un corps nouveau (1).

Ainsi la survivance de l'âme au corps et la possibilité que l'âme d'un mort prenne derechef un corps en ce monde sont des croyances celtiques, et ces croyances expliquent les transmigrations merveilleuses ou les métamorphoses qui sont un des plus curieux éléments de la légende de Tûan mac Cairill (2).

(1) On trouvera la légende de Mongân aux derniers paragraphes du chapitre XIV.
(2) C'est M. W. M. Hennessy qui a appelé mon attention sur ce document, et je dois à son amicale obligeance la solution d'une partie des difficultés de la traduction.

CHAPITRE IV.

CESSAIR, DOUBLET DE PARTHOLON. — FINTAN, DOUBLET DE TUAN MAC CAIRILL.

§ 1. Comparaison de la légende de Partholon et de Tûan avec celle de Cessair et de Fintan. — § 2. Date où a été imaginée la légende de Cessair et de Fintan. — § 3. Cessair chez Girauld de Cambrie et chez les savants irlandais du dix-septième siècle. Opinion de Thomas Moore. — § 4. Pourquoi et comment Cessair vint s'établir en Irlande. — § 5. Histoire de Cessair et de ses compagnons depuis leur arrivée en Irlande. — § 6. Les poèmes de Fintan. — § 7. Fintan : 1° au temps de la première bataille mythologique de Mag Tured; 2° sous le règne de Diarmait mac Cerbaill, sixième siècle de notre ère. — § 8. Les trois doublets de Fintan. Saint Caillin, son élève : conclusion.

§ 1.

Comparaison de la légende de Partholon et de Tûan avec celle de Cessair et de Fintan.

Il y a dans l'épopée irlandaise telle qu'elle nous est parvenue un certain nombre de récits relativement modernes dont le thème a été emprunté à des légendes plus anciennes ; en changeant les noms et en modifiant quelques accessoires, l'auteur a su donner à une composition antique, qui commençait à fatiguer les auditeurs, tout le charme de la nouveauté. C'est un procédé dont toutes les littératures, et notamment les littératures épiques, nous offrent de nombreux exemples.

La légende de Cessair, que les chronologistes irlandais placent au début de l'histoire d'Irlande, avant celle de Partholon, est une œuvre chrétienne imaginée probablement dans la seconde moitié du dixième siècle sous l'inspiration combinée de la Genèse et de la légende de Partholon. Cessair est une petite-fille de Noé ; elle arriva en Irlande quarante jours avant le déluge : elle y périt submergée par les eaux avec tous ses compagnons. Un seul fit exception : ce fut Fintan, qui, par un miracle sans exemple, vécut plusieurs milliers d'années et fut, croyait-on, témoin dans un procès, au sixième siècle de notre ère.

Fintan est un doublet de Tûan ; il le copie, mais lui est de tout point supérieur. Il n'a pas subi de métamorphoses déshonorantes ; son âme n'a pas habité des corps d'animaux, et, tandis que Tûan a vécu quinze cents ans seulement, la vie de Fintan s'est prolongée pendant cinq mille ans. L'Irlande, fière de Tûan, peut à bon droit s'enorgueillir d'avoir été habitée par un homme aussi prodigieux que Fintan.

Quant à Cessair, elle a sur Partholon cette supériorité d'intérêt que les femmes ont toujours sur le sexe fort et laid dont elles embellissent la vie. A la date de sa naissance littéraire, Cessair a eu sur le vieux Partholon cette irrésistible suprématie de la nouveauté, qui est identique au charme de la jeunesse ; en même temps, par une contradiction singulière, elle vieillissait de trois siècles les débuts de l'histoire d'Irlande, ajoutant par ce regain d'antiquité un titre de plus à l'orgueil national irlandais.

Cessair arriva, dit-on, en Irlande trois cents ans avant Partholon, quarante jours avant le déluge. Il n'y a guère de région du monde qui puisse faire remonter plus haut son histoire.

§ 2.

Date où a été imaginée la légende de Cessair et de Fintan.

Au commencement du dixième siècle Cessair n'était pas encore inventée. Nennius, qui écrivait son livre vers le milieu de ce siècle, n'avait pas entendu parler de Cessair. Le premier, dit-il, qui vint en Irlande fut Partholon (1). C'est la doctrine exprimée dans la

---

(1) « Primus autem venit Partholonus » *Appendix ad opera edita ab Angelo Mario*, Romæ, 1871, p. 98. Le traducteur irlandais de Nennius entend ce passage comme nous : « Ceid fear do gab Eirind i. Parrtalon. » « Le premier homme qui occupa l'Irlande, c'est-à-dire Parrtalon. » Todd, *The irish version of the Historia Britonum of Nennius*, p. 42.

légende de Tùan mac Cairill. « Il y eut, » dit Tùan, « cinq invasions en Irlande jusqu'aujourd'hui. Per-» sonne n'occupa l'Irlande avant le déluge (1). »

Enfin, par inattention, l'auteur du *Lebar gabala*, qui commence l'histoire d'Irlande par la légende de Cessair, a conservé en tête de sa seconde section, consacrée à Partholon, les mots par lesquels la légende de ce héros mythique débutait aux temps chrétiens, du sixième au dixième siècle de notre ère, avant que les aventures de Cessair ne fussent inventées. Ces mots sont : « Personne de la race d'Adam n'occupa l'Irlande avant le déluge (2). » Or le même auteur avait écrit quelques lignes plus haut : « Ces-» sair, fille de Bith, fils de Noé, prit possession de » l'Irlande quarante jours avant le déluge (3). » La contradiction lui a échappé.

---

(1) Les mots *ni-r-gabad rian dilind*, « elle ne fut pas occupée avant le déluge, » ont été passés par le copiste auquel nous devons le texte de cette légende conservé par le *Leabhar na hUidhre*, p. 15, col. 2 ; mais on les trouve dans le manuscrit de la bibliothèque bodleienne d'Oxford coté Laud 610, folio 102 verso, col. 1, et dans le manuscrit du Collège de la Trinité de Dublin coté H. 3. 18, p. 38, col. 1.

(2) « Ni ro gab nech tra do sil Adaim Erind rian dilind. » Livre de Leinster, p. 5, col. 1, ligne 4.

(3) « Ro-s-gab iarum Cessair, ingen Betha maic Noe, ut prædiximus, cethorcha laa rian dilind. » Livre de Leinster, p. 4, col. 2, lignes 27 et 28. Le renvoi *ut prædiximus* se rapporte à la même page, col. 1, ligne 50 : « Rogab em Cessair ingen Betha maic Noe cethorcha la rian dilind. » Ces derniers mots font partie de la préface du *Lebar Gabala* ou « Livre des conquêtes, » tandis que la première citation est extraite du texte même du *Lebar Gabala*.

L'auteur le plus ancien qui ait parlé de Cessair est Eochaid ûa Flainn, mort en 984 (1). Les vers de ce poète ont été insérés dans le *Lebar gabala*, dont le récit en prose contient divers détails qu'on ne trouve pas dans le poème.

La légende de Cessair, telle que nous la donnent Eochaid et le *Lebar gabala*, présente une grande ressemblance avec celle de Banba, dont il était question dans le *Cin dromma snechta*, manuscrit du onzième siècle, aujourd'hui perdu (2). Banba, suivant ce récit, serait le nom d'une femme qui serait venue s'établir en Irlande avant le déluge. Or, *Banba* est un des noms de l'Irlande qui ordinairement, dans les vieux textes irlandais, s'appelle *Eriu*, au génitif *Erenn* ou *Erend*.

Ceci explique pourquoi l'auteur inconnu qui, vers le milieu du douzième siècle, a composé les annales irlandaises intitulées *Chronicum Scotorum* a écrit, dès la première page de son ouvrage, qu'en l'an du monde 1599 arriva en Hibernie une fille des Grecs qui s'appelait Eriu, Banba ou Cesar (3). Mais, ajoute-t-il, les anciens historiens d'Irlande ne parlent point

---

(1) Livre de Leinster, p. 5, col. 2, lignes 6 et suiv.

(2) Livre de Ballymote, folio 12 A, cité par O'Curry, *Lectures on the manuscrit materials*, p. 13; Keating, *Histoire d'Irlande*, édition de 1811, p. 148. *Cin dromma snechta* veut dire : « Cahier de parchemin au dos de neige, » c'est-à-dire couvert d'une peau blanche.

(3) Hennessy, *Chronicum Scotorum*, p. 2. L'édition écrit *Berba* pour *Banba*. Elle reproduit exactement la leçon du manuscrit qui lui sert de base ; mais cette leçon est défectueuse.

d'elle (1). On voit qu'il avait sous les yeux des sources identiques ou analogues à celles où Nennius avait puisé : des auteurs antérieurs à Eochaid ùa Flainn et chez lesquels l'histoire d'Irlande commençait avec Partholon.

§ 3.

Cessair chez Girauld de Cambrie et chez les savants irlandais du dix-septième siècle. Opinion de Thomas Moore.

A la fin du douzième siècle, le scepticisme critique dont avait fait preuve l'auteur du *Chronicum Scotorum* avait passé de mode. Girauld de Cambrie écrivait alors sa *Topographia hibernica*. Sa thèse est le contre-pied de celle qu'avait énoncée l'auteur du *Chronicum Scotorum*. « Selon les histoires les plus
» anciennes de l'Irlande, dit Girauld, Caesara, petite-
» fille de Noé, apprenant que le déluge allait arri-
» ver, résolut de prendre la mer et de se réfugier
» dans les îles de l'Occident les plus éloignées, que
» personne n'avait habitées encore ; elle espérait
» qu'en un endroit où il n'avait pas encore été com-
» mis de péché, Dieu ne punirait pas le péché
» par le déluge (2). » Cependant cette colonisation antédiluvienne inspire certains doutes à Girauld de

---

(1) « Hoc non narrant antiquarii Scotorum. » *Ibid.*
(2) *Topographia hibernica*, Dist. III, chap. I, dans *Giraldi Cambrensis opera*, édition Dimock, t. V, p. 139.

de Cambrie. « Le déluge, dit-il, a presque tout dé-
» truit : comment le souvenir de Caesara et de ce
» qui lui est arrivé a-t-il pu se conserver ? Il semble
» qu'il y a lieu de douter. Mais cela regarde ceux
» qui ont les premiers écrit ce récit. Ce que j'ai en-
» trepris est de raconter l'histoire, et non de la dé-
» molir. Peut-être une inscription sur pierre, sur
» brique ou sur une autre matière aura-t-elle gardé
» le souvenir de ces antiques événements. Ainsi, »
ajoute-t-il, « la musique, inventée avant le déluge
» par Jubal, fut conservée par deux inscriptions que
» Jubal lui-même écrivit l'une sur marbre, l'autre
» sur brique (1). »

Girauld de Cambrie ignore ou affecte d'ignorer que Fintan, un des compagnons de Cessair, avait échappé au déluge, et grâce à une vie de cinq mille ans, avait pu encore, au cinquième et au sixième siècles de notre ère, attester l'authenticité des récits qui concernent l'histoire d'Irlande aux époques les plus reculées. Aussi les Quatre Maîtres, qui terminaient leur ouvrage, comme nous le savons, en 1636, ont-ils, sans hésitation, commencé l'histoire de leur patrie à l'arrivée de *Ceasair* en Irlande, quarante jours avant le déluge, qui aurait eu lieu, suivant eux, conformément à la chronologie de saint Jérôme, l'an du monde 2242, avant J.-C. 3451 (2).

(1) *Topographia hibernica*, Dist. III, chap. 1, 13, dans *Giraldi Cambrensis opera*, édition Dimock, t. V, p. 140, 159.
(2) O'Donovan, *Annals of the kingdom of Ireland by the four masters*, 1851, t. I, p. 2.

Keating est moins confiant. Après avoir raconté la légende de Cessair, il dit que, s'il l'a écrite, c'est qu'il l'a trouvée dans de vieux livres ; mais qu'il ne comprend pas comment elle a pu être transmise aux populations qui sont venues habiter l'Irlande après le déluge. Deux explications, cependant, ajoute-t-il, seraient possibles. L'une serait que cette histoire aurait été racontée aux Irlandais par les démons-femmes, êtres aériens qu'on appelle fées, et qui étaient souvent leurs épouses au temps du paganisme (1). Peut-être aussi cette histoire aura-t-elle été gravée sur des pierres et ces inscriptions auront-elles été lues après le déluge par les nouveaux habitants de l'Irlande. Quant au Fintan qui vécut après le déluge, nous ne pouvons, dit-il, admettre qu'il soit le même que celui qui aurait existé avant le déluge. L'Ecriture nous apprend que le genre humain périt tout entier dans le déluge, à l'exception de huit personnes dont elle nous donne la liste, et dans cette liste le nom de Fintan ne se trouve pas (2). Keating a fait école, et le célèbre poète irlandais Thomas Moore, le plus connu des auteurs qui dans ce siècle ont écrit l'histoire d'Irlande, déclare qu'on est unanime au-

---

(1) « Acht munab iad na deamhuin aerdha, do bhiodh i n-a leannanuibh sithe aca, thug dhóibh iad re linn a bheith i n-a bpagânaighibh dhóibh. » « A moins que ce ne fussent les démons aériens, qui
» étaient avec eux sous forme de concubines fées, qui leur aient
» rapporté ces histoires, au temps où ils étaient païens. » Keating, *Histoire d'Irlande*, édition de 1811, p. 154.

(2) Keating, *ibid.*

jourd'hui pour considérer Caesara ou Cessair comme un personnage fabuleux (1).

Le grand intérêt que présente cette légende est d'être à peu près rigoureusement datée. Elle a été imaginée dans la seconde moitié du onzième siècle ; et en l'étudiant nous voyons comment, en Irlande, on s'y est pris pour développer et rajeunir la vieille légende celtique, en remplaçant par des données chrétiennes et bibliques ce qui, dans le vieux récit, était trop empreint des doctrines du paganisme celtique.

§ 4.

Pourquoi et comment Cessair vint s'établir en Irlande.

Cessair est fille de Bith ; Bith est un des fils de Noé ; Moïse, dans la Genèse, a oublié de parler de Bith et de Cessair. Noé construisait l'arche ; Bith envoya un messager à Noé et le fit prier de lui réserver dans l'arche un appartement tant pour lui que pour sa fille Cessair. Noé refusa (2). Partez, dit-il à Cessair ; allez dans les régions les plus occidentales du monde ; certainement le déluge ne les atteindra pas (3).

(1) « Cesara is allowed on all hands to have been a purely fabulous personage. » *The History of Ireland by Thomas Moore esq.* Paris, 1835, vol. I, p. 77.

(2) Keating, édition de 1811, p. 150.

(3) *Lebar gabala*, livre de Leinster, p. 4, col. 2, lignes 30, 31.

Si nous en croyons un récit moderne, Cessair avait abandonné le culte du vrai Dieu, du Dieu de Noé, pour le culte d'une idole ; et ce fut cette idole qui lui donna le conseil de s'embarquer et d'aller au loin chercher un lieu où elle pût être à l'abri du déluge (1). Cessair partit avec trois navires, et après une navigation de sept ans trois mois elle atteignit avec eux le rivage d'Irlande à Dùn nam-Barc, dans le territoire de Corco Duibne, aujourd'hui Corca Guiny (2). Deux des navires firent naufrage et tous ceux qui s'y trouvaient périrent. Les passagers du troisième arrivèrent seuls à terre sains et saufs. C'étaient Cessair, Bith son père, deux autres hommes, savoir Ladru et Fintan ; enfin, cinquante jeunes femmes.

§ 5.

Histoire de Cessair et de ses compagnons depuis leur arrivée en Irlande.

La première chose que firent les trois hommes fut de se partager les femmes. Fintan chanta cette opération en seize vers, où il donne les noms des

---

(1) *Histoire d'Irlande*, par Keating, édition de 1811, p. 150.
(2) *Lebar gabala*, dans le livre de Leinster, p. 4, col. 2, lignes 31-33. Suivant O'Donovan, *Annals of the kingdom of Ireland by the Four masters*, 1851, t. I, p. 3, note c, Dun na m-barc serait identique à Dunamarc en Corca Luighe, au comté de Cork, et non de Kerry. La durée de sept ans trois mois est attribuée au voyage par le récit de Keating, édition de 1811, p. 152.

femmes placées dans chacun des trois lots. Le sien comprit dix-huit femmes, plus Cessair ; Bith et Ladru durent chacun se contenter de seize femmes (1).

Il y avait quarante jours qu'ils étaient arrivés en Irlande quand le déluge commença. Les eaux atteignirent successivement Ladru, à la montagne qui de son nom est appelée Ard Ladran ; Bith, à la montagne qui reçut de lui le nom de Sliab Betha ; et Cessair dans l'endroit qui, à cause d'elle, fut appelé Cuil Cesra (2). Cessair mourut la dernière avec les cinquante jeunes femmes qui s'étaient réfugiées près d'elle (3). Fintan, seul, échappa au fléau qui avait ôté la vie à ses deux compagnons et à ses cinquante et une compagnes. Il vécut, dit-on, jusqu'à la septième année du roi Diarmait mac Cerbaill (4), c'est-

(1) Ce poème se trouve dans le livre de Leinster, p. 4, col. 2, et p. 5, col. 1.

(2) La science d'O'Donovan lui a fait retrouver les endroits où périrent ces premiers habitants de l'Irlande. Ard Ladran était située sur la mer, dans la partie orientale du comté de Weford, en Leinster ; Sliab Betha, aujourd'hui Slieve Beagh, est une montagne située sur la limite des deux comtés de Fermanagh et de Monaghan, en Ulster ; on montre encore sur cette montagne le carn ou monceau de pierres sous lequel Bith aurait été enterré. Cuil Cesra, le tombeau de Cessair, était sur les bords de la Boyne. O'Donovan, *Annals of the kingdom of Ireland by the Four masters*, 185, t. I, p. 3, notes *d, f, g* ; p. 4, note *h*.

(3) Un poème attribué à Fintan fait mourir Bith, Ladru et Cessair dans les eaux du déluge. Livre de Leinster, p. 4, col. 2, lignes 8, 9. Un récit plus récent, conservé par Keating (édit. de 1811, p. 154), les fait mourir tous trois avant le déluge.

(4) *Lebar gabala*, dans le livre de Leinster, p. 12, col. 1, lignes 37-39. Suivant ce texte, Fintan serait né sept ans seulement avant le

à-dire, si nous admettons la chronologie du *Chronicum Scotorum,* jusqu'à l'année 551 de notre ère.

§ 6.

Les poèmes de Fintan.

Pendant ce long espace de temps, il fut témoin d'événements nombreux. On lui attribue des poèmes sur les faits les plus anciens de l'histoire irlandaise. Voici la traduction d'un des principaux :

« Si l'on m'interroge sur l'Irlande, je sais et je
» puis raconter avec plaisir toutes les conquêtes dont
» elle fut l'objet depuis l'origine du monde séduisant.
» D'Orient vint Cessair, une femme, fille de Bith,
» avec ses cinquante jeunes filles, avec ses trois
» hommes. Le déluge atteignit Bith sur sa montagne
» sans mystère ; Ladru à Ard Ladrann ; Cessair à
» Cul Cesra. Pour moi, pendant un an sous le déluge
» rapide dans l'élévation de l'onde puissante, j'ai
» joui d'un sommeil qui était très bon. Puis, en Ir-
» lande, ici, j'ai trouvé au-dessus de l'eau mon che-
» min jusqu'à ce que Partholon vînt d'Orient, de la
» terre des Grecs. Ensuite, en Irlande, ici, j'ai joui
» du repos ; l'Irlande était vide jusqu'à ce qu'arriva
» le fils d'Agnoman, Némed, aux coutumes brillan-
» tes (1). Les Fir-Bolg et les Fir-Galian vinrent long-

déluge, en sorte qu'il aurait déjà eu dix-neuf femmes à cet âge si tendre. Peut-être faut-il lire dix-sept ans.

(1) *Niamda a gnas*, correction pour *nimtha gnas*, leçon du livre de Leinster.

» temps après, et les Fir Domnann aussi ; ils débar-
» quèrent à Eris (1), à l'ouest. Ensuite arrivèrent les
» Tùatha Dé Danann dans leur capuchon de brouillard.
» J'ai longtemps vécu avec eux, quoique cette époque
» soit bien éloignée. Après cela, les fils de Milé vin-
» rent d'Espagne et du sud. J'ai vécu avec eux ; leurs
» combats étaient puissants. J'avais atteint un âge
» avancé, je ne le cache point, quand la foi pure me
» fut envoyée par le roi du ciel nuageux. C'est moi
» qui suis le beau Fintan, fils de Bochra ; je le dis
» hautement. Depuis que le déluge est venu ici, je
» suis un haut personnage en Irlande (2). »

On attribue aussi à Fintan des poèmes sur la division de l'Irlande en cinq grandes provinces (3) ; sur les petites circonscriptions dites *Triocha-ced* (4), sur la question de savoir quelles sont les personnes qui ont, les premières, introduit en Irlande diverses

---

(1) Eris, dans le comté de Mayo.

(2) Livre de Leinster, p. 4, col. 2, lignes 4-25 ; livre de Ballymote, folio 12 recto, col. 2 ; livre de Lecan, folio 271 verso, col. 1 ; livre de Fermoy, folio 4 recto, col. 2, d'après Todd, *Proceedings of the Royal Irish Academy, Irish manuscripts series*, vol. I, part I, 1870, p. 6. Une édition de ce document, accompagnée d'une traduction anglaise, a été publiée dans les *Transactions of the Ossianic Society*, t. V, p. 244-249. Malheureusement l'auteur ne s'est pas servi du meilleur manuscrit.

(3) Livre de Leinster, p. 8, col. 2, ligne 33.

(4) Trinity College de Dublin, manuscrit H. 3. 18, p. 45, lignes 14 et suiv. ; Manuscrits Stowe, 16 et 31, chez O'Conor, *Bibliotheca manuscripta Stowensis*, p. 91, 146 ; O'Curry, *Cath Mhuighe Leana*, p. 106-109 ; British Museum, manuscrit Egerton 118, p. 110.

espèces d'animaux (1), etc. Un des plus curieux raconte la conversation qu'un jour Fintan eut avec un vieil aigle de l'île d'Aicil sur la plus ancienne histoire de l'Irlande (2).

§ 7.

Fintan : 1° au temps de la première bataille mythologique de Mag-Tured ; 2° sous le règne de Diarmait mac Cerbaill (sixième siècle de notre ère).

La légende de Fintan était déjà créée quand a été imaginée la première des deux batailles de Mag-Tured, qui a été composée la seconde, et où les Tûatha Dê Danann auraient vaincu les Fir-Bolg. Avant la première bataille de Mag-Tured, les Fir-Bolg consultèrent Fintan, dont ils savaient apprécier la vieille expérience. Des fils de Fintan prirent part à cette bataille et y perdirent la vie (3).

Enfin, vers le milieu du sixième siècle de notre ère, Fintan eut à intervenir comme témoin dans un procès entre le roi Diarmait, fils de Cerball, et les

---

(1) British Museum, ms. Egerton 138, p. 99.

(2) British Museum, Egerton 1782, folio 47 recto; Livre de Fermoy folio 99 verso, col. 1, cité par Todd, *Proceedings of the Royal Irish Academy, Irish manuscripts series*, vol. I, part I, p. 43; Royal Irish Academy, manuscrit coté 23. D. 5, autrefois 46. 4, p. 235.

(3) Manuscrit du Collège de la Trinité de Dublin, coté H. 3. 17, et cité chez O'Curry, *On the manners*, t. I, p. ccccLVIJ, note ; t. III, p. 59, 60.

descendants du roi Niall Aux-neuf-otages, alors établis dans la petite province de Midé, qui forme aujourd'hui les deux comtés de Meath et de Westmeath. Ceux-ci se plaignaient de l'excessive étendue qu'avait prise depuis quelque temps, disaient-ils, à leur préjudice, le domaine royal de Tara, situé dans le comté de Meath. Le roi Diarmait leur demanda s'ils pouvaient prouver par témoins qu'autrefois le domaine royal de Tara fut moins considérable. Ils envoyèrent chercher les hommes les plus vieux et les plus intelligents du pays ; on en trouva neuf, entre autres Cennfaelad, alors archevêque d'Armagh, et Tùan mac Cairill, le fameux compagnon de Partholon, seul survivant de la colonie que Partholon avait amenée. Cinq de ces vieux sages comparurent à la cour du roi, mais ils refusèrent de se prononcer sur la question en litige tant que leur doyen n'aurait pas été consulté, et ce doyen, c'était Fintan, fils de Bochra, le compagnon de l'antédiluvienne Cessair, de beaucoup leur supérieur à tous, et en âge et en science. On alla chercher Fintan, qui demeurait alors à Dun-Tulcha, dans le comté de Kerry. Fintan ne se fit pas prier. Il arriva au palais avec un nombreux cortège. Neuf groupes d'hommes le précédaient, autant le suivaient : c'étaient ses descendants. Le roi et son peuple l'accueillirent cordialement, et, après avoir pris un peu de repos, il leur raconta sa merveilleuse histoire et celle de Tara depuis sa fondation. Ses auditeurs lui demandèrent de leur démontrer, par un exemple, quelle confiance sa mémoire

méritait. — « Volontiers, » répondit Fintan. « Je
» traversais un jour un bois dans le Munster oc-
» cidental. J'en rapportai chez moi une baie rouge
» d'if ; je la plantai dans le jardin de ma maison. La
» semence germa et produisit un if qui devint grand
» comme un homme. Alors, j'ôtai cet arbre du jar-
» din et je le transplantai dans la prairie qui dépen-
» dait de mon habitation. Il devint assez grand pour
» abriter sous son feuillage cent guerriers et les pro-
» téger contre le vent, la pluie, le froid et la cha-
» leur. Nous vécûmes côte à côte, l'if et moi, jusqu'à
» ce que, mort de vieillesse, cet arbre perdit toute
» ses feuilles. Pour ne pas le laisser perdre sans en
» tirer profit, je le coupai, et du bois de sa tige je
» fabriquai sept grandes cuves, sept cuves moyennes
» et sept petites cuves, sept barattes, sept grands
» pots, sept pots moyens et sept petits pots, soit
» quarante-neuf vases de sept dimensions différentes
» dont cet arbre me fournit tant le merrain que les
» cercles. Je me servis longtemps de tous ces vases
» d'if, mais enfin ils vieillirent tant que leurs cer-
» cles tombèrent. Je me remis au travail : des gran-
» des cuves, je fis des cuves moyennes ; des cuves
» moyennes, je fis de petites cuves ; des petites
» cuves, je fis des barattes ; des barattes, je fis de
» grands pots ; des grands pots, je fis des pots
» moyens ; des pots moyens, je fis de petits pots.
» Mais aujourd'hui, de tous ces vases il ne reste
» que de la poussière, et j'ignore même ce que cette
» poussière est devenue. »

De cette légende on n'a pas de manuscrit antérieur au quatorzième siècle (1). Mais au moins, quant à ses traits fondamentaux, elle existait déjà trois siècles auparavant, car il en est question dans le *Lebar gabala* ou Livre des invasions, qui paraît remonter au onzième siècle (2).

§ 8.

Les trois doublets de Fintan. Saint Caillin, son élève. Conclusion.

Les théologiens scrupuleux avaient peine à admettre comme authentique l'histoire de cet homme extraordinaire qui aurait échappé au déluge et qui cependant ne serait pas entré dans l'arche. Mais

---

(1) Le manuscrit principal paraît être celui qui est coté H. 2. 16 au Collège de la Trinité de Dublin. La pièce dont il s'agit se trouve aux col. 740-749. Elle commence par les mots *Incipit do sui[diu]gadh tellaich Temra*. O'Curry en a analysé certaines parties et traduit d'autres, *On the manners*, t. III, p. 59-62 ; il a donné un extrait du texte original dans le même volume, p. 242!, note. Voir aussi, à la Bibliothèque bodléienne d'Oxford, le manuscrit Laud 610, f° 57 verso, et, dans la Bibliothèque de la *Royal irish Academy*, sous la cote 3. Q, autrefois 39. 6, la copie du Livre de Lismore, exécutée par Joseph O'Longan, folios 132-134. Enfin, il faut rapprocher de ces textes le fragment du *Dinn-senchus* concernant Tara, qui a été publié par Petrie, *On the history and antiquities of Tara-hill*, p. 129-132.

(2) Livre de Leinster, p. 12, col. 1, lignes 36-40. L'auteur de *Lebar gabala* s'appuie sur l'autorité de Fintan pour établir l'authenticité du récit où l'on trouve les noms des trente-six chefs qui auraient commandé les Gôidels à leur arrivée en Irlande ; et il dit que Fintan vécut jusqu'à la septième année du règne de Diarmait. C'est l'époque où Fintan serait venu porter son témoignage à l'assemblée de Tara.

Fintan eut des partisans hardis qui soutinrent que cet Irlandais prodigieux n'avait pas seul eu cette bonne fortune.

Il y a, racontèrent-ils, quatre points cardinaux : l'est et l'ouest, le sud et le nord. Or, chacun d'eux a eu son homme. Il y a eu quatre hommes pour raconter les événement merveilleux et les vieilles histoires arrivées dans le monde. Deux sont nés avant le déluge et lui ont échappé : l'un est Fintan, fils de Bochra, fils de Lamech, qui a eu dans son lot les histoires d'Espagne et d'Irlande, c'est-à-dire de l'Occident, et qui a vécu 5550 ans, dont 50 avant le déluge et 5500 après ; l'autre est Fors, fils d'Electra, fils de Seth, fils d'Adam. Celui-ci a eu pour mission d'observer les événements qui ont eu lieu en Orient ; il vécut cinq mille ans et mourut à Jérusalem, sous l'empereur Auguste, l'année où naquit Jésus-Christ. Les deux autres sont : un petit-fils de Japhet et un arrière-petit-fils de Cham. L'un, qui avait le nord pour lot, mourut sur les bords de l'Araxe la quinzième année de l'empereur Tibère, après avoir vécu quatre mille ans. L'autre, chargé de la conservation des récits qui concernaient le Midi, mourut en Corse à l'époque où Cormac, fils d'Art, était roi suprême d'Irlande, c'est-à-dire au second siècle de notre ère. Cette légende audacieuse a été transcrite vers l'année 1100 dans le *Leabhar na h-Uidhre* (1).

(1) *Leabhar na h-Uidhre*, p. 120, col. 2.

Plus tard, un écrivain plus timide, sans rayer Fintan de la liste des hommes célèbres d'Irlande, sans effacer des annales d'Irlande la légende de Cessair, a fait de Fintan le maître de saint Caillin. Ce pieux personnage reçut pendant cent ans les leçons de Fintan. Sur les conseils de ce savant professeur, il alla compléter son éducation à Rome, où il passa deux siècles. Il revint en Irlande au temps de saint Patrice, et ce fut alors qu'un ange, envoyé par le Christ, lui révéla l'histoire d'Irlande depuis l'arrivée de Cessair. Caillin vécut jusqu'au temps de Diarmait, où, prophétisant, il fit connaître la liste des rois qui devaient régner en Irlande de la mort de Diarmait à la fin du monde et au dernier jugement de Dieu.

Cette composition étrange a été écrite vers la fin du xiiie siècle (1). Elle nous offre la dernière évolution de la légende de Fintan. Cette légende, comme celle de Cessair, dont elle est un accessoire, n'appartient point à la mythologie celtique : ce sont des créations de l'Irlande chrétienne. Mais leur intérêt consiste en ce qu'elles ont été inspirées par la légende de Partholon et de Tûan mac Cairill, dans

---

(1) *The book of Fenagh in irish and english, originally compiled by St Caillin, archbishop, abbot, and founder of Fenagh, alias Dunbally of Moy-Reim, tempore sancti Patricii, with the contractions resolved and as far as possible the original text restored; the whole carefully revised, indexed and copiously annotated by W. M. Hennessy M. R. I. A. and done into english by D. H. Kelly M. I. R. A.* Dublin, 1875.

laquelle il y a un fond de mythologie celtique clairement apparent, malgré les ornements accessoires et les additions érudites par lesquelles l'imagination et la science irlandaise l'ont développée et altérée dans les temps chrétiens. Nous avons établi que, vraisemblablement, les aventures de Cessair et de Fintan ont été inventées vers la fin du dixième siècle. La date de cette composition nouvelle, qui se rapproche de la date où les Irlandais prennent définitivement le dessus dans les luttes avec leurs conquérants scandinaves, est aussi digne d'attention que les procédés à l'aide desquels ce récit, dont le point de départ est celtique, a pris naissance et s'est développé.

CHAPITRE V.

ÉMIGRATION DE NÉMED ET MASSACRE DE LA TOUR DE CONANN.

§ 1. Origine de Némed; son arrivée en Irlande. — § 2. Le règne de Némed en Irlande; ses premières relations avec les Fomóré. — § 3. Ce que c'est que les Fomóré. Textes divers qui les concernent. — § 4. L'équivalent des Fomóré dans la mythologie grecque et dans la mythologie védique. — § 5. Combats de Némed contre les Fomóré. — § 6. Domination tyrannique des Fomóré sur la race de Némed. Le tribut d'enfants. Comparaison avec le Minotaure. — § 7. L'idole *Cromm crúach* ou *Cenn crúach* et les sacrifices d'enfants en Irlande. Les sacrifices humains en Gaule. — § 8. Tigernmas, dieu de la mort, doublet de *Cromm crúach*. — § 9. Le désastre de la tour de Conann d'après les documents irlandais. — § 10. Le désastre de la tour de Conann suivant Nennius. Comparaison avec la mythologie grecque.

§ 1.

Origine de Némed. Son arrivée en Irlande.

Nennius, qui n'a entendu parler ni de Cessair ni de Fintan, commence l'histoire d'Irlande par la lé-

gende de Partholon, qu'il fait précéder de ces mots :
« Les Scots vinrent d'Espagne en Irlande. » Partholon est, suivant lui, le premier de ces Scots arrivés d'Espagne en Irlande?, et après avoir donné sur Partholon quelques détails dont il a été question plus haut, Nennius continue en ces termes : « Le
» second qui vint en Irlande fut Nimeth, fils d'un
» certain Agnomen qui, dit-on, navigua sur mer
» un an et demi, et qui ensuite, ayant fait nau-
» frage, débarqua dans un port d'Irlande. Il y resta
» beaucoup d'années, puis, se réembarquant, il re-
» tourna en Espagne avec les siens. »

Dans ce texte, le mot *Espagne* est une traduction savante des mots irlandais *mag môr*, « grande plaine » (1), *trag mâr*, « grand rivage, » *mag meld*, « plaine agréable, » par lesquels les païens irlandais désignaient le pays des Morts, lieu d'origine et dernier asile des vivants. C'est l'évhémérisme chrétien qui a substitué le nom d'Espagne à ces expressions mythologiques, témoignage des croyances acceptées en des temps plus anciens. La légende de Tûan mac Cairill s'exprime d'une manière qui enlève tout doute : « Le nombre des compagnons de Némed

---

(1) Iar gnâis Maige Mâir, « suivant la coutume de la Grande Plaine, » chez Windisch, *Irische Texte*, p. 132, seconde partie, ligne 6 ; ingen Mag-môir, dans le *Livre de Leinster*, p. 8, col. 2, ligne 26 ; p. 9, col. 1, ligne 34 ; p. 200, col. 2, ligne 16 ; Mag-Mell, dans : *Echtra Condla*, chez Windisch, *Kurzgefasste irische Grammatik*, p. 119, ligne 10 ; *Seirglige Conculainn*, chez Windisch, *Irische Texte*, p. 214, note ; Trag-Mâr, dans *Echtra Condla*, p. 120, ligne 9.

» finit par atteindre quatre mille trente hommes et
» quatre mille trente femmes. Alors ils moururent
» tous (1). » Ils moururent tous : voilà ce qu'une
rédaction antique, aujourd'hui perdue, rendait par
les mots : « Ils firent le voyage de la Grande Plaine,
du Grand Rivage, ou de la Plaine agréable, » formule
où Nennius voit l'indication d'un retour en Espagne.

Dans la plupart des textes irlandais, la légende
de Némed est beaucoup plus développée que chez
Nennius et que dans le bref résumé attribué à Tùan.
Une des additions qu'elle reçoit est le résultat de ce
qu'ordinairement on classait autrement que Nennius ne l'a fait un des vieux récits qui sont les éléments fondamentaux de la mythologie irlandaise.
Nennius met un de ces récits à une place où nulle
part ailleurs nous ne le trouvons. Nous voulons
parler de la pièce intitulée *Massacre de la tour de
Conann* (2). Ce morceau est un des plus anciens dont
se compose la littérature épique irlandaise, puisqu'il
est compris dans la première de nos listes, qui paraît avoir été rédigée vers l'an 700. Or, Nennius en
fait un épisode de l'histoire des fils de Milé. C'est
probablement une erreur de sa part, car tous les
documents irlandais sont d'accord pour placer cet
événement légendaire dans l'histoire de la race de
Némed.

(1) « Roforbair a-sil-sium iar-sin ocus rochlannaigistâr cor-ra-batâr cethri mili ar trichat lanamna and ; atbathatar-side dana uli. » *Leabhar na h-Uidhre*, p. 16, col. 1, l. 23-25.

(2) Orgain tuir Conaind.

La plupart des documents nous présentent cette histoire avec bien des détails ajoutés à diverses dates, toutes relativement récentes. Ainsi, ce n'est ni d'Espagne ni du pays des Morts que vient Némed. Il arrive d'une région de la Scythie habitée par les Grecs. Parti avec quarante-quatre navires, il en avait perdu quarante-trois en route et avait passé un an et demi dans la mer Caspienne; et ce fut avec un seul navire qu'il atteignit les côtes de l'Irlande. Voilà ce que nous raconte, à la fin du onzième siècle, le Livre des Invasions (1). Au dixième siècle on savait, — Nennius nous l'apprend, — que Némed avait été un an et demi sur mer avant d'atteindre l'Irlande; au onzième siècle la science irlandaise s'était accrue d'une notion supplémentaire : on était en mesure de dire sur quelle mer cette longue navigation s'était accomplie. On avait découvert qu'il s'agissait de la mer Caspienne (2). Au dix-septième siècle, ce voyage par mer de la mer Caspienne en Irlande parut inadmissible aux savants irlandais : à la mer Caspienne on substitua le Pont-Euxin. « Quand, dit Keating, Nemhed par-
» tit de Scythie pour se rendre en Irlande, il s'em-
» barqua sur une petite mer qui tire ses eaux de
» l'Océan, et le nom par lequel on désigne cette
» petite mer est *mare Euxinum*. » Un traducteur moderne nous apprend que le Pont-Euxin s'appelle

---

(1) *Lebar gabala*, dans le Livre de Leinster, p. 6, col. 1, lignes 11 et 12.

(2) Strabon fait communiquer la mer Caspienne avec l'Océan.

aujourd'hui mer Noire. « Toutefois, » ajoute-t-il, « il
» y a évidemment ici une erreur de Keating ; c'est
» dans la mer Baltique que Nemhed s'est embar-
» qué. » Mais Keating parle bien du Pont-Euxin :
« C'est, » dit l'historien irlandais, « la limite entre
» la région nord-ouest de l'Asie et la région nord-est
» de l'Europe ; » et, ajoute-t-il pour montrer qu'il
a étudié sa géographie, « c'est dans la région nord-
» ouest de l'Asie que sont les monts Riphées. Selon
» Pomponius Méla, ils séparent de la petite mer,
» dont nous venons de parler, l'Océan septentrional.
» Nemhed laissa à main droite les monts Riphées,
» jusqu'à ce qu'il arriva à l'Océan qui est au nord,
» et il eut l'Europe à sa main gauche jusqu'à ce qu'il
» atteignit l'Irlande. » Un traducteur moderne fait
observer que par les monts Riphées on doit entendre l'Oural (1).

Qu'était-ce qu'Agnomen, ou Agnoman, père de
Némed ? Nennius n'en dit rien. Suivant le *Lebar
gabala*, c'est un Grec de Scythie (2). Il le fait descendre de la race de Fênius Farsaid. Ce Fênius, arrière-petit-fils de Japhet par Gomer, d'autres disent
par Magog (3), fut père de Nêl, qui épousa Scota,
fille de Pharaon, roi d'Egypte ; et de cette union
naquit Gôidel Glas, ancêtre des Gôidels ou de la
race irlandaise. De Gôidel Glas, suivant la préface

(1) Keating, *Histoire d'Irlande*, édition 1811, p. 176 ; traduction
d'O'Mahony. New-York, 1866, p. 122.
(2) Livre de Leinster, p. 6, col. 1, ligne 13.
(3) *Leabhar na h-Uidhre*, p. 1, col. 1, lignes 2 et suivantes.

du *Lebar gabala*, est issue une famille qui, à une date reculée, a fourni à la Scythie un dynastie royale (1), — les descendants de Scota, les Scots, étaient évidemment identiques aux Scythes, — et, de cette dynastie, un membre est Agnoman, qui, un jour condamné à l'exil, mourut dans une île de la mer Caspienne (2). Agnoman est de la même famille que Partholon. Partholon est, comme Agnoman, un descendant de Fênius Farsaid et de Gôidel Glas : les diverses races qui ont successivement peuplé l'Irlande remontent à des ancêtres communs qui descendent de Magog ou de Gomer, fils de Japhet; en sorte qu'il y a parfait accord entre les traditions généalogiques irlandaises et les généalogies bibliques (3). Il est vrai que l'authenticité des traditions généalogiques irlandaises fabriquées au onzième siècle reste à démontrer.

Un texte irlandais fixe à vingt-deux ans, la plupart fixent à trente ans la durée de l'intervalle qui s'écoula entre la semaine fatale où périrent les descendants de Partholon et le jour où Némed débarqua sur les côtes d'Irlande (4).

(1) Livre de Leinster, p. 2, fin de la colonne 2.
(2) Livre de Leinster, p. 2, col. 2, lignes 40 et suivantes ; p. 3, col. 2, lignes 36 et suivantes.
(3) Partholon est fils de Sera, fils de Sru; Sru est fils d'Esru, fils lui-même de Gôidel Glas. Livre de Leinster, p. 2, ligne 23 ; p. 5, col. 1, lignes 6, 7; cf. Keating, édition de 1811, p. 162, 174.
(4) L'espace de vingt-deux ans est donnée par la légende de Tûan mac Cairill, plus haut, p. 5. Trente ans est le chiffre du *Lebar gabala*, dans le Livre de Leinster, p. 6, col. 1, ligne 11. Le *Lebar*

§ 2.

Le règne de Némed en Irlande ; ses premières relations avec les Fomôré.

Du temps de Némed, le sol de l'Irlande continua le travail commencé sous Partholon. Le nombre des lacs s'augmenta de quatre (1), et celui des plaines de douze (2). Un de ces lacs eut une origine identique à celle d'un des lacs qui datent du temps de Partholon. Annenn, un des fils de Némed mourut ; on creusa sa fosse, et du fond de la fosse jaillit une source ; cette source fut assez abondante pour donner naissance à un lac, et du nom du mort, on appela cet amas d'eau *Loch Anninn*.

Le règne de Némed fut marqué par une innovation : on lui doit la fondation des deux premières de ces forteresses rondes, en irlandais *ráith*, qu'habi-

---

gabala traduit par « pendant trente ans, » *fri re XXX m-bliadan*, le « six fois cinq ans, » *sé choic m-bliadna*, du poème qui commence par les mots « Heriu oll ordnit Gaedil : » Livre de Leinster, p. 6, col. 2, ligne 46.

(1) Sur ces lacs, voir le poème qui commence par les mots « Heriu oll ordnit Gaedil » (Livre de Leinster, p. 7, col. 1, lignes 5-7) ; le texte en prose du *Lebar gabala* (Livre de Leinster, p. 6, col. 1, lignes 19-24), et Girauld de Cambrie, distinction III, ch. 3, édition Dimock, p. 143.

(2) Sur les plaines, voir le poème *Heriu oll ordnit Gaedil* (Livre de Leinster, p. 7, col. 1, lignes 10-15), et le texte en prose du *Lebar gabala* (Livre de Leinster, p. 6, col. 1, lignes 33-38).

taient les rois d'Irlande (1). Les fossés de l'une d'elles furent creusés en une journée par quatre merveilleux ouvriers, qui étaient frères. Le lendemain matin, Némed les tua tous quatre (2); leur habileté l'avait effrayé; il craignait de trouver en eux de trop puissants ennemis. C'étaient, dit-on, des Fomôré, et ce que Némed redoutait était qu'ils ne prissent trop facilement le fort qu'ils avaient construit. Il les enterra sur place (3). Il n'avait pas tort de craindre cette race redoutable. En effet, il devait, comme Partholon avant lui, comme plus tard ses fils, et enfin comme les Tùatha Dê Danann, avoir une guerre terrible à soutenir contre les Fomôré.

§ 3.

Ce que c'est que les Fomôré. Textes divers qui les concernent.

Nous avons déjà dit que les Fomôré sont les dieux de la Mort et de la Nuit. L'évhémérisme chrétien a fait d'eux des pirates qui ravageaient l'Irlande (4). A propos de leurs guerres avec Partholon, nous avons

---

(1) Poème *Heriu oll ordnit Gaedil*, dans le Livre de Leinster, p. 7, col. 1, lignes 8, 9.
(2) Texte en prose du *Lebar gabala*, Livre de Leinster, p. 6, col. 1, lignes 26-32.
(3) *Histoire d'Irlande*, par Keating, édition de 1811, p. 178.
(4) Girauld de Cambrie, *Topographia hibernica*, distinctio III, cap. 3, édition Dimock, p. 143.

donné sur eux quelques indications (1). Nous avions précédemment parlé aussi d'eux dans notre premier chapitre (2). Le moment est venu d'entrer dans des développements plus circonstanciés. Les érudits irlandais, qui avaient étudié la Bible, les faisaient descendre de Cham. Nous trouvons déjà cette généalogie, relativement moderne, dans le plus ancien des manuscrits littéraires irlandais.

L'auteur d'un traité des origines du genre humain (3), inséré dans le *Leabhar na h-Uidhre*, qui a été transcrit vers l'année 1100, a un chapitre intitulé : *Histoire des monstres, c'est-à-dire des Fomôré et des nains*. Il commence par raconter, d'après la Genèse, dans quelles circonstances Noé fut amené à maudire son fils Cham. « Voilà comment, » ajoute-t-il, « Cham fut le premier homme que, depuis le
» déluge, une malédiction ait frappé. C'est de lui que
» sont nés les nains, les Fomôré, les gens à tête de
» chèvre et tous les êtres difformes qui existent
» parmi les hommes. Voilà pourquoi les descendants
» de Cham furent exterminés, et leur pays donné
» aux enfants d'Israël : ce fut en conséquence de la
» malédiction prononcée contre leur père. Cham est
» le premier ancêtre des monstres. Ils ne descendent
» pas de Caïn, comme le disent les Gôidels ; en effet,

---

(1) Voir plus haut, p. 32.
(2) Voir plus haut, p. 14-16.
(3) Ce document paraît être une composition analogue à celle qui, dans le Livre de Leinster, p. 1-4, sert d'introduction au *Lebar gabala*.

» personne de la race de Caïn ne survécut au dé-
» luge, puisque le déluge arriva précisément pour
» noyer la race de Caïn (1). » Les textes les plus anciens ne connaissent rien de ces origines bibliques attribuées aux Fomôré par la science chrétienne d'Irlande (2). Le Livre des Invasions dit simplement que les Fomôré étaient arrivés par mer (3).

Le document dont nous venons de donner la traduction est, du reste, fort important. Le titre annonce qu'il va être question de l'histoire des nains et des Fomôré. De là, on pourrait déjà conclure que les Fomôré sont des géants, et, en effet, Girauld de Cambrie, dans un passage de sa *Topographia hibernica*, rend par *gigantibus* le nom des Fomôré, au datif pluriel *Fomôrchaib* dans le passage correspondant du Livre des Invasions (4).

---

(1) *Leabhar na h-Uidhre*, p. 2, col. 1 et 2 ; Whitley Stokes, *Revue celtique*, t. I, p. 257. Cf. Keating, *Histoire d'Irlande*, édition de 1811, p. 178.

(2) Voyez ce que disent des Fomôré : 1° le poème *Heriu oll ordnit Gaedil*, dans le Livre de Leinster, p. 7, col. 1, ligne 16 ; 2° le poème *Togail tuir Chonaind con gail*, Livre de Leinster, p. 7, col. 2, ligne 16.

(3) Livre de Leinster, p. 6, col. 1, lignes 39, 40, 46, 47 : « Fomôre idon loinsig na fairgge... Is inti bôi mor-longas na Fomôre. »

(4) *Topographia hibernica*, distinctio III, caput 2, édition Dimock, p. 141. Cf. Livre de Leinster, p. 5, col. 1, lignes 20-22. Girauld de Cambrie s'exprime ainsi : « Tandem vero in bello magno quod cum gigantibus gessit potitum [Bartholanum] victoria. » Dans le Livre de Leinster, on lit : « Cét-chath Herend robriss Partholon i-slemnaib maige Itha for Cichol n-Gricenchos d-Fhomôrchaib. » Fomôré, qui est tantôt un thème en *e = io-*, tantôt un thème en *ec*, paraît composé de la particule *fo-*, « sous, » et d'un thème *môrio-* ou *môrec*,

L'opinion des savants irlandais qui plaçaient les Fomôré soit dans la descendance de Caïn, soit dans celle de Cham, est inspirée par les passages de la Bible sur les géants antédiluviens (1) et sur ceux de la Palestine, peuplée originairement par les descendants de Chanaan, fils de Cham. Les espions juifs, venant de Palestine, disaient au peuple de Dieu, alors errant dans le désert : « Nous y avons vu des monstres de la race des géants ; comparés à eux, nous ressemblions à des sauterelles (2). »

On sait quelle place importante les nains et les géants tiennent dans la littérature mythologique de la race germanique (3) et dans les contes bretons modernes. Les nains, dont le nom irlandais est *luchrupan*, littéralement « petit corpuscule, » apparaissent rarement dans les textes irlandais. M. Whitley Stokes a cité, relativement à eux, un récit légendaire où on les voit enseigner à un roi irlandais l'art de plonger et de se promener avec eux sous les eaux. Ce conte a pénétré dans la glose d'un

---

dérivé de *môr*, « grand. » La particule *fo-*, *fu-* n'a pas le sens de diminutif comme le français « sous-. » Ainsi, *fo-lomm* signifie « nu, » comme *lomm*, *fu-domuin*, « profond, » comme *domuin*.

(1) Genèse, chap. VI, verset 4.
(2) Nombres, chap. XIII, verset 34.
(3) Jacob Grimm a consacré aux nains le chapitre XVII, et aux géants le chapitre XVIII de sa *Deutsche Mythologie* (3ᵉ édition, p. 408 et suivantes, 485 et suivantes). Voir, sur le même sujet, Simrock, *Handbuch der deutschen Mythologie*, 5ᵉ édition, §§ 118 et suivants, 124 et suivants, p. 403 et suivantes, 423 et suivantes.

traité de droit, et cette glose nous l'a conservé (1). La mention qu'il fait des nains peut être considérée comme une exception. Il est, au contraire, question très fréquemment des Fomôré, dans la littérature épique irlandaise. Ce sont des géants, avons-nous dit, avec Girauld de Cambrie; mais ils ne sont pas seulement cela : ce sont des démons, de vrais démons, à figure humaine, rapporte un chroniqueur irlandais du douzième siècle (2). Il y avait parmi eux des monstres qui n'avaient qu'une main et qu'un pied, ajoute l'auteur du Livre des Invasions (3). Enfin, la pièce dont nous venons de donner la traduction accole au nom des Fomôré celui des gens à tête de chèvre, *gobor-chind*, qui paraissent être une subdivision ou un doublet des Fomôré, puisqu'ils ne sont pas mentionnés dans le titre qui parle seulement des nains et des Fomôré (4).

(1) *Ancient laws of Ireland*, t. I, p. 70, 72. Les nains y sont appelés *luchorpan*, *luchorp* et *abac*.

(2) « Cath robris Parrthalon for Fomorchaib, idon demna iár fir an-dealbhaibh daoinaibh. *Chronicum Scotorum*, édit. Hennessy, p. 6.

(3) En parlant de la bataille de Mag Itha, où Partholon battit les Fomôré, le Livre des Invasions s'exprime ainsi : « Fir con-oen-lámaib ocus con-oen-chossaib rofhersat fris-sin-cath. » Livre de Leinster, p. 5, col. 1, lignes 22, 23. Comparez *Chronicum Scotorum*, édit Hennessy, p. 6, lignes 8, 9. Voyez aussi plus haut, p. 32.

(4) Si l'on accepte comme une autorité sérieuse l'article *Gabur* du Glossaire de Cormac (Whitley Stokes, *Three irish glossaries*, p. 22), *gobor-chind* devrait se traduire par « gens à tête de cheval. » *Gobur* ou *gobor* signifierait « cheval, » et *gabur* ou *gabor* « chèvre. » Les deux mots se distingueraient par la voyelle de la première syllabe, *a* quand il s'agit de la chèvre, *o* quand il s'agit du cheval.

§ 4.

L'équivalent des Fomôré dans la mythologie grecque et dans la mythologie védique.

Ce qu'il y a de plus important dans la légende des Fomôré est leur guerre contre les dieux de la lumière solaire et de la vie, c'est-à-dire contre les Tùatha Dé Danann. Monstrueux par leur taille et leur forme, puisque certains d'entre eux ont une tête de chèvre, d'autres n'ont qu'un pied et qu'une main, ils sont l'expression celtique de conceptions identiques à celles qui, dans la mythologie grecque, ont donné naissance aux monstres qui combattent les dieux solaires. La mythologie grecque nous montre Zeus combattant les géants, dont il triomphe et qu'il enchaîne (1). Les Lestrygons, dont le héros solaire

---

Mais M. Windisch fait observer, avec raison, qu'il n'y a là qu'un seul mot avec deux variantes orthographiques qui n'ont étymologiquement aucune importance (Windisch, *Irische Texte*, p. 385). La comparaison avec les dialectes bretons, où le sens de « chèvre » est seul usité, nous donne le droit de considérer dans *gobur-chenn* le sens d' « homme ou dieu à tête de chèvre » comme préférable au sens d' « homme ou dieu à tête de cheval. » Pour *gobur*, ou *gabur*, aussi écrit *gobor*, le sens primitif est « chèvre, » et c'est par métaphore que les poètes ont employé ce mot pour désigner le cheval.

(1) *Batrachomyomachie*, vers 285 ; cf. vers 7, et *Odyssée*, VII, vers 58-60. Les géants ont les uns des ailes, les autres un corps terminé en forme de serpent dans le bas-relief du soubassement de l'autel de Pergame, chez Rayet, *Monuments de l'art antique*, quatrième livraison.

Ulysse atteint le rivage après sept jours de navigation, et qui tuent et mangent une partie de ses compagnons sont encore des géants (1), en même temps que des ancêtres de l'ogre qui cause tant d'effroi aux jeunes auditeurs de quelques-uns de nos contes.

Mais les géants ne sont pas ce qu'il y a de plus monstrueux dans la mythologie grecque, parmi les adversaires des héros qui personnifient le soleil. La Chimère, qui apparaît déjà dans l'Iliade (2), et qu'Hésiode a connue (3), avait par-devant la forme d'un lion, par derrière celle d'un dragon, au milieu celle d'une chèvre (4). On l'imagine aussi avec trois têtes : la première de lion, la seconde de chèvre, la troisième de serpent (5). Les monuments figurés la représentent avec une queue de serpent qui se termine par une tête, et lui donnent, en outre, deux autres têtes, l'une de lion, à la place ordinaire, l'autre de chèvre, s'élevant au milieu du corps (6). Personne ne pouvait vaincre la Chimère, et elle causa la mort de beaucoup d'hommes par le feu qu'elle exhalait (7) ; Bellérophon la tua (8).

---

(1) *Odyssée*, X, vers 110-129.
(2) *Iliade*, VI, 179-183 ; XVI, 328, 329.
(3) *Théogonie*, 319-325.
(4) *Iliade*, VI, 181.
(5) *Théogonie*, vers 321, 322.
(6) Daremberg et Saglio, *Dictionnaire des antiquités grecques et romaines*, page 685, figures 811 et 813 ; et page 1103, figures 1364, 1365 et 1366.
(7) *Iliade*, VI, 182 ; XVI, 329.
(8) *Iliade*, VI, 183. Je ne crois pas à cette légende l'origine sémi-

On doit considérer, comme un doublet de la Chimère, Typhaon, né, sans père, de Héra jalouse (1). Typhaon, fléau du genre humain, s'appelle aussi Typhôeus. De ses épaules s'élèvent cent têtes de serpent qui, toutes, ont une voix : c'est tantôt le mugissement du taureau, tantôt le rugissement du lion, tantôt le cri d'un jeune chien. Zeus le frappa de la foudre et le précipita dans le Tartare (2).

A la même famille appartiennent Python, élève de Typhaon, dragon qui faisait beaucoup de mal aux hommes, et qu'Apollon tua de ses flèches (3) ; l'hydre de Lerne, au corps énorme, aux neuf têtes, qui détruisait les troupeaux, et qu'Héraclès tua avec l'aide d'Iolaüs (4).

Enfin, parmi les monstres que vainquirent les héros solaires de la mythologie grecque, on doit aussi compter le Minotaure, homme à tête de taureau, qui dévorait tous les ans quatorze jeunes

---

tique qu'en général on lui attribue. Voyez Maury, *Histoire des religions de la Grèce antique*, t. III, p. 188.

(1) *Hymne à Apollon*, vers 305-309 ; 351, 352.

(2) *Théogonie*, vers 820-868. Typhôeus, chez Hésiode, est fils de la Terre et du Tartare, tandis que Typhaon est fils de Héra, chez Homère. Ce n'est pas une raison pour contester qu'il s'agisse ici du même personnage mythologique. Cf. Maury, *Histoire des religions de la Grèce antique*, t. I, p. 374-375.

(3) Homère, *Hymne à Apollon*, vers 355 et suivants ; Decharme, *Mythologie de la Grèce antique*, pages 99-102.

(4) Apollodore, livre II, chap. V, § 2, chez Didot-Müller, *Fragmenta historicorum græcorum*, t. I, p. 136. Cf. Hécatée, fragment 347, *ibid.*, p. 27. Cf. Maury, *Histoire des religions de la Grèce antique*, t. I, p. 136, 137.

Athéniens, moitié garçons et moitié filles, et qui fut tué par Thésée. Nous aurons, plus bas, occasion de revenir sur ce monstre (1).

Tous ces êtres redoutables, aux formes étranges, qui tuent les hommes, mais qui sont impuissants contre les demi-dieux tels qu'Ulysse, et dont les dieux et les demi-dieux triomphent, comme Bellérophon, Zeus, Apollon, Héraclès, Thésée, nous offrent la forme grecque de la conception indo-européenne qui, dans l'Inde, a produit les monstres Vritra et Ahi (2), et qui, en Irlande, a donné naissance aux Fomôré. Les Fomôré ont, comme eux, des formes physiques contraires aux lois ordinaires de la nature. Leur taille est au-dessus de la stature humaine; certains d'entre eux ont des cornes de chèvre, et nous devons, ce semble, reconnaître en eux les dieux cornus honorés sur le continent par les Gaulois (3); d'autres n'ont qu'un bras et qu'un pied. Ils sont le fléau des hommes, et les races diverses

---

(1) Voy. le § 6 de ce chapitre, p. 102, 103.

(2) Bréal, *Mélanges de mythologie et de linguistique*, pages 84 et suivantes. Le dragon Vritra ou Ahi est considéré comme une image du ciel obscurci soit par les nuages orageux, soit par la nuit : Kuhn, *Ueber Entwickelungsstufen der Mythenbildung*, dans *Abhandlungen der königlichen Akademie der Wissenschaften zu Berlin*, 1873, p. 142. Voir enfin, sur Vritra ou Ahi, Bergaigne, *Mythologie védique*, t. II, p. 196-208.

(3) Al. Bertrand, *L'autel de Saintes et les triades gauloises*, extrait de la *Revue archéologique* de juin, juillet, août 1880. M. Mowat s'est aussi occupé tout récemment des dieux cornus de la Gaule dans une intéressante communication à la Société des antiquaires de France.

qui se sont succédé en Irlande ont eu à les combattre. Nous avons déjà parlé de la bataille que Partholon leur livra.

§ 5.

Combats de Némed contre les Fomôré.

Némed aussi fut en guerre avec les Fomôré ; il leur livra quatre combats, dans chacun desquels il fut vainqueur. Dans la première bataille, qui paraît d'invention relativement récente, Némed vainquit et tua deux rois Fomôré qui s'appelaient Gend et Sengand (1). Les trois autres batailles livrées par Némed aux Fomôré sont seules mentionnées dans un des poèmes qui sont les témoignages irlandais les plus anciens de cette vieille littérature. La première se livra en Ulster, la seconde en Connaught, la troisième en Leinster. Ce sont les batailles de Murbolg, de Badbgna et de Cnamros (2). Il y a eu de cette guerre un récit détaillé. Les combats livrés par Némed aux Fomôré étaient le sujet d'une des histoires que les *file* racontaient, et le titre de cette histoire est inscrit dans le catalogue trop court que nous a conservé une des gloses du *Senchus Môr* (3) ; le texte en est perdu.

(1) *Lebar gabala*, dans le Livre de Leinster, p. 6, col. 1, lignes 25-27.
(2) Poème qui commence par les mots « Heriu oll ordnit Gaedil, » dans le Livre de Leinster, p. 7, col. 1, lignes 16, 17. Ces batailles sont rangées dans un ordre différent par le Livre des Invasions. Livre de Leinster, p. 6, col. 1, lignes 40, 41.
(3) *Ancient laws of Ireland*, t. I, p. 46.

Némed sortit vainqueur de ces trois redoutables épreuves ; il mourut peu de temps après d'une maladie épidémique qui, avec lui, enleva deux mille personnes (1). C'est alors que les textes irlandais placent la légende du massacre de la tour de Conann.

§ 6.

Domination tyrannique des Fomôré sur la race de Némed. Le tribut d'enfants. Comparaison avec le Minotaure.

Les descendants de Némed, privés de chef, tombèrent sous le joug des Fomôré et furent victimes d'une épouvantable tyrannie. Les Fomôré avaient deux rois à leur tête : Morc, fils de Délé, et Conann, fils de Febar. Conann avait une forteresse qui, suivant une doctrine évhémériste déjà reçue en Irlande au onzième siècle, aurait été bâtie dans la petite île de Tory, située à la pointe nord-ouest de l'Irlande, en face des rivages du comté de Donegal. La tradition populaire a localisé dans cette île d'autres légendes relatives aux Fomôré que nous rapporterons plus tard en leur lieu. C'était là que les Fomôré avaient, dit-on, fondé leur principal établissement.

De là ils dominaient l'Irlande entière et exigeaient

---

(1) Keating, *Histoire d'Irlande*, édition de 1811, p. 178. Le Livre des Invasions dit seulement que Némed mourut d'une maladie épidémique (Livre de Leinster, p. 6, col. 1, ligne 42). Comparez le poème *Heriu oll ordnit Gaedil* (Livre de Leinster, p. 7, col. 1, lignes 18, 19).

d'elle un impôt annuel excessif : deux tiers des enfants que les femmes avaient mis au monde, deux tiers du blé et du lait que les champs et les vaches avaient produits dans l'année. La perception s'opérait la nuit du 1ᵉʳ novembre, c'est-à-dire de la fête de *Samain*, qui termine l'été et qui commence l'hiver, symbole de la mort. Le paiement de l'impôt se faisait dans le lieu appelé *Mag cetne* (1). *Mag cetne* veut dire « la même plaine ; » cette plaine, toujours identique, où va tout ce qui a vie, et où les dieux de la mort exercent leur puissance : c'est la mytérieuse contrée que vont habiter les hommes quand ils meurent. Keating croit que c'est une plaine d'Irlande et en indique la situation. Ne comprenant pas comment les Irlandais pouvaient, une fois par an, apporter à leurs tyrans les deux tiers du lait de l'année, il imagine que les Fomôré, au lieu de cet impôt bizarre, levaient sur chaque maison une redevance annuelle de trois mesures de crême, de froment fin et de beurre, et qu'ils avaient chargé de la perception une femme qui parcourait l'Irlande à cet effet (2).

Des impôts exigés par les Fomôré, le plus oppressif et en même temps le plus caractéristique est celui qui se payait en enfants. Nous avons ici une légende analogue à la légende attique de Thésée et du Mino-

---

(1) Poème d'Eochaid húa Flainn, mort en 985. Livre de Leinster, p. 7, col. 1, lignes 23-25 ; cf. Livre des Invasions, *ibidem*, p. 6, col. 1, lignes 47-48.

(2) Keating, édition de 1811, p. 180.

taure. Le Minotaure est, comme quelques-uns des Fomôré, un personnage cornu ; au lieu d'une tête de chèvre comme eux, il porte, sur un corps d'homme, une tête de taureau (1). Comme les Fomôré, il habite une île ; cette île, *Tor-inis*, dans le récit irlandais, est la Crète dans la fable athénienne. Sept garçons et sept jeunes filles sont le tribut annuel que le Minotaure exige ; le génie grec, dans cette horrible légende, garde la mesure et la sagesse qui, en général, font la supériorité esthétique de ses conceptions ; tandis que, dans le texte irlandais, les Fomôré se font livrer, tous les ans, les deux tiers des enfants nés dans l'année. Et cependant, nous allons le voir, il n'est pas inadmissible qu'à certaines époques les enfants nouveau-nés aient, en Irlande, payé ce tribut à la mort, les uns enlevés par une mort naturelle à l'amour de leurs parents, les autres immolés en sacrifice aux dieux de la mort par obéissance pour les enseignements d'une religion cruelle.

Les Fomôré sont les dieux de la mort, de la nuit et de l'orage, le premier en date des deux groupes divins entre lesquels se partagent les hommages de la race celtique. Les Tùatha Dê Danann, dieux de la vie, du jour et du soleil, constituent l'autre groupe, le moins ancien des deux, si nous en croyons le dogme des Celtes, car, suivant la théorie celtique, la nuit précède le jour.

---

(1) Voir deux représentations antiques du Minotaure chez Decharme, *Mythologie de la Grèce antique*, pages 519, 621.

Dans la conception des Fomôré, nous trouvons l'idée de la mort associée à celle de la nuit. César avait observé la même association chez les Gaulois au temps de la conquête. « Les Gaulois, » dit-il, « prétendent qu'ils descendent tous de *Dis pater*, » c'est-à-dire du dieu de la Mort. Les druides, disent- » ils, le leur ont appris. Pour cette raison, ils comp- » tent tout espace de temps, non par jours, mais » par nuits, et quand ils calculent les dates de nais- » sance, les commencements de mois et d'années, ils » ont toujours soin de placer la nuit avant le jour (1). » Ainsi, dans la doctrine druidique, la mort précède la vie, la mort engendre la vie, et comme la mort est identique à la nuit, et la vie identique au jour, la nuit précède et engendre le jour. De même, dans le monde divin irlandais, les Fomôré, dieux de la nuit et de la mort, sont chronologiquement antérieurs aux Tûatha Dê Danann, dieux du jour et de la vie, que nous verrons apparaître plus tard dans la suite de notre exposition (2).

La reine de la nuit est la lune qui, parmi les astres, se distingue par la forme de croissant, sous laquelle elle se présente la plupart du temps à nos regards. Le dieu de la nuit se distingue donc des

---

(1) « Galli se omnes ab Dite patre prognatos prædicant idque ab druidibus proditum dicunt. Ob eam causam spatia omnis temporis non numero dierum, sed noctium finiunt; dies natales et mensium et annorum initia sic observant *ut noctem dies subsequatur*. » César, *De bello gallico*, l. VI, c. XVIII, §§ 1 et 2.

(2) Voy. plus bas, chap. VII.

autres dieux par un croissant placé sur son front, et ce croissant se transforme en cornes de vache, de taureau ou de chèvre. De là, dans le *Prométhée* d'Eschyle, Io, la vierge encornée (1), devenue plus tard une génisse (2) ; de là, dans la fable athénienne, la conception du Minotaure à tête de taureau ; de là, dans la fable irlandaise, la conception des Fomôré à tête de chèvre, et sur le continent de la Gaule, les nombreux dieux cornus qui aujourd'hui ornent une salle du musée de Saint-Germain. Pour rendre à ces dieux de la mort le culte qu'ils exigent, il faut leur immoler des vies humaines.

§ 7.

L'idole Cromm Crúach ou Cenn Crúach et les sacrifices d'enfants en Irlande. Les sacrifices humains en Gaule.

Ce ne sont pas seulement les légendaires Fomôré qui, en Irlande, reçoivent un tribut d'enfants ; un tribut identique fut, à une époque reculée, réclamé par un dieu dont la monumentale image paraît appartenir à l'histoire.

Les vies de saint Patrice parlent d'un dieu dont la statue de pierre était ornée d'or et d'argent et entourée de douze statues aux ornements de bronze :

---

(1) Τὰς βούκερω παρθένου. Eschyle, *Prométhée*, vers 588.
(2) Eschyle, *Les suppliantes*, vers 17-18, 275.

c'était la Tête sanglante, *Cenn crûach*. L'endroit où ce groupe divin, dressé en plein air sur le sol nu, recevait les hommages des fidèles, s'appelait « Champ de l'adoration, » *Mag slechta* (1). Patrice se rendit au Champ de l'adoration, et de sa crosse menaça la grande idole qui était comme la reine de toutes les idoles d'Irlande. Celle-ci, dit la légende, se détourna pour éviter le coup, et dès lors cessa de regarder le Sud, comme elle avait fait jusque-là ; et on voit encore, dit le vieux récit, la marque de la crosse du saint sur le côté gauche de la statue, bien que, chose merveilleuse, Patrice ne l'ait point frappée, et se soit borné à la menacer de loin. Les autres statues, au même moment, plongèrent en terre jusqu'au cou et, dit le récit hagiographique, c'est encore dans cet état qu'elles se trouvent aujourd'hui (2).

(1) Mag Slechta était situé en Ulster, dans le comté de Cavan et dans la baronnie de Tullyhaw, près du village de Bally Magauran, O'Donovan, *Annals of the kingdom of Ireland by the Four Masters*. 1851, t. I, p. 43, note.

(2) *Vie tripartite de saint Patrice*, fragment publié d'après le manuscrit du British Museum, Egerton 93, par O'Curry, *Lectures on the manuscript materials*, p. 538, et d'après le manuscrit d'Oxford, Rawlinson B. 505, par M. Whitley Stokes, dans la *Revue celtique*, t. I, p. 259. Cf. Joscelin, *Vie de saint Patrice*, VI, 50, chez les Bollandistes, mars, t. II, p. 552, et auparavant par Colgan, *Trias thaumaturga*, p. 77, col. 2. Cette légende se lit déjà dans la quatrième vie de saint Patrice, qui aurait été écrite par Eleranus, mort en 664. Voir le § LIII de cette vie, chez Colgan, *Trias thaumaturga*, p. 42, col. 1. La troisième vie, attribuée à saint Benignus et antérieure à 527 suivant Colgan, parle de l'idole de Mag Slechta, mais lui donne un autre nom, ne dit rien des douze petites idoles et raconte le miracle d'une façon différente : « Et orante Patricio imago illa quem

L'idole du Champ de l'adoration, la « Tête sanglante, » *Cenn crúach*, comme dit la légende de saint Patrice, la « Courbe sanglante, » le « Croissant ensanglanté, » *Cromm crúach*, comme s'expriment d'autres textes, était, à une époque reculée, l'objet d'un culte terrible. On immolait en son honneur des victimes humaines. Le tribut était le même que celui que jadis, suivant la légende, avaient reçu les Fomôré. Les vies de saint Patrice ne parlent point de ces sacrifices affreux. L'Irlande les avait abolis quand l'apostolat du missionnaire fameux vint lui apporter le christianisme ; mais elle ne les avait pas oubliés. L'article du *Dinn-senchus* qui concerne le Champ de l'adoration atteste que ce souvenir était conservé quand fut rédigé ce traité de géographie, dont le plus ancien manuscrit date du douzième siècle, et dont on fait remonter la rédaction primitive au sixième.

« Ici était, » dit le vieux traité, « une grande idole...
» qu'on appelait « Courbe sanglante ou Croissant en-
» sanglanté, » *Cromm crúach;* elle donnait, dans cha-
» que province, la puissance et la paix. Pitoyable
» malheur ! les braves Gôidels l'adoraient ; ils lui
» demandaient le beau temps, là, pour une partie
» du monde... Pour elle, sans gloire, ils tuaient leurs
» enfants premiers-nés (1) avec nombreux cris et

populi adorabant comminuta, et in pulverem redacta » (§ XLVI, *Trias thaumaturga*, p. 25, col. 1).

(1) Le texte du Livre de Leinster, p. 213, col. 2, ligne 45, porte *toirsech*, « triste ; » il faut lire *tóissich*, « premiers. » Cette correction est exigée par la préface en prose qui manque dans le Livre de

» nombreuses plaintes de leur mort, dans l'assem-
» blée autour de Cromm Cruach. C'était du lait et
» du blé qu'ils lui demandaient en échange de leurs
» enfants. Combien étaient grands leur horreur et
» leurs gémissements ! C'était devant cette idole que
» se prosternaient les Gòidels francs ; c'est de son
» culte, célébré par tant de morts, que cet endroit
» a reçu le surnom de *Mag slecht*[a], ou « Champ de
» l'adoration... (1). »

Ce texte est d'accord avec les vies de saint Patrice pour distinguer dans le monument de Mag Slechta deux catégories d'idoles. La principale, Cromm ou Cenn Cruàch, ornée d'or et d'argent dans les vies de saint Patrice (2), est d'or dans le *Dinn-senchus* ; les autres, ornées de bronze dans les vies de saint Patrice (3), sont de pierre dans le *Dinn-senchus*. Les vies de saint Patrice fixent le nombre de ces dernières à douze : Le *Dinn-senchus* ne parle que de « trois, rangées en or-
» dre, trois idoles de pierre sur quatre ; puis, pour

Leinster, mais qui a été publiée par O'Conor, *Bibliotheca manuscripta Stowensis*, pages 40, 41, d'après le manuscrit Stowe 1. Cette préface remplace l'adjectif que nous venons de citer par deux équivalents : *cedgein* et *primhggen*, qui veulent dire « premiers-nés. »

(1) Livre de Leinster, p. 213, col. 2, lignes 39 et suivantes.

(2) Troisième vie, § XLVI ; quatrième vie, § LIII ; sixième vie, § LVI ; septième vie, livre II, § 31 ; Colgan, *Trias thaumaturga*, p. 25, col. 1 ; p. 42, col. 1 ; p. 77, col. 2 ; p. 133, col. 2.

(3) Il n'est pas question des douze petites statues dans la troisième vie, qui s'exprime sur le miracle de saint Patrice dans des termes beaucoup plus brefs que les autres vies, et dit que l'idole a été réduite en poussière par le célèbre apôtre de l'Irlande. Le récit postérieur est beaucoup plus dramatique.

» tromper amèrement les foules, venait l'image d'or
» de Cromm (1). »

Les textes irlandais sur le sacrifice des enfants à l'idole de Crom Crûach et sur le tribut d'enfants payé aux Fomôré, mettent en mémoire les célèbres vers latins où Lucain, s'adressant aux druides, chante le culte cruel rendu par eux à trois divinités gauloises, au temps où César venait de terminer la conquête des Gaules, et où la guerre civile commençait entre le conquérant et Pompée son rival :

> Et quibus immitis placatur sanguine diro
> Teutates, horrensque feris altaribus Æsus,
> Et Taranus (2) scythicæ non mitior ara Dianæ.

« Vous aussi, qui, par un sang cruellement versé,
» croyez apaiser l'impitoyable Teutatès, l'horrible
» Æsus aux autels sauvages, et Taranus, dont le
» culte n'est pas plus doux que celui de la Diane
» scythique. »

La Diane scythique avait jadis exigé qu'Agamemnon lui fît hommage de la vie de sa fille; il avait fallu lui sacrifier la vie d'Iphigénie pour calmer sa colère, et chez les Athéniens cette légende était assez populaire pour avoir fourni à un de leurs plus célèbres poètes, vers la fin du cinquième siècle avant notre ère, le sujet d'une tragédie qu'on admire

---

(1) Livre de Leinster, p. 213, col. 2, lignes 61, 62.
(2) M. Mowat paraît avoir prouvé qu'on doit lire *Taranus*, génitif singulier, et non *Taranis*.

encore (1). Taranus avait les mêmes exigences que la Diane scythique. Tel est le sens du passage de Lucain, qui, sur les cérémonies de la religion celtique, complète les notions réunies dans les *Commentaires* de César. Après nous avoir parlé de ces immenses mannequins d'osier dans lesquels les druides gaulois de son temps brûlaient les hommes vivants, César ajoute que, suivant les mêmes druides, les voleurs, les brigands et les autres criminels étaient les victimes les plus agréables aux dieux, mais qu'à leur défaut on brûlait vifs des innocents (2). Des vers de Lucain, on est en droit de conclure que ces innocents brûlés vifs étaient des enfants. Cette doctrine s'accorde avec le principe du droit celtique qui donne au père droit de vie et de mort sur ses enfants. Ce principe, énoncé par César (3), appartenait plus tard au droit du pays de Galles, où, dans le courant du sixième siècle, saint Teliavus sauve la vie à sept enfants que leur père, trop pauvre pour les nourrir, avait, les uns après les autres, jetés dans une rivière (4).

Le dieu gaulois Taranus, comparé, dans la *Phar-*

---

(1) L'*Iphigénie en Aulide* d'Euripide a été pour la première fois représentée après la mort de l'auteur, qui cessa de vivre en 406. Sur les sacrifices humains en Grèce, principalement sur les sacrifices d'enfants dans ce pays aux époques les plus reculées de son histoire, voir Maury, *Histoire des religions de la Grèce antique*, t. I, p. 184-187.

(2) *De bello gallico*, livre VI, chap. XVI, §§ 4 et 5.
(3) *Ibid.*, chap. XIX, § 3.
(4) *Liber landavensis*, p. 120.

sale de Lucain, à la Diane de Scythie, à laquelle Agamemnon laissa immoler sa fille, est un dieu de la Foudre; il est compris dans le groupe des Fomôré, des dieux de la Mort et de la Nuit, comme le *Cromm Crúach* ou *Cenn Crúach*, le Croissant ensanglanté, la Courbe sanglante, ou la Tête sanglante d'Irlande.

§ 8.

Tigernmas, doublet de Cromm Crúach, dieu de la Mort.

Cromm Crúach, la grande idole d'Irlande, honorée par le tribut cruel d'un sacrifice d'enfants, comme les Fomôré de la légende de Némed, paraît avoir été surtout un dieu de la mort. C'est la conclusion qu'on doit tirer de la légende de Tigernmas, dont le nom, *Tigernmas* pour *Tigern Bais*, veut dire « Seigneur de la Mort. » Dans la classification chronologique que les érudits irlandais ont faite de leurs légendes à l'époque chrétienne, Tigernmas devient un roi de la race d'Eremon, fils de Milé, établie dans le nord de l'Irlande. C'est une partie de la race irlandaise actuelle. Les Quatre Maîtres savent même exactement à quelle époque il régna : ce fut de l'an du monde 3580 à l'an 3656 (1). Mais

---

(1) *Annals of the kingdom of Ireland by the Four Masters*, édit. O'Donovan, 1851, t. I, p. 38-41.

CONTRASTE IRREGULIER

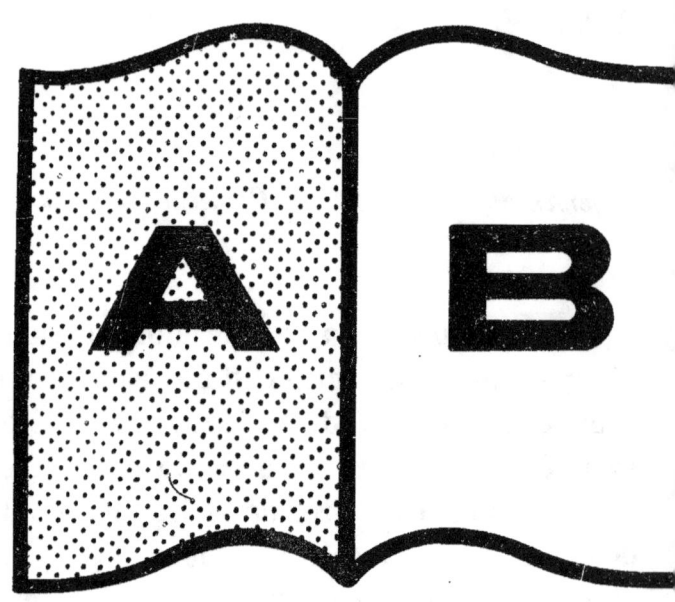

Contraste insuffisant
NF Z 43-120-14

ailleurs Tigernmas est identique à Balar, dieu de la Foudre et de la Mort, qui commande les Fomôré et périt à leur tête en combattant les Tûatha Dê Danann, à la seconde bataille de Mag-Tured (1). Tigernmas, en moins d'un an, livra vingt-sept batailles aux descendants d'Eber, fils de Milé, qui occupaient l'Irlande méridionale. Un nombre considérable de ses adversaires perdit la vie dans ces combats, et peu s'en fallut que Tigernmas ne détruisît entièrement la race d'Eber. Enfin, après soixante-dix-sept ans de règne, il mourut au « Champ de l'Adoration, » à Mag Slechta, avec les trois quarts des habitants de l'Irlande, qui étaient venus avec lui adorer la grande idole de Cromm Crûach. C'était la nuit du 1er novembre ou de la fête de *Samain;* la date, précisément, où, suivant une autre légende, les descendants de Némed payaient aux Fomôré le dur tribut des deux tiers des enfants, des deux tiers du blé, des deux tiers du lait que l'année leur avait produit. Les Irlandais sujets de Tigernmas n'étaient venus à Mag Slechta que pour honorer Cromm Crûach, leur dieu, par des proster-

---

(1) « Lug mac Edlend mic Tigernmais, » dans la pièce intitulée *Baile an scail*, British Museum, Harleien 5280, folio 60, publiée par O'Curry, *Lectures on the manuscript materials*, p. 619, ligne 15. « Lug, Eithne ingen Balair Baile-beimnig a-mathai-side » *Lebar gabala*, dans le Livre de Leinster, p. 9, col. 1, lignes 44, 45. Ces deux textes font le dieu Lug fils d'Ethne, au génitif Ethnend, par corruption Edlend, qui est une fille de Balar, autrement dit Tigernmas; c'est par erreur que, dans le *Baile in scail*, Ethne change de sexe et devient un fils de Tigernmas.

nations ; mais ils accomplirent cette cérémonie avec tant de conscience et d'entrain, qu'ils y brisèrent le sommet de leurs fronts, la pointe de leur nez, le bout de leurs genoux, les extrémités de leurs coudes, et qu'enfin les trois quarts d'entre eux y perdirent la vie (1).

§ 9.

Le désastre de la tour de Conann d'après les documents irlandais.

Le mythe de Tigernmas, seigneur de la Mort, et de son règne désastreux sur les descendants de Miled, n'est qu'une variante ou une forme différente du récit où l'on trouve racontée la domination tyrannique exercée sur les fils de Némed par les Fomôré et par leur terrible roi Conann, fils de Febar, établi dans sa tour, la tour de Conann, *tur Conaind* ou *Conainn*, qui, suivant les évhéméristes irlandais, était située dans l'île de Tory, à la pointe nord-ouest de l'Irlande. L'excès de la tyrannie de Conann produisit la révolte. Conduits par trois

---

(1) On peut consulter là-dessus : 1° la préface en prose du chapitre du *Dinn-senchus* consacré à Mag Slechta; elle a été publiée par O'Conor, *Bibliotheca manuscripta Stowensis*, p. 40-41, d'après le manuscrit Stowe 1 ; 2° le texte en vers du même chapitre du *Dinnsenchus*, dans le Livre de Leinster, p. 213, col. 2, lignes 51 et suivantes ; 3° le *Lebar gabala*, dans le Livre de Leinster, p. 16, col. 2, lignes 19-21, 26-32 ; p. 17, col. 1, lignes 20, 21.

chefs, Erglann, Semul et Fergus Leth-derg, les descendants de Némed allèrent, au nombre de soixante mille, attaquer les Fomôré. Une bataille se livra. Les descendants de Némed y furent d'abord vainqueurs : ils prirent la tour, et Conann, leur oppresseur, périt de la main de Fergus Leth-derg, le dernier de leurs trois chefs. Mais Morc, fils de Délé, ami de Conann, comme lui chef des Fomôré, arrivé trop tard pour sauver la vie à ce tyran, arracha la victoire aux fils de Némed, les mit en fuite, les poursuivit, et en fit un tel massacre que trente seulement, sur les soixante mille, échappèrent à la mort. Un poète irlandais, de la seconde moitié du dixième siècle, a chanté cette guerre dans des vers qu'un manuscrit du douzième siècle nous a conservés.

> Assaut de la tour de Conann par combat
> Contre Conann le Grand, fils de Fébar ;
> Les hommes d'Irlande allèrent là,
> Trois chefs illustres avec eux.

L'auteur donne ensuite les noms de ces trois guerriers, puis continue ainsi :

> Trois fois vingt mille aux exploits brillants
> Et sur terre et sur eau ;
> Tel est le nombre qui vint du rivage,
> — Race de Némed, à l'assaut.
>
> Assaut de la tour de Conann par combat
> Contre Conann le Grand, fils de Fébar ;

Les hommes d'Irlande allèrent là,
Trois chefs illustres avec eux.

Torinis, île de la Tour,
Forteresse de Conann, fils de Fébar.
Par Fergus même, héros aux vingt exploits,
Fut tué Conann, fils de Fébar.

Morc, fils de Délé, arriva ;
Il venait en aide à Conann ;
Conann tomba mort devant lui ;
Morc fit beaucoup de mal.

Trois fois vingt vaisseaux à travers la mer,
Nombre qu'amena Morc, fils de Délé ;
Il les enveloppa avant qu'ils n'eussent gagné la terre,
Race de Némed à la force puissante !

Les hommes d'Irlande étaient tous au combat
Après la venue des Fomôré ;
Tous les engloutit la mer,
Excepté seulement trois fois dix.

Suivent les noms des trente guerriers de la race de Némed qui échappèrent à ce désastre. Ils retournèrent s'établir en Irlande, que leurs trois chefs se partagèrent. Peu après, fuyant les impôts et une maladie épidémique qui avait ôté la vie à deux d'entre eux, ils quittèrent l'Irlande.

Trois fois dix en course jolie
Allèrent ensuite en d'Irlande ;
Trois firent partage à l'ouest
Après l'assaut de la tour de Conann.

Assaut de la tour de Conann par combat
Contre Conann le Grand, fils de Fébar ;

Les hommes d'Irlande allèrent là,
Trois chefs illustres avec eux.

Pour Bethach au renom glorieux, un tiers,
De Torinis à la Boyne ;
C'est lui qui mourut dans l'île d'Irlande,
Deux ans après Britan.

Pour Semion, fils d'Erglan l'Illustre, un tiers :
De la Boyne à Belach Conglas ;
Pour Britan, raconte hua Flainn, un tiers ;
De Belach à la tour de Conann.

Assaut de la tour de Conann par combat
Contre Conann le Grand, fils de Fébar ;
Les hommes d'Irlande allèrent là,
Trois chefs illustres avec eux (1).....

La fin de ce poème a été composée sous l'influence d'idées modernes qui, rejetant le mythe celtique primitif, trouvent, dans la race de Némed, les ancêtres de la population des Iles Britanniques aux temps qui ont précédé la conquête saxonne. Suivant le Livre des Invasions, ceux des guerriers de la race de Némed qui échappèrent au désastre de la tour de Conann se réfugièrent d'abord en Irlande, puis quittèrent cette île pour aller habiter plus à l'orient. Ils formaient trois familles, dont l'une, celle de Britan, peupla plus tard la Grande-Bretagne

---

(1) Livre de Leinster, p. 7, col. 2 ; Livre de Ballymote, f° 16 r°, col. 1 ; Livre de Lecan, f° 176 v°, col. 2. Ce poème est d'Eochaid hûa Flainn, mort en 985 ; cf. O'Curry, *On the manners*, t. II, p. 109.

et donna son nom aux Bretons ; les deux autres revinrent en Irlande, la première sous le nom de Fir-Bolg, la seconde sous le nom de Tùatha Dê Danann.

Mais la croyance ancienne était que la race de Némed avait péri tout entière sans laisser de descendants. Némed et ses compagnons, une fois arrivés en Irlande, dit Tùan mac Cairill, eurent tant d'enfants et leur nombre augmenta tellement qu'ils atteignirent le chiffre de quatre mille trente hommes et quatre mille trente femmes ; alors ils moururent tous (1).

Si nous en croyons Nennius, la race de Némed, venue d'Espagne, passa en Irlande beaucoup d'années, puis quitta cette île et retourna en Espagne. Le récit de Nennius exprime, sur la destinée finale de la race de Némed, la même doctrine que la légende de Tùan mac Cairill ; car, dans les textes mythologiques irlandais du moyen âge, l'Espagne prend la place du pays des Morts. Le texte primitif du récit que Nennius avait sous les yeux transportait d'Irlande, non en Espagne, mais au pays des Morts, la race de Némed.

§ 10.

Le désastre de la tour de Conann suivant Nennius. Comparaison avec la mythologie grecque.

Après avoir fait ces observations sur les derniers

---

(1) Voir plus haut, p. 53.

quatrains du poème irlandais qui raconte la catastrophe de la tour de Conann, nous allons rapprocher de ce morceau la rédaction sensiblement différente que nous en a laissée Nennius. Nous avons déjà dit que, chez cet auteur, la légende de la tour n'a pas été rattachée à l'histoire de la race de Némed, et qu'elle fait partie de celle des fils de Milé. Le motif de cette modification est facile à concevoir. Nous avons vu que, suivant la rédaction chrétienne du désastre de la tour de Conann, les débris de l'armée irlandaise retournent dans leur île, puis vont s'établir en Orient, reviennent plus tard, et que d'eux descendent les habitants des Iles Britanniques à l'époque historique. On a conclu de là que les guerriers qui ont pris d'assaut la tour de Conann ne peuvent appartenir à la race de Némed, puisque, suivant les plus vieilles rédactions de la légende, tous les membres de cette race ont péri jusqu'au dernier, ou sont retournés en Espagne. Voici le récit de Nennius.

« Ensuite vinrent trois fils de Milé d'Espagne (1)
» avec trente vaisseaux contenant chacun trente
» hommes et autant d'épouses. Ils restèrent en Ir-
» lande un an, puis ils aperçurent au milieu de la
» mer une tour de verre, et ils voyaient sur la tour
» quelque chose qui ressemblait à des hommes,

---

(1) *Militis Hispaniæ*. On pourrait comprendre « d'un guerrier d'Espagne; » mais *Miles*, *Militis*, est ici un nom propre, en irlandais *Mile*, génitif *Miled*.

» *quasi homines.* Ils adressaient la parole à ces
» gens-là sans jamais obtenir de réponse. Après s'être
» préparés pendant un an à l'attaque de la tour, ils
» partirent avec tous leurs navires et toutes leurs
» femmes, à l'exception d'un navire qui avait fait
» naufrage, des trente hommes et des trente femmes
» que ce navire avait contenus. Mais quand ils dé-
» barquèrent sur le rivage qui entourait la tour, la
» mer s'éleva au-dessus d'eux, et ils périrent dans
» les flots. Des trente hommes et des trente femmes
» dont le navire avait fait naufrage, descend la po-
» pulation qui habite aujourd'hui l'Irlande. »

En transportant la légende de la tour dans l'histoire des fils de Milé, Nennius s'est écarté des primitives données de la mythologie celtique; mais du reste, chez lui, le sens originaire du mythe est, sur bien des points, plus nettement apparent que dans les textes irlandais qui nous ont été conservés. La tour est de verre, comme la barque où, dans la légende de Connlé, la messagère de la Mort vient chercher et ravir à l'amour paternel le fils du roi suprême d'Irlande. Ce ne sont pas des hommes qu'on voit sur la tour, c'est « quelque chose qui ressemble à des hommes, » *quasi homines.* Ce sont les « ombres » de la mythologie romaine, les εἴδωλα de la mythologie grecque, qui offrent l'apparence du corps humain sans en avoir la réalité qu'ils ont perdue avec la vie. Ces apparences d'hommes ne parlent point, ou si elles ont un langage, ce langage ne parvient point aux oreilles des guerriers irlandais. Car ces apparences d'hommes sont identiques aux « silencieux, » *silentes*, de la poésie latine. Les « silencieux, » *silentes*, sont les morts chez Virgile, Ovide, Lucain, Valérius Flaccus et Claudien. La tour de verre dont parle Nennius, la tour de Conann de la littérature irlandaise, est donc la forteresse des morts.

Or, par une loi impitoyable, les hommes, à l'exception de quelques rares favorisés, ne peuvent, sans perdre la vie, pénétrer dans l'île mystérieuse de l'extrême Occident, où les Celtes et le second âge de la mythologie grecque ont placé le séjour des morts. Déjà, dans l'Odyssée, le navire qui porte Ulysse et ses compagnons ne peut aborder en Ogygie. Il fait naufrage, tous ceux qu'il porte, engloutis dans la mer, cessent de vivre ; seul, le demi-dieu Ulysse peut atteindre l'île si éloignée où habite la déesse cachée, Calypso, fille d'Atlas, la colonne du ciel (1).

Mais dans l'Odyssée, aucune notion belliqueuse n'est associée à l'idée de cette île lointaine où Ulysse, échappé à la mort par un privilège tout personnel, vit pendant sept ans, loin des regards des hommes, entouré des soins de la déesse dont il est aimé. Le mythe change de caractère quand, au lieu d'une déesse, un dieu mâle prend le gouvernement de l'île mystérieuse que la poétique imagination des Indo-Européens d'Occident place au couchant, à l'extrémité du monde, dans des régions où n'ose jamais s'aventurer le navigateur le plus audacieux. Kronos

---

(1) *Odyssée*, livre VII, vers 244-255.

règne sur cette île; la poésie grecque nous le représente occupant une « tour, » τύρσιν, dit Pindare (1), « dans l'île des Bienheureux, où soufflent les brises » de l'Océan, où brillent des fleurs d'or, les unes sur » de beaux arbres que la terre porte, les autres sur » l'eau qui les produit; et de ces fleurs les habi- » tants tressent des guirlandes qui leur ornent les » mains et la tête; » ces habitants sont : Pélée, Cadmus, Achille et tous les héros de la Grèce antique.

Pindare ne nous dit pas que personne ait attaqué la « tour » mythique des morts. Mais le plus ancien monument de littérature grecque parle des combats dont le séjour des morts a été le théâtre quand Héraclès se rendit dans l'Aïdès, aux portes solides, pour tirer de cet obscur domaine le chien du dieu terrible qui en est roi. Il aurait été englouti dans les eaux et aurait subi la même mort que les descendants de Némed au siège de la tour de Conann, il aurait perdu la vie dans les eaux rapides du Styx, si Zeus, du haut du ciel, n'eût envoyé à son aide la déesse Athéné (2). On trouve donc épars, dans la mythologie grecque, une grande partie des éléments dont a été formé le mythe irlandais de la tour de Conann, de cette forteresse qui, bâtie dans l'île mystérieuse des Morts, est conquise par les guerriers irlandais, mais au prix de la vie du plus grand nombre d'entre eux. Toutefois l'Irlande, en créant le

---

(1) Pindare, *Olympiques*, II, vers 70; édit. Schneidewin, t. I, p. 17.
(2) *Iliade*, livre VIII, vers 367-369.

mythe de la tour de Conann, n'a rien emprunté à la Grèce. Les traits communs de la mythologie irlandaise et de la mythologie grecque proviennent d'un vieux fonds de légendes gréco-celtiques antérieur à la séparation des races, à la date inconnue où, abandonnant aux Celtes la froide vallée du Danube et les régions brumeuses de l'Europe occidentale, les Hellènes ou Grecs vinrent habiter les plaines chaudes et les splendides rivages de la presqu'île située au sud des Balkans.

CHAPITRE VI.

ÉMIGRATION DES FIR-BOLG.

§ 1. — Les Fir-Bolg, les Fir-Domnann et les Galióin dans la mythologie irlandaise. — § 2. Les Fir-Bolg, les Fir-Domnan et les Galióin dans l'épopée héroïque irlandaise. — § 3. Association des Fomôré ou dieux de Domna, *Déi Domnann*, avec les Fir-Bolg, les Fir Domnan et les Galióin. — § 4. Établissement des Fir-Bolg, des Fir-Domnann et de Galióin en Irlande. — § 5. Origine des Fir-Bolg, des Fir-Domnann et des Galióin. Doctrine primitive, doctrine du moyen âge. — § 6. Introduction de la chronologie dans cette légende. Liste des rois. — § 7. Tailtiu, reine des Fir-Bolg et mère nourricière de Lug, un des chefs des Tûatha Dé Danann. Assemblée annuelle de Tailtiu le jour de la fête de Lug ou Lugus.

§ 1.

Les Fir-Bolg, les Fir-Domnann et les Galióin dans la mythologie irlandaise.

Des trois races légendaires qui, dans la mythologie irlandaise, correspondent à la race d'Or, à la race d'Argent et à la race d'Airain de la mythologie grecque, nous avons étudié jusqu'ici celles qui se placent les deux premières dans l'ordre chronologique adopté par les écrivains irlandais. C'est d'abord la famille de Partholon, identique à la race d'Argent de la mythologie grecque et caractérisée comme elle par le défaut d'intelligence (1). Elle fut enlevée en une semaine par une maladie épidémique qui punissait un crime. Ainsi, la légitime colère de Zeus avait précipité la race d'Argent dans le tombeau. Vient ensuite la famille de Némed : nous reconnaissons en elle la race d'Airain de la mythologie grecque, belliqueuse comme elle, et qui, comme elle, périt par les armes. La famille de Némed fut détruite au massacre de la tour de Conann en combattant les Fomôré. Les hommes de la race d'Argent, emportés par l'ardeur de la guerre, s'égorgèrent l'un l'autre jusqu'au dernier (2). Ainsi les deux premières races de la mythologie irlandaise, c'est-à-dire la famille de Partholon et celle de Némed, sont identiques aux deux dernières des trois races primitives de la mythologie grecque. L'ordre régulier des matières semblerait appeler ici l'étude de la troisième des races mythiques irlandaises qui correspond à la première des races mythiques grecques. Cette troisième race, connue sous le nom de Tùatha

---

(1) Comparez aux vers 129-134 des *Travaux et des Jours* d'Hésiode, le passage de la légende de Tûan mac Cairill, où se trouve l'appréciation de la race de Partholon : *Leabhar na-hUidhre*, p. 15, col. 2, lignes 23-24.

(2) Hésiode, *Les Travaux et les Jours*, vers 152-153.

Dê Danann, « gens des dieux fils de la déesse Dana, » est identique à la race d'Or, qu'Hésiode et Ovide font arriver sur la terre avant les deux autres. Dans la mythologie irlandaise, c'est chronologiquement la dernière des trois races dont la population historique de l'île ne descend pas.

Cependant les catalogues de la littérature épique irlandaise et les résumés, dans lesquels les légendes mythologiques irlandaises se présentent à nous avec la prétention de se faire accepter pour des récits historiques, intercalent, — entre la légende qui concerne Némed ou la seconde des races mythiques, et les récits qui racontent l'arrivée de la troisième, c'est-à-dire des Tùatha Dê Danann, — l'histoire fabuleuse où l'on voit comment s'est établie en Irlande une des races qui occupaient encore cette île dans la période héroïque, c'est-à dire à une époque où succèdent à la mythologie pure les récits légendaires à base historique.

On désigne habituellement cette race par le mot composé *Fer-Bolg*, au pluriel *Fir-Bolg*, « les hommes de Bolg. » Mais pour être exact, il faut dire que cette race se composait de trois peuples distincts : les Fir-Bolg ou hommes de Bolg, les Fir-Domnann ou hommes de Domna, et les Galiôin. Tel est l'ordre traditionnel dans lequel ces peuples sont rangés. C'est peut-être un ordre alphabétique. Quoique l'ordre des lettres ne soit pas le même dans l'alphabet ogamique que dans l'alphabet latin, ces deux alphabets s'accordent pour mettre le *b* avant le *d*, et pour placer le *g* après ces deux lettres. Les Galiôin sont donc alphabétiquement les derniers, et les hommes de Bolg précèdent les hommes de Domna.

Mais de ces trois peuples, le plus important paraît avoir été celui que dans l'usage on nomme le second, les Fir-Domnann ou hommes de Domna. Suivant la tradition telle que nous la conserve un poème du onzième siècle, ils auraient occupé trois des cinq grandes provinces entre lesquelles l'Irlande se se divisait à l'époque héroïque. Ils auraient eu pour leur part le Munster méridional, le Munster septentrional et le Connaught, tandis que les Galiôin se contentaient du Leinster, et les Fir-Bolg de l'Ulster (1). Aussi la légende de Tûan mac Cairill, plus logique que les autres textes, nomme-t-elle les Fir-Domnann avant les Fir-Bolg et les Galiôin (2).

§ 2.

Les Fir-Bolg, les Fir-Domnann, les Galiôin dans l'épopée héroïque irlandaise.

Ces trois peuples paraissent avoir été la popula-

---

(1) Poème de Gilla Coemain, dans le Livre de Leinster, p. 127, col. 1. La partie de ce document qui se rapporte au partage de l'Irlande entre les Fir-Bolg, les Fir-Domnann et les Galiôin, occupe les lignes 28-33. Voir plus bas l'indication des autres textes concernant ce partage.

(2) « Gabais Semion, mac Stariath in-innsi-sea iar-sin; is-dib-side Fir-Domnann, Fir-Bolc ocus Galiûin. » *Leabhar na-hUidre*, p. 16, col. 2, lignes 6 et 7.

tion que les Gôidels ou Scots, c'est-à-dire les Irlandais, trouvèrent dans l'île dont ils portent aujourd'hui le nom, quand, à une date jusqu'ici mal déterminée, ils vinrent s'y établir. Dans la période héroïque, les Fir-Bolg, les Fir-Domnann et les Galiôin ne sont point encore fondus dans la race dominante, et ils y tiennent une place importante parmi les advesaires de ces héros d'Ulster que la littérature épique traite avec une faveur particulière.

Ainsi, dans la grande épopée dont le sujet est l'enlèvement du taureau de Cûalngé, un des principaux épisodes est un duel où le premier des guerriers d'Ulster, c'est-à-dire le célèbre Cûchulainn, a pour adversaire le guerrier le plus éminent de l'armée d'Ailill et de Medb, roi et reine de Connaught. Ce dernier champion, Ferdiad, digne émule du héros qui réunit en sa personne les plus éminentes qualités et qui s'élève en quelque sorte au rang des demi-dieux, est un Fer-Domnann, un homme de Domna, le guerrier le plus accompli de cette race ennemie (1).

Dans l'armée à laquelle appartient Ferdiad, les Galiôin sont au nombre de trois mille. La reine Medb, ayant un jour, en char, parcouru le camp pour se rendre compte de l'état de ses troupes, constata que les Galiôin étaient ceux qui étaient ve-

(1) « Ferdiad mac Damain, mac Dâre, in mílid mór-chalma d'Fheraib Domnand. » *Comrac Firdead*, Livre de Leinster, p. 81, col. 1, lignes 24-25, p. 82, col. 1, lignes 7-8. Cf. O'Curry, *On the manners*, t. III, p. 414, lignes 5 et 6; p. 420, lignes 2, 3.

nus à la guerre avec le plus d'entrain. Quand les autres guerriers commençaient à peine à s'installer dans leur campement, déjà les Galiôin avaient dressé leurs tentes. Quand les autres eurent fini de dresser leurs tentes, déjà le repas des Galiôin était prêt. Quand les autres commencèrent à manger, les Galiôin avaient fini ; quand les autres terminèrent leur repas, déjà les Galiôin étaient non seulement couchés mais tous endormis (1).

Un autre morceau raconte comment, au temps où vivait Cûchulainn, des Fir-Bolg violèrent un engagement pris envers le roi suprême d'Irlande, et devinrent vassaux d'Ailill et de Medb, se rangeant ainsi, comme les Galiôin et les Fir-Domnann, parmi les ennemis de l'Ulster et de l'héroïque pléiade de guerriers qui faisait la gloire de ce royaume. Cette trahison eut pour résultat quatre duels, et dans un de ces combats singuliers, Cûchulainn tua le fils du chef des Fir-Bolg (2).

§ 3.

Association des Fomôré, ou dieux de Domna, Dê Domnann, avec les Fir-Bolg, les Fir-Domnann et les Galiôin.

Il y a donc dans la littérature épique irlandaise

(1) *Táin bó Cúalnge*, chez O'Curry, *On the manners*, t. II, p. 259-261.

(2) Poème de Mag Liag, auteur du commencement du onzième

une sorte de dualisme. D'un côté Conchobar, Cûchulainn, et les guerriers d'Ulster, héros favoris des *file* ; et de l'autre, un groupe ennemi dont les Fir-Bolg, les Fir-Domnann et les Galiôin, les Fir-Domnann surtout, autrefois maîtres des trois cinquièmes de l'Irlande, sont un élément fondamental. Les Fir-Bolg, les Fir-Domnann, les Galiôin ont toutes sortes de défauts et de vices : ils sont bavards, traîtres, avares, ennemis de la musique, querelleurs ; c'est à leurs adversaires qu'appartiennent en propre, et comme caractère distinctif, la bravoure et la générosité (1). La mythologie nous offre un dualisme analogue. D'un côté les dieux bons, les dieux du jour, de la lumière et de la vie, qu'on appelle Tûatha Dé Danann, parmi lesquels on remarque Ogmé à la face solaire, *Grian-ainech* (2), et dont le chef est *in Dag-de*, littéralement « le bon Dieu ; » de l'autre, les dieux de la mort et de la nuit, les dieux méchants qu'on appelle ordinairement Fomôré. Mais à ceux-ci on donne aussi quelquefois le nom de la principale des trois races ennemies que combattaient les héros d'Ulster : le chef des Fomôré est dit quel-

---

siècle, Livre de Leinster, p. 152 ; O'Curry, *On the manners*, II, 121-123.

(1) Duald mac Firbis, auteur du dix-septième siècle, a résumé la tradition irlandaise sur ce sujet en quelques vers publiés par O'Curry, *Lectures on the mss. materials*, p. 580 ; cf. p. 223-224. Contrairement à l'ancienne doctrine, Duald mac Firbis considère les Fir-Bolg comme plus importants que les Fir-Domnann.

(2) C'est l'opposé de *Buar-ainech*. Voyez chap. IX, § 4.

quefois « dieu de Domna (1). » Le dieu de Domna, *dia* ou *dé Domnand*, est le dieu ennemi, comme les hommes de Domna, Fir-Domnann, sont les hommes ennemis.

Suivant la doctrine celtique, la nuit précède le jour, la mort précède la vie, comme le père précède le fils (2); ainsi les dieux mauvais ont précédé les bons, et les hommes méchants sont arrivés en ce monde avant les bons, c'est-à-dire avant les Gôidels ou Scots ou en d'autres termes avant le rameau de la race celtique auquel sont dus les récits légendaires dont nous rendons compte. Cette association des hommes méchants et des dieux mauvais, vaincus les uns et

---

(1) Elloth, l'un des Tûatha dé Danann, est tué par le dieu de Domna, *dé Domnand*, des Fomôré :

>   Dorochair Elloth con âg
>   athair mòrgarg Manannain
>   Ocus Donand chomlan cain
>   la Dé n-Domnand d'Fhomorchaib.

Poème de Flann Manistrech, mort en 1056, dans le Livre de Leinster, p. 11, col. 1, lignes 25, 26. Lors de la seconde bataille de Mag-Tured, un des chefs des Fomôré est Indech, fils du dieu de Domna, « mac dé Domnann » (British Museum, ms. Harleian 5280; O'Curry, *Lectures on the mss. materials*, p. 249). Le *Livre des conquêtes*, parlant de la même bataille dans le Livre de Leinster, p. 9, col. 2, lignes 9-10, ajoute que Indech, fils du dieu de Domna, est roi : « Indech mac Dé Domnand in ri. » et il a dit un peu plus haut que, dans la seconde bataille de Mag-Tured, Ogma, fils d'Elada, fut tué par Indech, fils d'un Dieu, roi des Fomôré. Livre de Leinster, p. 9, col. 2, 122-4, cf. p. 11, col. 2, l. 33. Ainsi le même personnage mythique est à la fois fils du dieu de Domna et du roi des Fomôré.

(2) César, *De bello gallico*, VI, 18, §§ 1, 2, 3.

les autres, se trouve aussi dans la littérature sanscrite de l'Inde où le même mot *Dasyu*, désigne à la fois les démons et les races ennemies qui ont précédé les Aryens dans l'Inde et sur lesquelles la race aryenne a fait la conquête des vastes plaines situées au sud de l'Himalaya (1). Tandis que le groupe oriental de la famille indo-européenne se créait, par la victoire, un nouveau domaine territorial, le groupe occidental de la même famille devait à ses armes un succès semblable; et cet événement militaire, si fécond en conséquences politiques, produisait dans l'ordre littéraire un effet analogue à celui que dans l'Inde il a eu pour résultat, c'est-à-dire un mélange presque identique de l'histoire et de la mythologie.

§ 4.

Etablissement des Fir-Bolg, des Fir-Domnann et des Galióin en Irlande.

Les Fomôré, dieux de la nuit, de la mort et du mal, sont venus en Irlande avant les Tûatha Dê Danann, ou dieux du bien, de la lumière, de la vie. En effet, les Tûatha Dê Danann n'ont point encore paru dans notre exposé, et nous verrons plus tard comment ils arrivèrent en Irlande. Mais nous avons déjà parlé à deux reprises des Fomôré; nous avons vu leurs combats contre Partholon et contre

---

(1) Bergaigne, *La religion védique*, t. II, p. 208-219.

Némed (1) : les Fomôré sont donc contemporains des deux races légendaires qui ont les premières habité l'Irlande ; et dans la littérature irlandaise primitive, aucun récit ne nous raconte comment ils sont venus en Irlande. C'est à une date plus récente qu'on a imaginé d'en faire une tribu de pirates arrivant par mer comme les Scandinaves et les Danois du neuvième et du dixième siècle (2) ; il n'y a pas, il ne paraît avoir jamais existé de récit intitulé : « Emigration des Fomôré ou des dieux de Domna en Irlande. » Ces dieux semblent remonter à l'origine même des choses. Mais il y avait un récit où l'on voyait comment les hommes de Domna étaient venus dans cette île.

Le titre de ce récit est compris dans les deux plus anciens catalogues de la littérature épique irlandaise, dont le premier paraît, avons-nous dit, remonter aux environs de l'année 700. Ce titre, « Emigration des Fir-Bolg, » *Tochomlod Fer m-Bolg*, ne mentionne que le premier des trois peuples dont les Fir-Domnann étaient le principal. Mais quoique cette pièce soit perdue, les débris qui nous en ont été conservés par divers documents montrent quelle place importante y tenaient les hommes de Domna. « Cinq rois, » nous dit un poème attribué à Gilla Coemain, auteur du onzième siècle, « vinrent à travers la mer bleue » dans trois flottes. L'affaire n'était pas petite ; avec

---

(1) Voir plus haut, p. 31 et suivante, p. 90 et suivantes.
(2) Dans certaines compositions modernes plus politiques au fond que littéraires dans la forme, l'auteur, parlant des Fomôré, semble avoir pensé aux conquérants anglo-normands.

» eux étaient les Galiôin, les Fir-Bolg et les Fir-
» Domnann. » Un de ces cinq rois était celui des
Fir-Bolg; il s'appelait Rudraige, et occupa le nord
de l'Irlande, l'Ulster. Les Fir-Domnann avaient pour
eux seuls trois rois qui fondèrent chacun un royaume :
le royaume de Connaught, celui de Munster septentrional et celui de Munster méridional. Enfin les Galiôin, commandés comme les Fir-Bolg par un seul roi,
fondèrent le royaume de Leinster. Les cinq rois
étaient frères; ils conférèrent l'autorité suprême à l'un
d'entre eux, au roi des Galiôin Slane (1).

§ 5.

*Origine des Fir-Bolg, des Fir-Domnann et des Galiôin.
Doctrine primitive. Doctrine du moyen âge.*

De quel pays venait cette population nouvelle? Si
nous en croyons Nennius, elle arrivait d'Espagne,
puisque c'est de l'Espagne, suivant lui, que l'Irlande

---

(1) Livre de Leinster, p. 127, col. 1, lignes 26-35. Voir, sur le même sujet, un poème attribué à Columb Cille, Livre de Leinster, p. 8, col. 2, lignes 3 et suivantes; Girauld de Cambrie, *Topographia hibernica*, distinctio III, chap. IV et V, dans *Giraldi Cambrensis Opera*, édition Dimock, vol. V, p. 144, 145; Keating, *Histoire d'Irlande*, édition de 1811, p. 122. Tûan mac Cairill ne dit mot de ces cinq rois. Il parle de Semion, fils de Stariat, d'où les Fir-Domnann, les Fir-Bolg et les Galiôin. *Leabhar na-hUidhre*, p. 16, col. 2, lignes 5-7. Semion, suivant lui, serait venu en Irlande, tandis que Gilla Coemain, le Livre des Conquêtes et les textes postérieurs n'y font arriver que ses descendants.

a reçu tous ses habitants ; et chez lui *Espagne* est la traduction évhémériste des mots celtiques qui désignaient le pays mystérieux des morts. Mais dans la doctrine qui prévalut en Irlande au onzième siècle, les Fir-Bolg, les Fir-Domnann et les Galiôin étaient partis de Grèce. Après le désastre de la tour de Conann, ceux des descendants de Némed qui, au nombre de trente, échappèrent à la mort, passèrent d'abord quelque temps en Irlande ; puis, chassés par les maladies et par les exactions des Fomôré, ils renoncèrent à ce séjour désastreux et se partagèrent en trois groupes.

L'un s'établit dans les régions septentrionales de l'Europe, il devait revenir en Irlande sous le nom de Tùatha Dê Danann. Nous verrons plus loin que la doctrine celtique primitive donnait aux Tùatha Dê Danann une origine tout autre et les faisait venir du ciel. Un autre groupe s'établit en Grande-Bretagne ; c'est de lui que, suivant cette légende relativement moderne, les Bretons sont descendus.

Enfin quelques-uns des descendants de Némed se réfugièrent en Grèce ; mais les habitants de cette inhospitalière contrée les réduisirent en esclavage et les employèrent à un travail des plus durs. Il s'agissait de transformer des rochers en champs fertiles ; et, à cet effet, ces malheureux étaient obligés de prendre de la terre dans la plaine, de la mettre dans des sacs de cuir, en irlandais *bolg*, et de la porter sur leur dos jusqu'au sommet des rochers. Fatigués de ce rude labeur — qui, en réalité, n'a été inventé que pour donner une étymologie au nom des Fir-Bolg, — ils se soulevèrent au nombre de cinq mille, transformèrent en bateaux les sacs de cuir dans lesquels ils avaient jusque-là transporté la terre, et ce furent ces navires qui les amenèrent en Irlande. Ces navires formaient trois flottes, et ces trois flottes arrivèrent en Irlande dans la même semaine; la première le samedi, la seconde le mardi, et la troisième le vendredi suivant (1). Les trois peuples atteignirent la côte par ordre alphabétique : d'abord les Fir-Bolg, ensuite les Fir-Domnann, en dernier lieu les Galiôin.

§ 6.

Introduction de la chronologie dans cette légende. Liste des rois.

Quand, au onzième siècle, on éprouva le besoin d'une chronologie irlandaise analogue à la chronologie biblique, telle que l'avait créée la science gréco-romaine du quatrième siècle, on raconta qu'entre le désastre de la tour de Conann et l'arrivée des Fir-Bolg, des Fir-Domnann et des Galiôin en Irlande, il s'était écoulé deux cents ou deux cent

---

(1) Livre des Conquêtes, dans le Livre de Leinster, p. 6, col. 2, lignes 14-30, p. 7, col. 2, ligne 35; poème commençant par les mots « hEriu oll ordnit Gaedil, » Livre de Leinster, p. 7, col. 1, lignes 36 et suivantes; Keating, *Histoire d'Irlande*, édition de 1811, p. 186-191 O'Curry, *On the manners*, t. II, p., 110, 185.

trente ans (1). Antérieurement, la tradition mythologique ne contenait aucune indication chronologique quelconque.

Du onzième siècle aussi date une liste des rois d'Irlande au temps de la domination des Fir-Bolg, des Fir-Domnann et des Galióin. Ces rois sont au nombre de neuf, et la durée totale de leurs règnes est de trente-sept ans ; le dernier et le plus remarquable de ces princes, le seul probablement qui appartienne à la légende primitive, fut Eochaid mac Eirc, appelé ailleurs Eochaid « le fier, » en irlandais *garb*, et aussi Eochaid mac Duach. Il régna dix ans ; pendant ce temps on ne vit pas de pluie d'orage en Irlande : il n'y eut que de la rosée. Ce fut alors que le droit fit son apparition. Aucune année ne se passa sans jugement ; il n'y avait plus de guerre, les javelots, restés sans emploi, disparurent (2).

§ 7.

Tâltiu, reine des Fir-Bolg, est mère nourricière de Lug, un des chefs des Túatha Dé Danann. Assemblée annuelle de Tâltiu le jour de la fête de Lug ou Lugus.

Eochaid avait épousé Tâltiu, fille de Magmôr, en

---

(1) Poème *Eriu ard, inis nar-rig*, Livre de Leinster, p. 127, col. 1, lignes 22, 23. Livre des Conquêtes, *ibid.*, p. 6, col. 2, ligne 22.

(2) Livre des Conquêtes, dans le Livre de Leinster, p. 8, col. 1, lignes 11-14. Voir plus bas, chapitre VII, § 6, p. 160, comment cette idée fut développée.

français de la « Grande-Plaine, » c'est-à-dire du pays des morts (1). Plus tard, on a fait de Magmòr un roi d'Espagne, et de Tâltiu une princesse espagnole amenée par Eochaid, d'Espagne en Irlande (2). Dès cette vieille époque, l'Irlande avait les usages qui dominèrent chez elle à l'époque héroïque et à des temps postérieurs. Chacun faisait élever ses enfants dans une famille autre que la sienne. Tâltiu, femme du roi des Fir-Bolg, fut donc la mère nourricière du dieu Lug, l'un des Tùatha Dè Danann, un des chefs de ces dieux bons, de ces dieux de la lumière et de la vie, dont les Fir-Bolg, les Fir-Domnann, les Galiôin et leurs dieux, les Fomôré, étaient les adversaires.

Il y eut du reste entre ces groupes ennemis des relations plus intimes encore, puisque le même Lug, qui un jour tua Balar, roi des Fomôré, était petit-fils de sa victime.

La conquête de l'Irlande par les Tùatha Dè Danann mit fin à la domination des Fir-Bolg, des Fir-Domnann et des Galiôin ; Eochaid mac Eirc perdit le trône avec la vie, mais Lug n'oublia pas les soins maternels dont Tâltiu avait environné son enfance : quand

---

(1) Poème attribué à Columb Cille, Livre de Leinster, p. 8, col. 2, ligne 26; poème de Cûan hûa Lothchain, Livre de Leinster, p. 200, col. 2, ligne 25. Cûan mourut en 1024, avant les remaniements qui, à la fin du onzième siècle, ont donné à l'histoire mythologique d'Irlande la forme qu'elle a prise dans le Livre des Conquêtes. Tâltiu peut s'écrire aussi Tailtiu.

(2) Livre des Conquêtes, dans le Livre de Leinster, p. 9, col. 1, lignes 34-41.

elle mourut, il prit soin de ses funérailles. Târtiu avait expiré le 1ᵉʳ août dans la localité qui en irlandais porte son nom, aujourd'hui Teltown, d'abord vaste forêt défrichée par elle et où elle s'était créée une habitation. Cette localité devint le lieu d'une assemblée annuelle d'affaires et de plaisirs célèbre par ses jeux, ses courses de chevaux, importante par le commerce et les mariages dont elle était l'occasion. Elle commençait quinze jours avant le premier août jour de la mort de Târtiu ; elle finissait quinze jours après. On y montrait le tombeau de Târtiu, celui de son mari, et au moyen âge on prétendait n'avoir pas perdu le souvenir de l'événement funèbre dont cette réunion annuelle était, disait-on, destinée à perpétuer la mémoire.

Le nom de Lug, fils adoptif de Târtiu, était associé à celui de la femme dont il avait reçu les soins maternels. Le 1ᵉʳ août, principal jour de la foire de Târtiu portait le nom de « *fête de Lug,* » dans tout le domaine de la race irlandaise, tant en Irlande qu'en Ecosse et dans l'île de Man (1), et la tradition irlandaise faisait de Lug l'inventeur des vieilles assemblées païennes à date fixe dont quelques-unes de nos foires sont un dernier reste. Il avait, disait-on, introduit en Irlande les amusements, qui faisaient le prin-

---

(1) En irlandais *lugnasad* (Glossaire de Cormac, chez Whitley Stokes, *Three irish glossaries*, p. 26; *lûnasdal, lûnasdainn* et *lûnasd* en gaélique d'Ecosse (*A dictionary of the gaelic language*, publié par la *Highland Society*, t. I, p. 602); *launistyn* dans le dialecte de Man (Kelly, *Fockleyr manninagh as baarlagh*, p. 125).

cipal attrait de ces réunions périodiques, les courses de chevaux ou de chars et par conséquent la cravache qui activait l'allure des chevaux, les échecs ou le jeu analogue qu'on appelait *fidchell* (1).

Lug a donné son nom aux *Lugu-dunum* de Gaule, dont le nom veut dire forteresse de Lugus ou Lug (2). Le principal d'entre eux, aujourd'hui Lyon, a fourni sous l'empire romain l'emplacement d'une assemblée annuelle célèbre tenue le 1er août en l'honneur d'Auguste, mais qui n'était probablement que la forme nouvelle d'un usage plus ancien. Avant de se réunir tous les ans, le 1er août, à Lugu-dunum en l'honneur d'Auguste, les Gaulois s'y étaient longtemps sans doute réunis tous les ans à la même date en l'honneur de Lugus ou Lug comme le faisaient les Irlandais à Tâltiu (3).

---

(1) Livre de Leinster, p. 10, col. 2, lignes 10-15. Sur la foire de Tâltiu, voir le poème de Cûan hûa Lothchain, inséré dans le Livre de Leinster, p. 200, col. 2. Suivant le Livre des Conquêtes (Livre de Leinster, p. 9, col. 1, lignes 38-42), Tâltiu aurait eu deux maris : l'un, de la race des Fir-Bolg, se serait appelé Eochaid mac Eirc ; l'autre, de la race des Tûatha Dé Danann, se serait appelé Eochaid Garb, mac Duâch Daill. Cette distinction n'apparaît pas dans les textes antérieurs, où ces deux personnages ne font qu'un.

(2) *Lug*, génitif *Loga*, est, en irlandais, un thème en *u*.

(3) Sur la fête d'Auguste à Lyon, voir tome Ier, p. 215-218.

CHAPITRE VII.

EMIGRATION DES TÛATHA DÉ DANANN. PREMIÈRE BATAILLE DE MAG-TURED.

§ 1. — Les Tuâtha Dé Danann sont des dieux : leur place dans le système théologique des Celtes. — § 2. Origine du nom des Tuâtha Dé Danann. La déesse Brigit et ses fils, le dieu irlandais Brian et le chef gaulois Brennos. — § 3. La bataille de Mag-Tured est primitivement unique. Plus tard on distingue deux batailles de Mag-Tured. — § 4. Le dieu Nûadu Argatlâm. — § 5. Indications sur l'époque où a été composée le récit de la première bataille de Mag-Tured. — § 6. Pourquoi fut livrée la première bataille de Mag-Tured. — § 7. Récit de la première bataille de Mag-Tured. Résultat de cette bataille.

§ 1.

Les Tûatha Dé Danann sont des dieux : leur place dans le système théologique des Celtes.

Les Tûatha Dé Danann sont les représentants les plus éminents d'un des deux principes qui se disputent le monde. De ces deux principes, l'un, le plus ancien, est négatif : c'est la mort, la nuit, l'ignorance, le mal ; l'autre, issu du premier, est positif : c'est le jour, la vie, la science (1), le bien. Dans les Tûatha Dê Danann on trouve la plus brillante expression du second de ces principes : d'eux, par exemple, émanent la science des druides et la science des *file*.

Les textes irlandais qui concernent les Tûatha Dê Danann peuvent se distinguer en deux catégories. Les uns ont subi l'influence de l'école qui, dans la seconde moitié du onzième siècle, veut à tout prix créer à l'Irlande une histoire modelée sur les généalogies bibliques ; dans cette doctrine systématique, toutes les populations mythiques et historiques de l'Irlande descendent de la même souche, qui par Japhet remonte jusqu'à Adam, premier père du genre humain. Les Tûatha Dê Danann comptent Némed parmi leurs ancêtres. Némed, entre autres enfants, a eu un fils doué du don de prophétie : c'était Iarbonel. Iarbonel laissa une postérité qui échappa au massacre de la tour de Conann, quitta l'Irlande, alla habiter quelque temps les régions septentrionales du monde pour y étudier le druidisme, l'art de se procurer des visions et de prévoir l'avenir, la pratique des incantations; une fois ces connaissances merveilleuses acquises, les descendances de Iarbonel revinrent en Irlande, et ils y arrivèrent enveloppés de nuages obscurs qui rendirent le soleil invisible pendant trois

---

(1) Tùan mac Cairill appelle les Tûatha Dé Danann « race de science, » *áes n-éolais*. — *Leabhar na-hUidhre*, p. 16, col. 2, lignes 29-30.

jours et aussi, dit le Livre des conquêtes, pendant trois nuits (1)!

Ce n'est pas la tradition primitive. La croyance ancienne et païenne considère les Tûatha Dé Danann comme des dieux qui viennent du ciel. Tùan mac Cairill, converti par Finnên, le croit encore. Il raconte qu'il a été contemporain des *Tùatha Dee ocus ande*, c'est-à-dire des gens du dieu et du faux dieu; et dont, ajoute-t-il, on sait que provient la classe savante; vraisemblablement, continue-t-il, dans le voyage qui les amena, ils venaient du ciel (2). Un poème attribué à Eochaid hûa Flainn, qui mourut en 984, poème qui, si cette provenance n'est pas rigoureusement établie, est cependant antérieur au Livre des conquêtes, rappelle, quoique timidement, la même croyance, dont il n'ose pas se porter garant. « Ils n'avaient pas de vaisseaux... On ne sait » vraiment, » dit-il, « si c'est sur le ciel, du ciel, ou » de la terre qu'ils sont venus. Etaient-ce des dé- » mons du diable... étaient-ce des hommes (3) ? »

Par une contradiction dont il nous offre de fréquents exemples, le Livre des conquêtes, après avoir dit, conformément au système des savants irlandais du onzième siècle, que les Tûatha Dê Danann

---

(1) Livre de Leinster, p. 6, col. 2, ligne 1 ; p. 8, col. 2, lignes 50, 51 ; p. 9, col. 1, lignes 1 et suivantes.

(2) *Leabhar na-hUidhre*, p. 16, col. 2, lignes 28-31.

(3) Livre de Leinster, p. 10, col. 2, lignes 10-15. C'est O'Clery qui attribue ce poème à Eochaid hûa Flainn. O'Curry, *On the manners*, t. II, p. 111 ; Atkinson, *The book of Leinster*, contents, p. 18, col. 2.

sont, par Iarbonel et Némed, des descendants de Japhet, en fait plus loin, conformément à la tradition antérieure, des démons, nom que les chrétiens donnaient aux dieux du paganisme (1). *Démon* est un mot qui du latin de la théologie chrétienne a pénétré en irlandais; mais la langue irlandaise avait une expression pour désigner les corps merveilleux semblables aux nôtres en apparence, à l'aide desquels les dieux, croyait-on, se rendaient quelquefois visibles aux hommes; ce nom était *siabra*, qu'on peut traduire par « fantôme. » Le poème d'Eochaid hûa Flainn que nous venons de citer, racontant l'arrivée des Tùatha Dê Danann en Irlande, où ils viennent attaquer les Fir-Bolg, dit que les nouveaux conquérants de l'Irlande étaient des troupes de *siabra* (2). Ce caractère surnaturel des Tûatha Dê Danann a empêché Girauld de Cambrie d'admettre leur réalité historique; et il n'a rien dit d'eux quand, dans sa *Topographia hibernica*, il a résumé les récits légendaires irlandais sur les populations primitives de l'île, alors tout récemment conquise par les Anglo-Normands.

Lorsque les Tûatha Dê Danann eurent vaincu les Fir-Bolg, les Fir-Domnann, les Galiôin, et leurs dieux, les Fomôré, ils furent quelque temps seuls maîtres de l'Irlande; mais la race de Milé, les Gôidels, la race irlandaise moderne, arriva dans l'île, les attaqua, remporta sur eux la victoire et prit pos-

---

(1) « Ro brissiset meic Miled cath Slébi Mis for demno idon for Tuaith Dé Danand. » Livre de Leinster, p. 13, col. 1, lignes 1 et 2.

(2) Livre de Leinster, p. 10, col. 2, lignes 6-8.

session du pays. Les Tûatha Dê Danann vaincus se sont réfugiés au fond des cavernes, dans les profondeurs des montagnes ; quand, pour se distraire, ils parcourent leur ancien domaine, c'est ordinairement sous la protection d'un charme qui les rend invisibles aux descendants des mortels heureux par lesquels ils ont été dépossédés ; et malgré cette dépossession, ils ont conservé une grande puissance qu'ils font sentir aux hommes en leur rendant, tantôt de bons, tantôt de mauvais services. Tels étaient, dans l'imagination des Grecs, les hommes ou demi-dieux de l'antique race d'or.

« Quand cette race a été couverte par la terre, la
» volonté du grand Zeus en a fait de bons démons
» qui habitent la terre et y gardent les hommes
» mortels, récompensant les bonnes actions, punissant les crimes ; voilés par l'air qui leur sert de
» manteau, ils parcourent la terre, y distribuent
» les richesses, et ainsi sont investis d'une sorte de
» royauté (1). »

§ 2.

Origine du nom des Tûatha Dê Danann. La déesse Brigit et ses fils ; le dieu irlandais Brían et le chef gaulois Brennos.

Le nom des Tûatha Dê Danann (2) veut dire « gens

(1) Hésiode, *Les Travaux et les Jours*, vers 120-126.
(2) *Tûatha* est un nominatif pluriel. On trouve aussi le singulier *tûath* qui peut se rendre par « peuple. »

du dieu dont la mère s'appelait *Dana*, » au génitif *Danann* ou *Donand*. Dana, appelée au nominatif *Donand* en moyen irlandais est nommée ailleurs *Brigit*; c'est la mère de trois dieux, qu'on trouve désignés tantôt par les noms de Brîan, Iuchar et Uar, tantôt par ceux de Brîan, Iucharba et Iuchair; ces trois personnages mythiques sont les dieux du génie ou de l'inspiration artistique et littéraire : *dêi dâna*, ou les dieux fils de la déesse Dana, *dêe Donand*. Dana ou Donand, dite aussi Brigit, leur mère, était femme de Bress, roi des Fomôré, mais, par sa naissance, elle appartenait à l'autre race divine, elle avait pour père Dagdé ou « bon Dieu » roi des Tùatha Dê Danann; on la considérait comme la déesse de la littérature (1). Ses trois fils avaient eu en commun un fils unique qui s'appelait *ecné*, c'est-à-dire science ou poésie (2). Brigit, déesse des Irlandais païens, a été supplantée à l'époque chrétienne par sainte Brigite ; et les Irlandais du moyen âge reportèrent en quelque sorte sur cette sainte nationale le culte que leurs ancêtres païens avaient adressé à la déesse Brigit.

(1) Voir, à ce sujet, les textes publiés dans notre tome Ier, p. 57, notes 3 et 4, et p. 283, note 2. Comparez le passage suivant du Livre des Conquêtes : « Donand ingen don Delbaith chetna, idon mathair in triir dedenaig idon Briain ocus Iuchorba ocus Iuchaire. Ba-siat-side na tri dee dana. » Donand, fille du même Delbaeth, c'est-à-dire la mère des trois derniers, à savoir : Brian, Iucharba et Iuchair. Ce furent les trois dieux du génie artistique et littéraire, en irlandais *dân*, génitif *dâna*. Livre de Leinster, p. 10, col. 1, lignes 30-31.
(2) Voir, dans le tome Ier, la note 2 de la page 283.

Le culte de Brigit n'était pas inconnu en Grande Bretagne. On a trouvé dans cette île quatre dédicaces qui remontent au temps de l'empire romain et qui sont adressées à une déesse de nom identique, sauf une légère variante dialectale (1). L'une porte une date qui correspond à l'année 205 après notre ère (2). Le nom écrit en Irlande, au douzième siècle, *Brigit*, au génitif *Brigte*, suppose un primitif *Brigentis*, et le nom divin qu'on lit dans les quatre inscriptions britanno-romaines précitées est *Brigantia* (3). La forme gauloise de ce nom paraît avoir été *Brigindo;* une dédicace à une divinité gauloise de ce nom se trouve dans l'inscription gauloise de Volnay, aujourd'hui conservée au musée de Beaune (4).

Ainsi, la race celtique a jadis adoré une divinité féminine dont le nom, à l'époque de la domination romaine, était, en Grande Bretagne, *Brigantia*, probablement en Gaule *Brigindo*, et qui, en Irlande, au moyen âge, s'est appelée *Brigit* pour *Brigentis*. Ce nom semble être dérivé du participe présent de la racine BARGH, en sanscrit BR*i*H, « grandir, fortifier, élever, » dont le participe présent « *brihant*, » pour *brighant*, veut dire « gros, grand, élevé. » A cette racine se rattachent le substantif féminin irlandais

---

(1) *Corpus inscriptionum latinarum*, t. VII, nᵒˢ 200, 203, 875, 1062.
(2) *Ibidem*, nᵒ 200.
(3) La doctrine que nous exposons ici est celle de M. Whitley Stokes, *Three irish glossaries*, p. xxxiii-xxxiv.
(4) *Dictionnaire archéologique de la Gaule*, inscription celtique nᵒ 4.

brig, « supériorité, puissance, autorité, » en gallois *bri*, « dignité, honneur, » qui a perdu son *g* final. L'adjectif irlandais *brîg*, « fort, puissant, » s'explique par la même racine (1).

En Irlande, Brigit porte au moyen âge un second nom, *Dana* ou *Dona*, au génitif *Danann*, *Donand*. Fille du chef suprême des dieux du jour, de la lumière et de la vie, elle est elle-même la mère de trois dieux qui appartiennent au même groupe divin, et ces trois dieux sont, du nom de leur mère, appelés dieux de Dana. Mais cette triade, en réalité, ne nous offre que trois aspects d'un dieu unique, Brîan, le premier des trois, et dont les deux autres ne sont en quelque sorte que des doublets (2). De là, le nom par lequel on désigne le groupe tout entier des dieux du jour, de la lumière et de la vie : on les appelle « les gens du dieu de Dana, » *Tùatha Dé Danann*.

Ce mythe semble avoir été connu des Gaulois qui, au commencement du quatrième siècle, prirent Rome, et de ceux qui, un peu plus d'un siècle après, ayant fait la conquête de la région septentrionale de la péninsule des Balkans, poussèrent jusqu'à Delphes, c'est-à-dire jusqu'au plus sacré des sanctuaires de la Grèce, leurs expéditions victorieuses. Suivant les

---

(1) *Grammatica celtica*, 2ᵉ édit., p. 141. Le mot gallois *bri* se retrouve en vannetais avec le sens d' « égard, considération. » Voir, sur ce point, les développements donnés par M. Emile Ernault, *Revue celtique*, t. V, p. 268.

(2) Voir plus bas, chapitre XVI, § 3 et 4, ce que nous disons de la triade divine chez les Celtes.

historiens de la Grèce et de Rome, le chef de l'armée qui prit Rome et le chef de l'armée qui pilla Delphes portaient le même nom : tous deux s'appelaient *Brennos*. Cette coïncidence a fait admettre par les historiens français que *Brennos*, en gaulois, était un nom commun signifiant « roi. » On l'a expliqué par le gallois *brenin*, qui a ce sens. Mais c'est une doctrine inadmissible aujourd'hui. Le gallois moderne *brenin*, au douzième siècle *breenhin*, a perdu deux consonnes médiales, et à l'époque romaine se serait écrit *bregentinos* (1). Il faut donc trouver au mot *Brennos* une autre explication.

C'est par les Gaulois que les Romains, en l'an 390 avant notre ère, les Grecs en 279, ont appris le nom du général qui avait conduit à la victoire ces barbares triomphants. Or, quel était le chef suprême qui, à ces époques primitives, chez ces races si profondément empreintes du sentiment religieux, menait les armées au combat et les rendait invincibles ? C'était un dieu. A la question : « Quel est votre roi ? le Gaulois vainqueur répondait par le nom du dieu auquel il attribuait le succès de ses armes, et que son imagination lui représentait assis, invisible, sur un char, le javelot à la main, guidant les bataillons conquérants sur les cadavres des ennemis ; or le nom de ce dieu, le même en Italie et en Grèce, à cent vingt ans d'intervalle, était celui du chef de la triade formée par les fils de Brigantia ou Brigit, dite

---

(1) *Grammatica celtica*, 2ᵉ édit., p. 141.

autrement Dana. *Brîan*, nom du premier des trois fils de Brigit au moyen âge, est la forme relativement moderne d'un primitif *Brênos*. On a dit *Brênos* aux temps qui ont précédé le moyen âge, quand on prononçait *Brigentis* le nom qui s'est prononcé plus tard *Brigit*; *Brennos* par deux *n* n'est qu'une variante orthographique de *Brênos*.

Quand les Gaulois, vainqueurs à Rome et à Delphes, ont raconté qu'ils avaient combattu sous le commandement de *Brennos*, ils disaient le nom du chef mythique dont la puissance surnaturelle avait, selon leur foi, produit la supériorité de leurs bataillons sur les armées ennemies; et ce chef mythique était le premier des trois personnages divins que l'Irlande du moyen âge appelait Dieux de Dana. Il tenait le premier rang dans la triade, d'où vient en Irlande le nom de l'ensemble des dieux du jour, de la lumière et de la vie. Brennos ou *Brênos*, plus tard Brîan, est le premier des dieux de Dana, en vieil irlandais *Déi Danann*. C'est lui qui par excellence est le dieu de Dana; et en vieil irlandais les dieux de la lumière, du jour et de la vie, s'appellent « gens du dieu de Dana, » *Túatha Dê Danann*.

§ 3.

La bataille de Mag-Tured est primitivement unique. Plus tard on distingue deux batailles de Mag-Tured.

Avant d'être réduits au rôle d'êtres invisibles, les

Tùatha Dê Danann ont été, dit la légende, les maîtres visibles de l'Irlande. Ils doivent ce succès à la bataille de Mag-Tured. La tradition la plus ancienne, celle que nous trouvons constatée d'abord par les deux plus anciens catalogues de la littérature épique de l'Irlande, ensuite par divers monuments du dixième siècle, ne connaît qu'une seule bataille de Mag-Tured (1). Dans cette bataille, les Tùatha Dê Danann vainquirent la triple race d'hommes qui était alors maîtresse de l'Irlande, c'est-à-dire les Fir-Bolg, les Fir-Domnann et les Galiôin (2). Dans la même bataille ils triomphèrent aussi des dieux dont le sort était associé à celui de cette race antique ; on appelait ces dieux Fomôré ou Dêi Domnann (3).

(1) Les textes les plus anciens où nous trouvions le nom de la bataille de Mag-Tured sont : 1° le Glossaire de Cormac, mort au commencement du dixième siècle (Whitley Stokes, *Three irish glossaries*, p. 32 ; *Sanas Chomaic*, p. 123, au mot *Nescoit*) ; 2° un poème de Cinâed ûa Artacan, qui mourut en 975. Ce poème a pour sujet les sépultures contenues dans le cimetière antique des rives de la Boyne, et l'auteur parle du couple qui dormait là avant la bataille de Mag-Tured. *Leabhar na-hUidhre*, p. 51, col. 2, ligne 23.

(2) Poème attribué à Eochaid ûa Flainn, mort en 985. Livre de Leinster, p. 10, col. 2, lignes 15-22. Le nom de Mag-Tured est inscrit à la ligne 19, et les Fir-Bolg sont mentionnés sous le nom de Tùath-Bolg, c'est-à-dire peuple des *bolg* ou sacs, à la ligne 20.

(3) Le fragment du récit de la bataille de Mag-Tured, inséré par Cormac dans son Glossaire, vers l'année 900, appartient au récit de la défaite des Fomôré, comme on peut s'en convaincre en le comparant au passage correspondant de l'analyse donnée par O'Curry du récit de cette défaite, d'après le manuscrit du British Museum, Harleian 5280 (*On the manners and customs of the ancient Irish*, t. II, p. 249).

Au onzième siècle, on imagina de distinguer deux batailles de Mag-Tured. Les Tùatha Dê Danann auraient battu dans la première les Fir-Bolg, les Fir-Domnann et les Galiôin ; et ce serait dans la seconde qu'ils auraient triomphé des Fomôré ou Dêi Domnann. Flann Manistrech, moine irlandais, qui mourut en 1056, après avoir remanié au point de vue de la science de ce temps les vieilles légendes de l'Irlande, est le plus ancien auteur où nous trouvions la doctrine nouvelle qui, au lieu d'une bataille de Mag-Tured, nous en offre deux. Dans son poème irlandais, sur les circonstances où seraient morts les divers personnages connus dans la littérature irlandaise sous le nom de Tùatha Dê Danann, que la littérature antérieure considérait comme immortels, Flann mentionne d'abord une première bataille de Mag-Tured (1). Le texte bien postérieur qui nous a conservé le récit de cette bataille la met au milieu de l'été du 5 au 9 juin (2). Cette date était probablement déjà admise au onzième siècle. En effet, Flann Manistrech, après avoir parlé de la première bataille de Mag-Tured, en distingue celle où, après le 1er novembre, fête de *Samain*, Balar, chef des Fomôré, combattit les Tùatha Dê Danann (3). Or, le manuscrit du quinzième

---

(1) « Cêt chath Maige Tured. » Livre de Leinster, p. 11, col. 1, ligne 24.

(2) O'Curry, *Lectures on the manuscript materials*, p. 246 ; *On the manners*, t. II, p. 237.

(3)   I maig Tured, ba-thrî-âg
      doceir Nuadu Argat-lâm,

siècle qui, reproduisant un manuscrit perdu bien plus ancien, nous a conservé le récit détaillé de la seconde bataille de Mag-Tured, la fait commencer le jour de Samain, 1er novembre (1). Le système de Flann Manistrech sur la distinction des deux batailles de Mag-Tured est adopté dans le *Livre des conquêtes* qui, à la première bataille de Mag-Tured (2), oppose la dernière bataille de Mag-Tured (3). Le nombre des victimes de la première bataille de Mag-Tured aurait été de cent mille, suivant le *Livre des conquêtes* (4). On trouve déjà ce chiffre dans un poème attribué à Eochaid hûa Flainn, mort en 984, qui ne connaît qu'une seule bataille de Mag-Tured, chez lequel il n'y a d'autre bataille de Mag-Tured que celle qui devint plus tard la seconde (5), et c'est dans cette unique bataille que, suivant Eochaid, auraient été tués les cent mille guerriers qui, suivant le *Livre des conquêtes*, écrit au siècle suivant, auraient péri pendant la première bataille.

Dans le *Livre des conquêtes*, les victimes de la se-

ocus Macha, iar-samain-sain
do-lâim Balair Balcbemnig.
Livre de Leinster, p. 11, col. 1, lignes 31, 32.
(1) O'Curry, *Lectures on the manuscript materials*, p. 250.
(2) Livre de Leinster, p. 9, col. 1, lignes 9, 24, 25, 36.
(3) *Ibid.*, p. 9, col. 1, ligne 51; col. 2, lignes 1-16.
(4) *Ibid.*, p. 9, col. 1, lignes 9-10.
(5) *Ibid.*, p. 10, col. 2, lignes 21, 22. Le texte du Livre de Leinster n'attribue pas ce poème à Eochaid; cette attribution se trouve dans l'édition du *Livre des Conquêtes* due à O'Clery. O'Curry, *On the manners*, t. II, p. 111.

conde bataille de Mag-Tured sont l'objet d'une énumération séparée que le dieu fomôré Indech fait à Lug, l'un des Tûatha Dê Danann.

§ 4.

Le dieu Nûadu Argat-lâm.

Le *Livre des conquêtes* met entre les deux batailles de Mag-Tured un intervalle de vingt-sept ans. C'est la conséquence des créations chronologiques dues à la science irlandaise du onzième siècle. On voulait par tous les moyens établir une concordance entre les origines irlandaises et les systèmes historiques fondés sur la Bible. Il fallait que l'histoire la plus ancienne de l'Irlande, c'est-à-dire l'époque mythologique irlandaise, espaçât ses récits de manière à couvrir le vaste intervalle qui, suivant la chronologie de saint Jérôme et de Bède, s'écoule du déluge à l'époque de saint Patrice. Le procédé employé fut de créer, avec les noms que fournissaient les vieilles traditions et avec beaucoup d'autres noms certainement imaginés à une date plus récente, des listes de rois qui ont chacun une durée de règne arbitrairement inventée.

Le règne de deux de ces rois se place entre les deux batailles de Mag-Tured, si nous en croyons le *Livre des conquêtes*. L'un est Bress mac Eladan, qui aurait eu sept ans de règne (1). L'autre est Nûadu

---

(1) Livre de Leinster, p. 9, col. 1, lignes 29, 30.

Argatlâm, ou à la main d'argent, dont le règne aurait duré vingt ans (1). Nûadu Argatlâm avait eu la main coupée à la première bataille de Mag-Tured, où il commandait en chef, avec titre de roi ; il fit remplacer la main coupée par une main d'argent dont la fabrication demanda sept ans. Sa blessure l'avait fait descendre du trône et remplacer par Bress. Quand, grâce à la main d'argent, il eut recouvré l'intégrité de ses membres, Bress dut lui rendre la couronne, et Nûadu la conserva jusqu'à la seconde bataille de Mag-Tured, où il la perdit avec la vie. Telle est la doctrine irlandaise du onzième siècle et du *Livre des conquêtes* : Nûadu n'a pas été inventé par l'auteur du *Livre des conquêtes*, c'est un personnage qui vivait dans les conceptions mythologiques des Irlandais bien antérieurement à l'époque où leurs érudits ont imaginé de distinguer deux batailles de Mag-Tured. Nous ne nous contenterons pas de constater qu'on trouve son nom dans un poème composé avant la date où la bataille de Mag-Tured se dédoubla et où, de sa légende, on forma deux batailles, ce qui arriva vers le commencement du onzième siècle (2). Nous dirons plus : Nûadu à la main d'argent, *Argatlâm*, était un dieu dont le culte en

(1) Livre de Leinster, p. 9, col. 1, ligne 31.
(2) *Ibid.*, p. 8, col. 2, ligne 13. Ce poème est attribué à saint Columba, Columb Cille. Cette indication d'auteur ne mérite aucune confiance. Mais ce n'est pas une raison pour en attribuer la composition à l'auteur du *Livre des Conquêtes*, qui l'a intercalé dans son récit. Le vers où il est question de la bataille de Mag-Tured se trouve dans le Livre de Leinster, p. 8, col. 2, ligne 15.

Irlande a précédé le moyen âge. Ce culte avait pénétré en Grande-Bretagne dès le temps de l'empire romain. Un temple lui était consacré dans le comté de Gloucester, non loin de l'embouchure de la Severn, au fond et au nord du canal de Bristol, dans cette portion occidentale de la Grande-Bretagne qui paraît avoir été occupée par une population de même race que les Irlandais pendant la domination romaine (1). Là, près de Lidney, s'élevait un temple consacré à cette divinité. Le nom de ce dieu, écrit en Irlande, au douzième siècle, au nominatif *Nùadu*, au génitif *Nùadat*, au datif *Nùadait*, apparaît au datif sous trois orthographes différentes dans trois inscriptions de ce temple romano-breton qui sont parvenues jusqu'à nous : *Nodonti, Nudente, Nodenti* (2).

Nùadu est donc un dieu qui était l'objet d'un culte antérieurement à l'époque où les Romains ont abandonné la Grande-Bretagne, événement qui remonte, comme on le sait, au commencement du cinquième siècle. Les évhéméristes irlandais du onzième siècle ont fait de lui un roi qui aurait occupé le trône à deux reprises : d'abord pendant un temps indéterminé, quand eut lieu l'invasion des Tûatha Dê Danann en Irlande (3) ; ensuite pendant vingt

---

(1) Rhys, *Early Britain, Celtic Britain*, pages 214 et suivantes.

(2) *Corpus inscriptionum latinarum*, t. VII, p. 42, nos 138, 139, 140. M. Gaidoz est le premier qui ait rapproché de l'irlandais *Nùadu, Nùadat, Nùadait*, le nom divin fourni par ces trois inscriptions.

(3) Livre de Leinster, p. 9, col. 1, lignes 23-25 ; p. 10, col. 2, ligne 51 ; p. 11, col. 1, ligne 1.

ans, depuis la guérison de la blessure qu'il avait reçue à la première bataille de Mag-Tured jusqu'à sa mort dans la seconde (1); car il est mort, dans cette littérature relativement nouvelle du onzième siècle; il fallait bien qu'il mourût, du moment où il cessait d'être dieu, comme aux temps païens, et devenait homme grâce au triomphe du christianisme.

Entre ses deux règnes, séparés l'un de l'autre par le règne de Bress, il s'est écoulé, suivant les auteurs irlandais du onzième siècle, un intervalle de sept ans; en y ajoutant les vingt ans que son second règne aurait duré, on trouve vingt-sept ans. C'est le temps qui se serait écoulé entre les deux batailles de Mag-Tured, la première où Nûadu fut, dit-on, blessé, la seconde où il aurait perdu la vie. Cette chronologie est d'invention récente, puisque, dans les textes antérieurs au onzième siècle, les deux batailles n'en font qu'une.

§ 5.

Indications sur l'époque où a été composé le récit de la première bataille de Mag-Tured.

Nous raconterons les deux batailles de Mag-Tured en nous conformant à la rédaction relativement récente qui nous en a été conservée. Le seul manus-

---

(1) Livre de Leinster, p. 9, col. 1, lignes 31, 51; p. 127, col. 1, lignes 48, 49; p. 11, col. 1, ligne 6.

crit où se trouve, à notre connaissance, le récit de la première bataille de Mag-Tured ne date que du quinzième ou du seizième siècle (1). De la seconde bataille de Mag-Tured, nous n'avons aussi qu'un manuscrit, et il ne date que du quinzième siècle (2). La rédaction primitive des deux morceaux est antérieure à leur transcription dans ces manuscrits. Mais de l'examen de ces deux pièces on doit conclure que la seconde est beaucoup plus ancienne que la première.

La première de ces compositions littéraires date d'une époque où déjà, en Irlande, des conceptions épiques nouvelles avaient sensiblement modifié le caractère primitif de la tradition celtique. Ainsi, nous avons déjà raconté que, lors de la première bataille de Mag-Tured, les Fir-Bolg demandèrent les conseils du fabuleux Fintan, doublet chrétien du celtique Tùan mac Cairill, et que des fils de Fintan auraient été tués dans la même bataille. Or, Fintan a été imaginé dans la seconde moitié du dixième siècle ; sa présence dans le récit de la première bataille de Mag-Tured donne à ce récit un caractère évident de nouveauté relative.

Le morceau épique où l'on trouve racontée la seconde bataille de Mag-Tured a un caractère beaucoup plus ancien que la pièce relative à la première de ces batailles, qui est le doublet de la seconde.

(1) Collège de la Trinité de Dublin, H. 2. 17, pages 90-99.
(2) Musée britannique, manuscrit Harleian 5280, folios 52-59.

En outre, on trouve dans le *Glossaire* de Cormac, qui date de la fin du neuvième siècle ou du commencement du dixième, un fragment du récit de cette seconde bataille. Cependant l'ordre logique des faits nous oblige à commencer par la légende de la première bataille de Mag-Tured.

§ 6.

Pourquoi fut livrée la première bataille de Mag-Tured.

Tandis que Partholon, chef de la plus ancienne des populations mythiques irlandaises, venant d'Espagne, avait débarqué au sud-ouest de l'Irlande, les Tûatha Dê Danann pénétrèrent dans l'île par l'extrémité opposée, c'est-à-dire par le nord-est. C'était un lundi, premier jour de mai, fête de Beltiné (1). Le 1er mai devait être le jour de l'arrivée des fils de Milé ou des Irlandais. Partholon avait débarqué en Irlande le 14 du même mois (2). Un nuage magique rendit d'abord les Tuatha Dê Danann invisibles; et quand, ce nuage dissipé, les Fir-Bolg commencèrent à se préoccuper de la présence de ces conquérants inattendus, les Tûatha Dê Danann avaient déjà pénétré dans le nord-ouest du Connaught et avaient

---

(1) Keating, *Histoire d'Irlande*, édit. de 1811, p. 204.
(2) *Chronicum Scotorum*, édit. Hennessy, p. 4, 14; cf. Livre de Leinster, p. 5, col. 1, ligne 8.

établi des fortifications autour de leur campement, à Mag-Rein.

D'où venaient-ils ? Ils ont prétendu, raconte un auteur, qu'ils étaient arrivés en Irlande sur les ailes du vent. La vérité, ajoute l'écrivain évhémériste, est qu'ils étaient venus par mer et sur des vaisseaux, mais qu'ils avaient détruit leurs vaisseaux aussitôt après avoir débarqué. Nous avons déjà dit que la tradition la plus ancienne les faisait arriver sans vaisseaux et descendre du ciel (1).

Les Fir-Bolg, avant de prendre une décision, voulurent savoir ce que c'était que les nouveaux venus. Ils envoyèrent un de leurs guerriers les plus grands, les plus forts et les plus braves visiter le camp de Mag-Rein et voir qui l'avait construit. Ce guerrier s'appelait Sreng. Il se mit en route. Quand il approcha du but de son voyage, les sentinelles des Tùatha Dé Danann l'aperçurent et envoyèrent au-devant de lui un de leurs guerriers nommé Breas. Sreng et Breas s'approchèrent l'un de l'autre avec grande prudence. Quand ils furent à portée de la voix, ils s'arrêtèrent, et, abrités chacun derrière son bouclier, ils restèrent quelque temps à se regarder d'un air inquiet. Enfin, Breas rompit le silence. Il prit la parole dans sa langue maternelle, qui était l'irlandais, puisque, suivant la conception de la fable chrétienne irlandaise, toutes les populations primitives de l'Irlande sont issues du même père, qui est un descen-

---

(1) Voyez plus haut, p. 142.

dant de Magog ou de Gomer, fils de Japhet. Sreng, le guerrier Fir-Bolg, fut ravi d'entendre parler irlandais le guerrier inconnu qui se présentait à lui. Les deux hommes s'approchèrent l'un de l'autre, commencèrent par se raconter leurs généalogies, puis ils examinèrent leurs armes. Sreng avait apporté avec lui deux lourdes lances sans pointe, Breas deux lances fort légères et en même temps fort aiguës. Ce détail est conforme aux données de l'ancienne littérature. Nous avons vu plus haut qu'à cette époque on ne connaissait plus en Irlande l'usage du javelot (1). Sreng suivait la nouvelle coutume nationale; Breas, l'ancienne, rétablie depuis. Un des vieux poèmes insérés dans le *Livre des conquêtes* raconte qu'au temps d'Eochaid mac Eirc, le dernier roi des Fir-Bolg, les armes n'avaient pas de pointe en Irlande. Les Tûatha Dê Danann, continue-t-il, arrivèrent avec des lances, et ils tuèrent le roi (2).

Breas, l'envoyé des Tûatha Dê Danann, n'avait jamais vu de lances pesantes et arrondies du bout comme celles que portait Sreng, l'émissaire des Fir-Bolg; et Sreng apercevait pour la première fois des lances minces et pointues comme celles dont Breas

---

(1) Chap. VI, § 6, p. 136.

(2) Livre de Leinster p. 8, col. 1, lignes 33-38. Suivant O'Curry *On the manners*, t. II, p. 237, ce poème est de Tanaidhé O'Maelchonairé, mort en 1136. La leçon donnée par O'Curry n'est pas celle du Livre de Leinster; il l'emprunte probablement au Livre de Ballymote ou au Livre de Lecan, qui nous donnent la même pièce (Livre de Ballymote, f° 16 verso, col. 2, ligne 49 et suivantes; Livre de Lecan, f° 278 recto, col. 1.

était armé. Chacun d'eux contemplait avec la même admiration l'engin meurtrier dont l'autre était muni. Ils les échangèrent. Breas prit les deux lourdes lances sans pointe du guerrier fir-bolg pour les porter aux Tùatha Dê Danann, et leur apprendre de quelles armes les Fir-Bolg se servaient dans les combats. Sreng prit les deux lances légères et pointues de Breas pour les mettre sous les yeux des Fir-Bolg et leur faire connaître les redoutables instruments de mort dont les Tùatha Dê Danann les menaçaient.

Avant de quitter Sreng, Breas lui déclara qu'il était chargé par les Tùatha Dê Danann de demander aux Fir-Bolg la moitié de l'Irlande, et que si les Fir-Bolg voulaient accepter cette proposition, les deux peuples seraient amis et se réuniraient pour repousser toute invasion nouvelle. Puis les deux guerriers s'en retournèrent chacun, Sreng à Tara, déjà capitale de l'Irlande sous la domination des Fir-Bolg, Breas dans le camp où les Tùatha Dê Danann s'étaient retranchés. Les Fir-Bolg ne se soucièrent pas d'accepter la proposition des Tùatha Dê Danann : ils pensèrent que s'ils cédaient la moitié de leur île à ces nouveaux venus, bientôt ceux-ci, encouragés par tant de faiblesse, voudraient s'emparer du tout. Ils réunirent donc une armée, et se mirent en marche pour aller attaquer les ennemis qui avaient envahi le sol de leur patrie. Pendant ce temps, les Tùatha Dê Danann examinaient les deux lances sans pointe que Breas avait reçues de Sreng et qu'il leur avait apportées comme un spécimen de l'armement des Fir-Bolg. Leur premier sentiment fut l'étonnement ; le second, la terreur. Les lances sans pointe des Fir-Bolg leur paraissaient bien plus redoutables que les lances à fer aigu dont eux-mêmes étaient armés. Ils abandonnèrent leur campement et battirent en retraite vers le sud-ouest. Les Fir-Bolg les atteignirent dans la plaine de Mag-Tured.

La légende irlandaise ne connut d'abord qu'une seule plaine de Mag-Tured : dans cette plaine s'était livrée l'unique bataille de ce nom, où les Tûatha Dé Danann vainquirent à la fois les Fir-Bolg et les Fomôré. Quand, au onzième siècle, on distingua deux batailles, la première contre les Fir-Bolg, la seconde contre les Fomôré, on ne concevait encore qu'un seul champ de bataille : c'était dans le même endroit qu'à vingt-sept ans d'intervalle, les deux batailles s'étaient livrées. Plus tard on distingua deux champs de batailles différents ; l'un au sud, dans le comté de Mayo, l'autre au nord, dans le comté de Sligo ; le premier, appelé Mag-Tured Conga, où furent, dit-on, vaincus les Fir-Bolg ; le second, appelé Mag-Tured na bFomorach, où furent vaincus les Fomôré. C'est dans les textes du dix-septième siècle que les anciennes données, déjà compliquées par une dualité chronologique qui d'une seule bataille en fait deux, séparées par vingt-sept ans d'intervalle, se compliquent plus encore par la création d'une dualité géographique : au lieu d'un champ de bataille, deux à plusieurs kilomètres de distance (1).

(1) Keating, *Histoire d'Irlande*, édition de 1811, pages 204, 206 ;

Nous avons laissé l'armée des Fir-Bolg et celle des Tùatha Dê Danann en présence dans la plaine de Mag-Tured. Les Fir-Bolg avaient à leur tête leur roi Eochaid mac Eirc ; le célèbre Nùadu Argatlâm ou à la main d'argent, qui, alors, ne portait pas encore ce surnom, et qui avait ses deux mains naturelles de chair et d'os, commandait l'armée des Tùatha Dê Danann. Il fit de nouveau porter aux Fir-Bolg la proposition que Breas leur avait déjà transmise, et insista, par conséquent, pour que les Fir-Bolg lui cédassent la moitié de l'Irlande. Le roi Eochaid mac Eirc refusa. — « Quand voulez-vous livrer bataille ? » demandèrent alors les envoyés de Nùadu. — « Il nous faut du temps, » répondirent les Fir-Bolg, « pour mettre nos lances en bon état, fourbir nos casques (1), aiguiser nos épées ; puis, nous voulons avoir des lances comme les vôtres, et vous aussi vous voudrez vous armer de lances semblables à celles dont nous nous servons. » Et il fut décidé, d'un commun accord, que cent cinq jours seraient consacrés aux préparatifs du combat.

Annales des Quatre Maîtres, édition d'O'Donovan, 1851, t. I, pages 16, 18. Voir, sur ce point, les savantes observations de M. W. M. Hennessy, dans sa préface des *Annales de Loch-Cê*, t. I, p. xxxvi-xxxix.

(1) Il n'est pas question de casques dans les textes irlandais les plus anciens.

§ 7.

Récit de la première bataille de Mag-Tured. Résultat de cette bataille.

La bataille commença le premier jour de la sixième semaine de l'été, c'est-à-dire le 5 juin. Il fut convenu entre les chefs des deux armées qu'il n'y aurait pas d'engagement général, et qu'on mettrait en présence tous les jours un nombre déterminé de guerriers, qui serait égal des deux côtés. De là plusieurs combats successifs où les Tùatha Dê Danann eurent l'avantage. Cela dura quatre jours. Les Tùatha Dê Danann furent définitivement les plus forts. Les Fir-Bolg perdirent même leur roi, qui, ayant quitté le champ de bataille pour aller se désaltérer à une source, fut poursuivi par un parti de Tùatha Dê Danann que commandaient les trois fils de Némed. Cent gardes qui l'accompagnaient ne purent lui sauver la vie. Sa mort a été chantée au douzième siècle (1), au onzième (2), et peut-être même plus anciennement, par des poèmes irlandais qui nous ont été conservés (3). Comme

---

(1) Poème de Tanaidé O'Maelchonairé, mort en 1136, Livre de Leinster, p. 8, col. 1, lignes 33-40. Cf. O'Curry, *On the manners*, t. II, p. 237.

(2) Poème de Gilla Coemain, dans le Livre de Leinster, p. 127, col. 1, lignes 46-47.

(3) Poème attribué à Columb Cille, Livre de Leinster, p. 8, col. 1, lignes 33-40, lignes 47 et suivantes.

jusqu'à cette époque, les lances des Fir-Bolg n'étaient pas armées de pointes, il fut, dit-on, le premier roi auquel en Irlande une pointe de lance ôta la vie (1). Les vainqueurs enterrèrent Eochaid dans l'endroit même où il était tombé; ils élevèrent sur la fosse un grand amas de pierres, ou *carn*, que l'on prétend avoir retrouvé, et qu'on montre encore aujourd'hui.

Après ces quatre jours de combats où ils avaient eu le dessous, les Fir-Bolg proposèrent aux Tùatha Dê Danann de terminer par une petite bataille à laquelle auraient pris part trois cents hommes de chaque côté; et l'issue de cette lutte finale aurait décidé qui des deux peuples devait rester maître de l'Irlande. Mais les Tùatha Dê Danann offrirent aux Fir-Bolg la paix et la province de Connaught. Ceux-ci acceptèrent, abandonnèrent aux Tùatha Dê Danann Tara leur capitale et le reste de l'Irlande, sauf la province de Connaught où ils se réfugièrent; et au dix-septième siècle Duald mac Firbis, célèbre généalogiste irlandais, trouvait encore dans le Connaught des familles irlandaises, qui par une longue suite d'ancêtres, prétendaient remonter aux Fir-Bolg établis dans cette province à la suite de la première bataille de Mag-Tured (2).

(1)   Is-se sin cet-rî de-rind
         rogâet in-inis fînd Fâil.
             Livre de Leinster, p. 8, col. 1, lignes 47, 48.
      È-sin cêt-rî do rind
         rogaet ar-tûs in-hErind.
             Livre de Leinster, p. 127, col. 1, ligne 47.

(2) Sur la première bataille de Mag-Tured, voyez O'Curry, *On the*

Nous n'avons pas à nous prononcer ici sur la valeur de ces prétentions nobiliaires. Mais la vérité semble être que les Fir-Bolg sont une population qui a réellement existé. Fir-Bolg, dans les récits modernes, est une formule abrégée pour désigner les trois peuples des Fir-Bolg, des Fir-Domnann et des Galiôin, dont le second était le plus important. Ayant disputé le sol de l'Irlande à la race irlandaise moderne, c'est-à-dire au rameau le plus occidental de la race celtique, qu'ils précédèrent dans cette contrée, ces peuples furent associés par la légende mythologique aux dieux méchants, aux dieux de la nuit et de la mort, qui, sous le nom de Fomôré, sont les adversaires des dieux bons, des dieux de la lumière et de la vie, connus sous le nom de Tùatha Dê Danann. Ceux-ci sont vainqueurs dans la bataille de Mag-Tured, d'abord unique, mais dont on a fait ensuite deux batailles. Nous avons terminé le récit de la première, nous arriverons bientôt à la seconde.

manners, t. II, p. 235-239 ; *Lectures on the mss. materials*, pages 244-246.

CHAPITRE VIII.

ÉMIGRATION DES TÙATHA DÊ DANANN (suite). SECONDE BATAILLE DE MAG-TURED.

§ 1. Règne de Bress. Sa durée. — § 2. Règne de Bress. Avarice de ce prince. — § 3. Le *file* Corpré. Fin du règne de Bress. — § 4. Guerre des Fomôré contre les Tùatha Dé Danann. Les guerriers fomôré Balar et Indech. — § 5. Arrivée de Lug chez les Tùatha Dé Danann à Tara. — § 6. Revue des gens de métier par Lug. — § 7. Seconde bataille de Mag-Tured. Fabrication des javelots. — § 8. L'espion Rûadan. — § 9. Seconde bataille de Mag-Tured (*suite*). Blessure d'Ogmé et de Nûadu. — § 10. Seconde bataille de Mag-Tured (*suite et fin*). Mort de Balar. Défaite des Fomôré. L'épée de Téthra tombe entre les mains d'Ogmé. — § 11. La harpe de Dagdé. — § 12. Les Fomôré et Téthra dans l'île des Morts. — § 13. Le corbeau et la femme de Téthra.

§ 1.

Règne de Bress. Sa durée.

La légende primitive ne fait pas livrer bataille par les Tùatha Dé Danann immédiatement après leur arrivée. Au début, il y a entre eux et les Fomôré, ou dieux de Domna, c'est-à-dire entre eux et les chefs de la population mythique qui les a précédés dans l'île, un arrangement qui leur fait accepter la suprématie du prince investi de la royauté au moment de leur arrivée. Ce prince, Bress, fils du Fomôré Elatha (1), est un tyran comme toute sa race (2). Bress régna, dit-on, sept ans (3); mais il est clair que ce chiffre est une des inventions chronologiques dues aux savants irlandais du onzième siècle (4).

Au onzième siècle, on disait aussi que la raison qui l'avait fait accepter pour roi par les Tûatha Dê Danann était que leur roi Nûadu, ayant perdu la main dans la première bataille de Mag-Tured, se trouvait, par l'effet de cette mutilation, incapable de rester sur le

(1) Des généalogies relativement modernes donnent pour père à Elatha, Neit, dieu de la guerre : « Neith idon dia catha la-géntib Gaedel. » Glossaire de Cormac, dans le *Leabhar Breac*, p. 269, col. 2, ligne 35. La bonne orthographe est *Neit* sans *th*, comme l'a corrigé avec raison M. Whitley Stokes, *Sanas Chormaic*, p. 122; et, mieux encore, *Néit* avec un accent sur l'*e*, *ibid.*, p. 39. Neit est classé parmi les Tûatha Dê Danann par le *Livre des Conquêtes*, dans le Livre de Leinster, p. 10, col. 1, lignes 2-11. Cette doctrine est empruntée à Flann Manistrech, mort en 1056. Livre de Leinster, p. 11, col. 2, lignes 18, 19.

(2) Il ne faut pas confondre Bress avec Breas, envoyé par les Tûatha Dê Danann à la rencontre de Sreng, avant la première bataille de Mag-Tured. Breas fut tué dans cette bataille. O'Curry, *On the manners*, t. II, p. 239.

(3) *Livre des conquêtes*, dans le Livre de Leinster, p. 9, col. 1, lignes 29, 30.

(4) La plus ancienne mention de cette date se trouve, à notre connaissance, dans le poème chronologique de Gilla Coemain, mort en 1072. Livre de Leinster p. 127, col. 1, lignes 50, 51.

trône. Il était de principe, en Irlande, que tout roi dont le corps était défiguré par une mutilation grave devait être déposé. Il fallut sept ans à Dian-Cecht, le médecin des Tùatha Dè Danann, et à Creidné, leur ouvrier en bronze, pour fabriquer la main nouvelle qui fit cesser la difformité de Nùadu et lui permit de remonter sur le trône. Alors Bress en descendit, et Nùadu y resta vingt ans; puis il fut tué à la seconde bataille de Mag-Tured. Mais ces données chronologiques sont étrangères à la légende primitive. Dans cette légende, il n'y avait pas de dates d'années : ne connaissant pas la première bataille de Mag-Tured, la tradition mythologique faisait perdre la main à Nùadu dans la bataille de Mag-Tured, qu'on a depuis appelée la seconde; elle ne mettait pas d'intervalle entre la fin du règne de Bress et la bataille de Mag-Tured, dite depuis la seconde, qui est amenée par la vengeance impuissante de Bress détrôné.

§ 2.

Règne de Bress. Avarice de ce prince.

Bress était d'une avarice excessive, exigeant des impôts exorbitants et ne donnant rien. On raconte, par exemple, qu'il prétendait s'attribuer le lait de toutes les vaches brunes sans poil. De prime-abord, il semble que, les vaches de cette catégorie étant peu nombreuses, un pareil impôt n'avait rien d'exagéré; mais Bress, ayant fait allumer un grand feu de fougère, voulut faire passer dans ce feu toutes les vaches de Munster, qui, de cette façon, auraient rempli les conditions du programme de l'impôt et dont le lait serait devenu propriété royale (1).

Ce qui mécontenta surtout, c'était la mauvaise réception qu'on trouvait chez lui. La vieille Irlande a toujours vécu en festins : festins chez les chefs qui donnaient l'hospitalité à leurs vassaux, festins chez les vassaux que leurs chefs honoraient de fréquentes visites. Mais quand les sujets de Bress sortaient du palais de leur souverain, ils n'avaient pas, dit-on, de tache de graisse à leurs couteaux; et quelqu'un qui n'aurait pas aimé l'odeur de la bière aurait pu s'approcher d'eux sans crainte d'être incommodé par leur haleine. L'excessive frugalité des repas offerts par Bress à ses invités n'était pas compensée par les amusements que leur esprit pouvait trouver dans son palais. Aux assemblées tenues chez lui on n'entendait jamais un *file* raconter une histoire ou chanter un poème. Jamais un auteur de compositions satiriques n'y venait égayer l'auditoire; jamais on n'y entendait le son de la harpe, de la flûte ou de la trompette; jamais un jongleur ou un bouffon n'y était appelé par le roi pour distraire les tristes assistants. Si Bress eût demandé le concours des *file*, des musiciens, des jongleurs et des bouffons, il aurait été obligé de leur donner un salaire; c'est ce

---

(1) *Dinn-senchus*, dans le Livre de Leinster, p. 169, col. 1; p. 214, col. 2.

qu'avant tout sa sordide lésinerie voulait éviter. Enfin Bress était Fomôré, et, comme tel, ennemi des lettres et des arts, des lettrés et des artistes. Les lettres et les arts sont une création des Tùatha Dê Danann, dieux du jour et de la vie. Les Fomôré sont les dieux de l'ignorance comme de la mort et de la nuit.

§ 3.

Le file *Corpré. Fin du règne de Bress.*

Un soir, cependant, un *file* se rendit à la cour : c'était Corpré, dont la mère Etan (1) était elle-même une femme de lettres (2). Il était de la race des Tùatha Dê Danann. Le roi lui fit donner une petite chambre sans lumière ni feu, où il n'y avait d'autre mobilier qu'une petite table sur laquelle, après une longue attente, on lui servit trois pains secs. Corpré se vengea par une satire en quatre vers :

    Point de mets sur plats rapides,
  Point de lait de vache pour faire grandir les veaux ;

(1) *Glossaire* de Cormac, aux mots *Cernine* et *Riss*. Whitley Stokes, *Three irish glossaries*, p. 11, 39, cf. 43, 44 ; *Sanas Chormaic*, p. 37, 144, cf. 159. Poème attribué à Eochaid hùa Flainn, dans le Livre de Leinster, p. 10, col. 2, ligne 33.

(2) *Etan*, en moyen irlandais *Edan*, est à la fois le nom d'une déesse et celui d'une composition poétique. « Edan, ingen Dian-Cêcht, banliccerd, de cujus nomine dicitur edan idon aircedul. » Glossaire de Cormac, dans le *Leabhar Breac*, p. 267, col. 1, lignes 5, 6. Whitley Stokes, *Three irish glossaries*, p. 19 ; *Sanas Chormaic*, p. 67, a corrigé avec raison *Etan*.

Point d'asile pour l'homme qui s'égare dans les ténèbres ;
Point de salaire pour la troupe de conteurs d'histoires : que telle soit la prospérité de Bress (1) !

Ce fut, dit-on, la première satire qui ait été composée en Irlande (2). On sait la puissance magique que les satires des *file* exerçaient sur l'esprit du peuple. Celle-ci mit fin au règne de Bress ; les Tùatha Dê Danann opprimés se soulevèrent, et, sans essayer de résistance, Bress prit la fuite, abandonnant à Nùadu le trône et Tara, alors, comme à l'époque héroïque, capitale de l'Irlande. Ce fut ainsi que la science des *file* remporta sa première victoire.

§ 4.

Guerre des Fomôré contre les Tùatha Dé Danann — Les guerriers fomôré Balar et Indech.

Bress alla chercher asile chez Elatha son père, qui le reçut très froidement, paraissant croire que ce sort était mérité. Cependant il lui fournit des troupes pour reconquérir son trône et le recommanda à deux puissants chefs des Fomôré. Le premier était

---

(1) Voir plus haut, t. I, p. 260.
(2) Is-i-sein cêt-áer doronad in-Érinn. Commentaire de l'*Amra Choluim Chilli*, dans le *Leabhar na-hUidhre*, p. 8, col. 1, lignes 27, 28. Cf. O'Beirne Crowe, *The Amra Choluim Chilli*, p. 26, et Livre jaune de Lecan, manuscrit H. 2. 16 du Collège de la Trinité de Dublin, col. 805.

Balar, dit aux coups puissants, en irlandais *balc-beimnech*. Chose remarquable, des deux yeux de ce redoutable guerrier, l'un, habituellement fermé, ne pouvait s'ouvrir sans jeter la mort sur les malheureux que son regard atteignait. Le second chef des Fomôré était Indech, que le *Livre des conquêtes* appelle, dans un endroit, fils du dieu de Domna (1), c'est-à-dire du dieu qu'auraient adoré les Fir-Domnann, la principale des trois races historiques qui ont précédé en Irlande la race dominante connue sous les noms de Gôidels, Scots ou *Féné*.

On se rappelle que les trois races préceltiques, dominées depuis par les Gôidels, Scots ou *Féné*, c'est-à-dire par les Celtes occidentaux, nouveau venus et conquérants, sont : les Fir-Bolg, les Fir-Domnann et les Galiôin ; mais, pour abréger, on désigne l'ensemble de ces trois peuples, ou par le mot composé *Fir-Bolg*, ou par le mot composé *Fir-Domnann*, « hommes de Domna ». Indech est appelé, dans le *Livre des conquêtes*, fils du dieu de cette population, *mac Dé Domnann*, « fils du dieu de Domna. » Dans le même document, quelques lignes plus haut, on lit qu'Indech est fils du dieu, roi des Fomôré (2). Nous verrons plus loin que le roi des Fomôré s'appelait Téthra. Mais le point sur lequel nous voulons appeler l'attention est que, dans l'idée irlandaise, les Fomôré, dieux

---

(1) Livre de Leinster, p. 9, col. 2, lignes 9, 10.
(2) « La-hIndech mac de ríg na-Fomorach. » Livre de Leinster, p. 9, col. 2, lignes 3, 4.

méchants, adversaires mythiques des dieux bons, sont associés aux populations historiques qui, ayant précédé les Irlandais dans leur île ou la race celtique en Irlande, sont pour cette race des ennemis héréditaires. Le même phénomène, avons-nous dit déjà, s'observe dans l'Inde, où les *Dasyu* sont à la fois et les démons adversaires mythiques des dieux, et les ennemis humains, les adversaires historiques à peau brune ou noire, du peuple blanc qui chantait les hymnes védiques (1).

§ 5.

Arrivée de Lug chez les Tùatha Dê Danann à Tara.

Les Fomôré firent leurs préparatifs pour reconquérir l'Irlande. Les Tùatha Dê Danann étaient en mesure de leur opposer une vigoureuse résistance. Un de leurs principaux guerriers fut Lug, fils d'Ethniu. Ethniu, sa mère, était fille de Balar, le plus terrible des chefs des Fomôré (2); mais Lug, par son père

---

(1) Max Duncker, *Geschichte des Alterthums*, tome III, p. 8, 9.

(2) Lug est appelé *mac Eithne* dans un poème attribué à Eochaid ùa Flainn, poète du dixième siècle : Livre de Leinster, p. 10, col. ?, ligne 31 ; il est surnommé *mac Eithlend* dans un poème probablement de la même époque, que l'on prétend avoir été écrit par Columb Cille (Livre de Leinster, p. 8, col. 2, ligne 14); et dans un quatrain anonyme (*ibid.*, p. 10, col. 1, ligne 10). Le premier de ces documents suppose un nominatif *Etan*, au génitif *Ethne*, non *Ethnend*, écrit avec *l* pour *n* dans les deux autres et dans des textes plus récents. C'est le *Livre des Conquêtes* qui nous apprend qu'Ethniu était fille de Balar : Livre de Leinster, p. 9, col. 1, lignes 44, 45.

appelé Cîan par les uns, Dagdé par les autres, appartenait aux Tùatha Dê Danann (1). Par son éducation, il appartenait à leurs ennemis. Son père, suivant l'usage irlandais, qui était de confier les jeunes enfants à des mains étrangères, avait choisi, pour élever son fils, Tâltiu, fille de Magmôr et femme d'Eochaid mac Eirc, dernier roi des Fir-Bolg, dit aussi Mac Duach (2), que nous avons vu tué par les Tùatha Dê Danann. Mais Lug se rappela son père; ce fut dans les rangs des Tùatha Dê Danann qu'il résolut de combattre. Il se rendit à Tara, capitale de l'Irlande, où Nùadu, roi des Tùatha Dê Danann, avait pris la place de Bress fugitif et organisait la résistance à l'invasion dont le menaçaient

(1) Cîan, père de Lug, aurait été fils de Dîan-Cecht, si nous en croyons le *Livre des Conquêtes*, onzième siècle : Livre de Leinster, p. 9, col. 1, lignes 43, 44; p. 10, col. 1, lignes 2. 3. C'est à peu près la doctrine de Gilla Coemain, auteur du onzième siècle, dans son poème chronologique (Livre de Leinster, p. 127, col. 2, lignes 1, 2), où l'on voit que Lug était petit-fils de Dian-Cecht. Suivant un des quatrains de ce poème, Lug régna quarante ans, et Mac Cuill donna la mort au petit-fils de Dian-Cecht; or ce petit-fils de Dian-Cecht était bien Lug, car nous lisons dans un poème de Flànn Manistrech, qui, comme Gilla Coemain, écrivait au onzième siècle, que Lug fut tué par Mac Cuill (Livre de Leinster, p. 11, col. 2, ligne 7). Mais une composition d'Urard mac Coisi, auteur du dixième siècle, fait de Lug le fils de Dagdé. Voir notre tome I, p. 285, 286. Il paraît que Cîan a été un synonyme de Dagdé. *Cîan*, employé comme adjectif, veut dire « lointain, » et *Dagdé* signifie « bon dieu. »

(2) Poème attribué à Columb Cille, Livre de Leinster, p. 8, col. 2, lignes 26, 27; *Livre des Conquêtes*, p. 9, col. 2, lignes 34 et suivantes. Nous avons expliqué plus haut, p. 137, comment Magmôr, dont elle est fille, et dont on a fait un roi d'Espagne, est le pays des morts.

Balar aux coups puissants et Indech, fils du dieu de Domna ou du dieu roi des Fomôré.

Quand Lug se présenta à la porte de Tara, le portier l'arrêta. « Qui êtes-vous ? » lui demanda-t-il. « Je suis charpentier, » répondit Lug. « Nous n'avons pas besoin de charpentier, » répliqua le portier, « car nous en avons un très bon : c'est Luchta, fils de Luchaid. » — « Mais, » reprit Lug, « je suis un excellent forgeron. » — « Nous n'avons pas besoin de forgeron, » répondit le portier, « car nous en avons déjà un bon : c'est Colum Cuaellemeach. » Lug insista. « Je suis champion ou guerrier de profession, » dit-il. « Nous n'avons pas besoin de champion, » répliqua le portier, « puisque nous en avons un, qui est Ogmé (1), fils d'Ethniu, » — l'Ogmios gaulois, sur lequel Lucien, au second siècle de notre ère, a écrit une intéressante étude. — « Bien, » reprit Lug, « mais je suis harpiste. » — « Nous n'avons pas besoin de harpiste, » répondit le portier, « puisque nous en avons un excellent, qui est Abcan, fils de Becelmas. » Lug ne se décourageait pas. « Je suis *file* et historien, » dit-il. « Nous n'avons que faire de gens de ce métier-là, » répondit le portier ; « nous avons un homme qui est un maître accompli en poésie et en histoire : c'est En, fils d'Ethoman. » Mais Lug n'en avait pas fini avec l'énumération des nombreuses ressources qu'offraient ses multiples facultés. « Je suis sorcier, » dit-il. « Nous

---

(1) En moyen irlandais, *Ogma.*

n'avons pas besoin de sorcier, » répondit le portier,
« car nous avons beaucoup de druides parmi nous. »
— « Soit, » reprit Lug; « je suis médecin. » —
« Nous n'avons pas besoin de médecin, » répondit
le portier, « car nous en avons un excellent : c'est
Dîan-Cecht. » — « Eh bien, je suis bon échanson. »
— « Nous n'avons pas besoin d'échanson, » répliqua le portier, « il y en a déjà neuf chez nous. » —
« Eh bien, » dit Lug, « je suis un excellent ouvrier
en bronze. » — « Nous n'avons que faire d'ouvriers
en bronze, » répondit le portier, « puisque nous
avons chez nous le fameux Creidné. » — C'était
Creidné qui, avec Dian-Cecht, avait remplacé par une
main artificielle la main que Nùadu, roi des Tùatha
Dê Danann, avait perdue en combattant les Fir-Bolg.

Mais toutes ces offres de Lug n'étaient qu'un
prélude à l'offre définitive qu'il allait adresser au
roi des Tùatha Dê Danann. — « Allez, » dit-il au
portier de Tara, « allez trouver votre maître, énumérez-lui les métiers divers dont je viens de vous
parler, et demandez-lui si parmi les compagnons de
guerre qui l'entourent, il en peut trouver un qui
connaisse et sache pratiquer comme moi toutes ces
professions. » Le portier transmit ce message au roi,
et le roi lui ordonna de faire entrer Lug, qui fut
proclamé *ollam* ou docteur suprême des sciences (1),

___

(1) Ce récit est compris dans la légende de la seconde bataille de
Mag-Tured, British Museum, manuscrit Harleian 5280, folios 52 et
suivants. Nous le reproduisons d'après la traduction qu'en a donnée
O'Curry : *On the manners*, t. III, p. 42-43.

et reçut le surnom de « prince aux sciences multiples, » *sabd il-dânach* (1). Lug n'est autre chose que le dieu gaulois qui, suivant César, avait inventé tous les arts : *omnium inventorem artium*. César l'appelle Mercure, conformément au système qui lui fait donner des noms latins à tous les dieux gaulois (2). Mais le nom celtique de ce dieu paraît dans deux inscriptions romaines de la période impériale, l'une de Suisse, l'autre d'Espagne (3), et il a fourni en Gaule le premier terme d'un nom porté par plusieurs villes dont la principale est Lyon, *Lugu-dunum* puis *Lug-dunum*.

§ 6.

Revue des gens de métiers par Lug.

Quand il fut question d'organiser l'armée qui devait combattre les Fomôré, Lug fut chargé avec Dagdé d'indiquer aux hommes des différents corps de métiers quelle fonction ils auraient à remplir dans le

---

(1) Ce surnom de Lug ne se trouve pas seulement dans le texte cité dans la note précédente : il est donné au même personnage divin dans la composition d'Urard mac Coisi, intitulée *Orgain Maelmilscothaig* (Bibliothèque bodléienne d'Oxford, manuscrit Rawlinson B. 512, folio 110 recto, colonne 1), où le mot *Lug*, développé au moyen d'un suffixe, devient *Lugaid*, au génitif *Lugdach*. Sur le sens du mot *sabd* ou *sab*, voyez *Grammatica celtica*, 2ᵉ édition, p. 255, 258.

(2) *De bello gallico*, livre VI, chap. XVII, § 1.

(3) Mommsen, *Inscriptiones Confœderationis helveticæ*, n° 161 ; *Corpus inscriptionum latinarum*, t. II, n° 2818.

combat. Lug et Dagdé appelèrent devant eux les forgerons, les ouvriers en bronze, les charpentiers, les médecins, les sorciers, les échansons, les druides, les *file*, et convinrent avec chacun de ce que chacun devait faire pendant la bataille qui allait se livrer contre les Fomôré (1).

Le premier des hommes de métier qui se rendirent à l'invitation de Dagdé et de Lug fut Goibniu le forgeron. « Quel concours pourrez-vous nous donner? » lui demanda Lug. — « Je ferai, » répondit Goibniu, « les nouvelles armes dont on aura besoin ;
» quand la bataille durerait sept ans, on peut compter
» sur moi pour remplacer les lances dont le fer se
» séparera de la hampe et les épées qui se briseront.
» Avec les lances fabriquées par moi, jamais un
» guerrier ne manque son coup, et la chair que ce
» coup atteint cesse pour jamais de jouir des dou-
» ceurs de la vie. Dub, le forgeron des Fomôré, n'en
» peut pas dire autant. »

Après Goibniu le forgeron vint le tour de Creidné, l'ouvrier en bronze. — « Et vous, Creidné, » demanda Lug, « quel service nous rendrez-vous? » — « Je fabriquerai, » répondit Creidné, « pour tous
» les hommes de notre armée, les rivets qui fixent
» aux hampes les pointes des lances. Je fabriquerai
» la poignée des épées, la saillie centrale, ou *umbo*,
» et la bordure des boucliers dont nos guerriers
» auront besoin. »

(1) Manuscrit du British Museum, Harleian 5280, analysé par O'Curry, *Lectures on the manuscript materials*, p. 249.

Après Creidné, Lug passa à Luchtiné le charpentier. — « Et vous, Luchtiné, » lui demanda-t-il, « quelle aide nous donnerez-vous? » — « Je fournirai, » répondit Luchtiné, « autant de boucliers et de hampes de lances qu'il en faudra (1). »

Les autres gens de métier se présentèrent ensuite ; chacun fut interrogé ; le rôle de chacun, pendant l'action, fut déterminé par Lug.

§ 7.

Seconde bataille de Mag-Tured. Fabrication des javelots.

La bataille commença le 1ᵉʳ novembre, fête de Samain, premier jour de l'hiver celtique (2). On se rappelle que les Tùatha Dê Danann, étaient arrivés le 1ᵉʳ mai, fête de Beltiné, premier jour de l'été.

Les Tùatha Dê Danann étaient commandés par leur roi Nùadu, les Fomôré avaient pour roi Téthra, qui ne joua qu'un rôle secondaire dans cette bataille célèbre. Elle dura plusieurs jours. A leur grand étonnement, les Fomôré virent que les armes des Tùatha Dê Danann étaient toujours en parfait état, tandis que les leurs, dès la première journée,

---

(1) British Museum, manuscrit Harléien 5280 ; O'Curry, *On the manners*, t. II, p. 248-249.

(2) *Iar Samain sain*, poème de Flann Manistrech, mort en 1056, Livre de Leinster, p. 11, col. 1, ligne 32. Cf. O'Curry, *Lectures on the manuscript materials*, p. 250.

se trouvaient déjà en grande partie hors de service. C'est que Goibniu le forgeron, Creidné l'ouvrier en bronze, Luchtiné le charpentier remplaçaient, chez les Tùatha Dê Danann, les armes que la lutte avait détruites ou gravement détériorées. En trois coups, Goibniu, à sa forge, fabriquait un fer de lance, et le dernier coup la rendait parfaite. En trois coups, Luchtiné faisait une hampe de lance et le troisième coup lui donnait la perfection. Des mains de Creidné, l'ouvrier en bronze, les rivets sortaient avec la même rapidité et le même fini. Quand Goibniu avait terminé un fer de lance, il le saisissait dans une pince, et de cette pince le lançait dans le jambage de la porte, où le fer se fixait par la pointe, la douille en avant. Alors Luchtiné le charpentier lançait une hampe dans la douille et son coup était si sûr et si vigoureux que la hampe, atteignant la douille, pénétrait jusqu'au fond. Aussitôt Creidné, l'ouvrier en bronze, qui tenait dans sa pince les rivets terminés, les lançait sur le fer de lance : le mouvement était si juste et si puissant que les rivets, sans manquer jamais d'atteindre les trous ménagés dans le fer par le forgeron, pénétraient dans le bois à la profondeur voulue; ainsi, en un instant, et sans qu'il fût besoin de retouche, l'arme était achevée et pouvait être livrée au guerrier qui en avait besoin (1).

(1) *Glossaire* de Cormac, au mot *Nescoit*. Whitley Stokes, *Three irish glossaries*, p. 32 ; *Sanas Chormaic*, p. 123. Les mêmes détails se trouvent dans le récit de la seconde bataille de Mag-Tured, conservé par le manuscrit Harléien 5280 du British Museum. O'Curry.

Grâce à la merveilleuse organisation de la fabrique d'armes, ainsi conduite par Goibniu, Luchtiné et Creidné, les Tùatha Dê Danann eurent bientôt sur les Fomôré une grande supériorité. Les Fomôré n'en comprenaient point la cause. Pour la découvrir, ils eurent recours à l'espionnage.

§ 8.

L'espion Rûadan.

Bress, le roi détrôné d'Irlande, qui voulait recouvrer sa couronne, avait un fils, nommé Rûadan, qui aurait pu, presque au même titre, se placer dans les rangs de l'une ou de l'autre des deux armées belligérantes : Brig[it], mère de Rûadan, était fille de Dagdé, l'un des chefs principaux des Tùatha Dê Danann, dont Bress, Fomôré de naissance, était le plus ardent ennemi (1).

Cette parenté n'a rien qui doive nous surprendre. Bress, Fomôré, est le gendre de Dagdé, l'un des chefs des Tùatha Dê Danann. Nous avons déjà vu que Lug, un autre des chefs des Tùatha Dê Danann, est, par sa mère, petit-fils de Balar, un des chefs

---

On the manners, t. II, p. 249. C'est une des raisons que nous avons pour faire remonter le récit de la seconde bataille de Mag-Tured beaucoup plus haut que l'écriture du manuscrit Harléien, qui ne date que du quinzième siècle.

(1) O'Curry, *On the manners*, t. II, p. 250.

des Fomôré. De même Brian, Iuchar et Iucharba, trois personnages que des textes appellent les trois dieux du génie ou de Dana, *tri déi Dana*, *tri dée Donand* (1), c'est-à-dire les trois chefs principaux des Tùatha Dê Danann, sont fils du Fomôré Bress, et c'est seulement par leur mère Brigit, fille de Dagdé, qu'ils appartiennent aux Tùatha Dê Danann (2). Ainsi, lorsque la mythologie grecque nous raconte le combat des dieux et des Titans, elle met à la tête de l'armée des dieux Zeus, dont le père, Kronos, marche à la tête des Titans, et doit être avec eux vaincu par son fils.

Rûadan, un des guerriers fomôré, était frère germain de Brian, Iuchar et Iucharba, que la mythologie irlandaise classe parmi les Tùatha Dê Danann. Il était, par sa mère, petit-fils de Dagdé, que nous avons vu chargé avec Lug de l'organisation de l'armée des Tùatha Dê Danann. Envoyé par les Fomôré au camp des Tùatha Dê Danann, Rûadan fut bien accueilli par ces derniers, et en profita pour aller visiter la fabrique d'armes où travaillaient avec tant d'adresse Goibniu le forgeron, Luchtiné le charpentier, Creidné l'ouvrier en bronze. Il observa par quel procédé ces trois ouvriers confectionnaient les armes dont les Fomôré avaient senti pendant le combat le redoutable effet. Puis il sortit du camp des Tùatha Dê Danann, regagna celui des Fomôré,

---

(1) Voir notre tome I, p. 283, note 2.
(2) *Ibid.*, page 57, note 4.

et leur raconta ce qu'il avait vu. Les Fomôré le renvoyèrent chez les Tùatha Dê Danann avec ordre de tuer Goibniu le forgeron, dans l'espérance qu'à la prochaine bataille les Tùatha Dê Danann ne pourraient remplacer les armes brisées ou perdues. Rûadan fut reçu comme la première fois dans le camp des Tùatha Dê Danann, et alla demander aux trois ouvriers une lance qu'ils lui donnèrent, après avoir fabriqué, Goibniu le fer, Creidné les rivets, Luchtiné la hampe. Une femme, dont le métier était d'aiguiser les armes quand elles sortaient des mains de ces habiles ouvriers, lui aiguisa sa lance, puis la lui livra. Aussitôt Rûadan retourna à la forge et frappa le forgeron de l'arme même que celui-ci lui avait donnée. Le forgeron fut blessé, mais eut assez de force pour saisir la lance et la retourner contre Rûadan ; il le perça de part en part et le tua.

§ 9.

Seconde bataille de Mag-Tured (suite). *Blessures d'Ogmé et de Nûadu.*

La bataille recommença. Plusieurs guerriers de l'armée des Tùatha Dê Danann y reçurent des blessures que les textes du onzième siècle transforment en coups mortels. On cite surtout les exploits de deux guerriers fomôré dont nous avons déjà parlé. L'un était Indech, fils du dieu de Domna ou du roi des Fomôré ; il frappa Ogmé (1), l'Ogmios gaulois de Lucien. L'autre, et le plus redoutable, était Balar aux coups vigoureux, *Balcbeimnech;* Balar atteignit Nuadu Argat-lâm « à la main d'argent, » roi des Tùatha Dê Danann, qui, si nous acceptons la forme moderne de la légende, avait perdu sa main naturelle vingt-sept ans plus tôt, à la première bataille de Mag-Tured, en combattant les Fir-Bolg. La légende, dans sa forme la plus ancienne, ne connaît qu'une seule bataille de Mag-Tured. Nùadu perdait sans doute la main au commencement de cette bataille, se la faisait remplacer, revenait se précipiter au milieu des bataillons ennemis, et là recevait une nouvelle blessure qui aurait été mortelle si un dieu avait pu mourir, et qui n'amena sa mort qu'aux temps chrétiens (2), quand la légende évhémériste abaissa au rang des hommes les merveilleux immortels adorés par les païens.

La blessure si grave qui atteignit Nûadu, lorsque, pour la seconde fois, il fut frappé, ne provenait ni d'un coup de lance ni d'un coup d'épée. Balar avait un mauvais œil. Il le tenait ordinairement fermé ; mais quand il l'ouvrait, le regard de cet œil était mortel pour toute personne qu'il atteignait. Ce re-

---

(1) *Lebar gabala*, ou « Livre des conquêtes » dit aussi « des invasions, » dans le Livre de Leinster, p. 9, col. 2, lignes 3, 4, 9, 10. Poème de Flann Manistrech, p. 11, col. 1, ligne 33.

(2) Poème de Flann Manistrech, Livre de Leinster, p. 11, col. 1, lignes 31-32.

gard, c'est la foudre (1). Balar, le Fomôré, jeta donc sur Nûadu, le roi des Tûatha Dé Danann, un regard de son mauvais œil, Nûadu fut terrassé, mis hors de combat ; il mourut même, dit-on, autant qu'un dieu peut mourir, ce qui ne l'empêchait pas d'être un dieu vivant aux temps historiques, et de recevoir, sous l'empire romain, aux temps païens, les hommages de pieux fidèles dans un temple bâti sur les bords de la Severn (2).

Les dieux homériques, bien qu'immortels, ne sont pas invulnérables. Ce n'est pas impunément qu'Aphrodite et Arès, se mêlant aux troupes des Troyens, affrontent, sous les murs d'Ilion assiégée par les Grecs, la lance redoutable dont est armé Diomède, le dompteur de chevaux. Quoique fille de Zeus, dieu suprême, Aphrodite est blessée à la main, son sang coule ; elle jette un grand cri, et, souffrant de violentes douleurs, elle s'enfuit vers l'Olympe, séjour des dieux (3). La place de cette déesse n'était pas au milieu des combats, mais c'était bien le lot d'Arès, dieu de la guerre. Et cependant la lance de Diomède atteignit Arès à la ceinture ; le dieu blessé jeta un cri comparable à celui qu'auraient poussé neuf ou dix mille hommes réunis, et, imitant la fuite de la déesse de l'amour, le dieu de la guerre se réfugia dans l'Olympe, où Zeus, juste et bon, après l'avoir

---

(1) Nous trouvons une doctrine identique chez M. J. Darmesteter, *Ormazd et Ahriman*, p. 122, 123. C'est le soleil qui est le bon œil.
(2) Voir plus haut, p. 155.
(3) *Iliade*, livre V, vers 334 et suivants.

sévèrement réprimandé, fit panser et guérir sa blessure (1).

Il y a donc, ici comme ailleurs, une grande ressemblance entre la mythologie irlandaise et la mythologie grecque. Mais revenons sur le champ de bataille de Mag-Tured, où les Tùatha Dê Danann et les Fomôré sont en présence, et où Nûadu, roi des Tûatha dê Danann, vient d'être frappé et mis hors de combat par Balar, dieu de la foudre, un des principaux chefs des Fomôré, c'est-à-dire des dieux de la mort et de la nuit (2).

§ 10.

Seconde bataille de Mag-Tured (suite et fin). *Mort de Balar. Défaite des Fomôré. L'épée de Téthra tombe entre les mains d'Ogmé.*

Lug, voulant venger Nûadu, s'approcha de Balar, dont le mauvais œil s'était refermé. Balar, apercevant le nouvel adversaire qui s'avançait vers lui, commençait à soulever la paupière qui voilait l'œil redoutable ; mais Lug fut plus prompt que lui : d'une pierre lancée par sa fronde il l'atteignit sur l'œil mauvais et lui traversa le crâne. Balar tomba mort au

(1) *Iliade*, livre V, vers 855 et suivants.
(2) Le dieu celtique de la foudre n'est pas le dieu par excellence de la lumière comme dans la mythologie grecque, où la foudre est l'insigne caractéristique de Zeus. Il y a là une différence fondamentale entre la mythologie celtique et la mythologie grecque.

milieu de ses guerriers épouvantés. Nous avons déjà dit que Balar était le grand-père maternel de Lug son meurtrier (1).

Les Fomôré furent mis en déroute. L'épée même de Téthra, leur roi, fit partie du butin qui tomba entre les mains des vainqueurs : un des Tùatha Dé Danann, le héros Ogma, ou mieux Ogmé, s'en empara. Il la tira du fourreau (2) et la nettoya. Alors, prenant la parole, l'épée raconta les hauts faits que jusque-là elle avait acomplis. Dans ce temps-là, en effet, dit l'auteur inconnu du récit de la seconde bataille de Mag-Tured, les épées parlaient ; et voilà pourquoi elles ont jusqu'à ce jour gardé une puissance magique. Elles parlaient, ou plutôt elles semblaient parler ; car les voix qu'on entendait étaient, dit le conteur chrétien, celles de démons cachés dans ces armes. Les démons y habitaient, parce que, dans ce temps-là, les hommes adoraient les armes ; et l'on considérait les armes comme des protecteurs surnaturels, ajoute l'écrivain épique irlandais (3).

(1) *Lebar gabala* ou « Livre des conquêtes, » dans le Livre de Leinster, p. 9, col. 2, lignes 7 et 8. Sur cette partie de la seconde bataille de Mag-Tured, voyez O'Curry, *On the manners*, t. II, p. 251, 288.

(2) « Tofoslaic. » O'Curry, *On the manners*, t. II, p. 254, traduit ce mot par *opened*, « il ouvrit. » Dans les gloses de Milan et de Saint-Gall, deux verbes latins glosent le verbe irlandais *tuaslaiciu* : ce sont *solvere* et *resolvere*. Dans les textes de droit, ce verbe irlandais est employé pour désigner la rupture du lien de droit qui résulte d'un contrat ; il exprime l'affranchissement du débiteur.

(3) Le texte dont notre traduction est plutôt un commentaire qu'une version littérale, a été publié par O'Curry, *On the manners*,

Le culte de l'épée était aussi connu chez les Germains : c'était le symbole du dieu qui, en vieux scandinave, s'appelle *Tyr*, et, en vieil allemand, *Zio ;* son nom a la même racine que celui du Zeus des Grecs et du Jupiter des Romains ; mais les attributs qu'il avait acquis chez les Germains l'ont fait considérer comme identique au Mars romain. Une épée le représentait, comme dans la Rome primitive une lance représentait Mars, auquel on n'avait pas encore élevé de statue (1).

L'épée de Téthra, dieu des Fomôré et des morts (2), offre une grande ressemblance avec celle du dieu de la guerre germain Zio ou Tyr, et avec la lance de Mars. Or, avons-nous dit, Ogmé s'empara de l'épée de Téthra. Ogmé, en Irlande, est le champion divin, le type par excellence de l'homme qui fait de la guerre sa profession. Nous savons, par Lucien, qu'il était honoré en Gaule, et que les Celtes l'appelaient Ogmios. Au deuxième siècle, époque où écrivait Lucien, on lui

t. II, p. 254. Une partie de la doctrine qu'il contient se trouve aussi dans un passage du *Serglige Conculainn* chez Windisch, *Irische Texte*, p. 206. Le même passage du *Serglige Conculainn* a été publié et traduit sans commentaire par O'Curry, *Atlantis*, t. I, p. 371 ; et il a été inséré par M. Whitley Stokes dans la *Revue celtique*, t. I, p. 260, 261 ; ce savant en a le premier signalé l'intérêt mythologique.

(1) Les textes d'Ammien Marcellin, XVII, 12, XXXI, 2, et d'Arnobe, VII, 12, relatifs à ce sujet, ont été étudiés par Grimm, *Deutsche Mythologie*, 3ᵉ édition, t. I, p. 185. Cf. Simrock, *Handbuch der deutschen Mythologie*, 5ᵉ édition, p. 272. Sur Zio, considéré comme dieu de la guerre, voyez Grimm, D. M., p. 178.

(2) Voir la légende de Connlé chez Windisch, *Kurzgefasste irische Grammatik*, p. 120, ligne 3.

avait élevé des statues qui lui donnaient les insignes de l'Héraclès grec : la peau de lion, la massue, le carquois et l'arc. Mais ces statues se distinguaient de celles du demi-dieu hellénique en deux points : elles faisaient du dieu gaulois un vieillard, et lui attribuaient le don de l'éloquence, figuré par des chaînes qui, partant du bout de sa langue, traînaient à sa suite des auditeurs ravis (1).

Ces statues étaient l'œuvre d'artistes grecs. Si ces sculpteurs eussent moins subi l'influence des traditions de leur race et de la mythologie nationale des Hellènes, au lieu de l'arc et de la massue d'Héraclès ils auraient mis entre les mains d'Ogmios le *gæsum*, ou lance celtique, et l'épée de Téthra (2).

§ 11.

La harpe de Dagdé.

Les Fomôré se dédommagèrent de la perte de cette épée en s'emparant de la harpe de Dagdé. Lug, Dagdé et Ogmé se mirent à leur poursuite. Les chefs

---

(1) Lucien, *Héraclès*, édition Didot, p. 598, 599.
(2) L'arc ne paraît pas avoir été une arme celtique. Aucun dieu celtique n'a dû porter d'arc avant l'intervention des statuaires grecs. Il est aussi fort peu vraisemblable qu'un dieu celtique eût originairement pour insigne une peau de lion. Le lion n'est pas un animal des régions celtiques. C'est le sanglier qui, aux yeux du Celte, est le roi des animaux sauvages. Seul encore aujourd'hui dans nos forêts, il tient tête aux chasseurs et répond par des coups à leur attaque.

des Fomôré, se croyant assez loin du champ de bataille pour n'avoir plus rien à craindre, s'étaient arrêtés pour prendre leur repas. Ils s'étaient établis dans une salle et avaient accroché au mur la harpe de Dagdé. Lug, Dagdé et Ogmé entrèrent hardiment, et, avant que leurs ennemis surpris eussent eu le temps de se précipiter sur eux, Dagdé adressa la parole à sa harpe. — « Viens, » lui cria-t-il. Aussitôt, l'instrument de musique, reconnaissant la voix de son maître, se détacha du mur, se précipita vers Dagdé avec tant de hâte, qu'au passage il tua neuf personnes ; et il vint se placer entre les mains du dieu qui, le saisissant, en tira des sons merveilleux. Il y avait alors pour la harpe trois morceaux de musique principaux, dont l'exécution mettait en relief la supériorité des grands artistes. Le premier produisait le sommeil, le second le rire, le troisième les gémissements et les larmes. Dagdé joua d'abord le troisième morceau. Les femmes des Fomôré poussèrent des cris de douleur et versèrent des larmes. Il joua le second, les femmes et les jeunes gens éclatèrent de rire. Il joua le premier, les femmes, les enfants, les guerriers s'endormirent. Profitant de ce sommeil, Lug, Dagdé et Ogmé sortirent de la salle et retournèrent sains et saufs rejoindre le gros de leur armée sans que les Fomôré, qui voulaient les tuer, leur eussent fait une blessure ou même donné un coup (1).

(1) British Museum, manuscrit Harléien 5280, folio 59 recto ;

§ 12.

Les Fomôré et Téthra dans l'île des Morts.

Les Fomôré avaient définitivement succombé. Ils abandonnèrent l'Irlande et retournèrent dans leur patrie, dans cette contrée mystérieuse située au delà de l'Océan et où les âmes des morts trouvent, avec un corps nouveau, une seconde patrie. C'est là que règne leur dieu Téthra, dont, à la bataille de Mag-Tured, l'épée est tombée entre les mains des Tùatha Dê Danann vainqueurs. Un des morceaux les plus anciens qui forment le second cycle de l'épopée héroïque irlandaise fait apparaître à nos yeux la jeune et jolie femme qui est la messagère celtique de la Mort, et qui conduit au séjour merveilleux des défunts les âmes des jeunes gens séduits par son irrésistible beauté. Elle s'adresse à Connlé, fils de Conn, roi suprême d'Irlande. — « Les immortels t'invitent, » lui dit-elle. « Tu vas être un des héros du peuple de Téthra. On t'y verra tous les jours, dans les assemblées de tes aïeux, au milieu de ceux qui te connaissent et qui t'aiment. » Et bientôt Conn, roi d'Irlande, en larmes, vit son fils s'élancer dans la barque de verre qui servait aux voyages de la terrible enchanteresse. La barque,

---

passage publié par O'Curry, *On the manners*, t. III, p. 214, note 296; traduit par le même, *ibidem*, p. 213-214.

fendant les flots de la mer, s'éloigna de plus en plus. Du rivage, le père la suivit quelque temps des yeux, puis il ne vit plus rien. Son fils n'est pas revenu, et on ne sait pas où il est allé (1), ou plutôt on ne le sait que trop : il habite le pays d'où le retour est impossible, l'empire de Téthra, roi des Fomôré qui est toujours maître de cette contrée lointaine, bien qu'à la bataille de Mag-Tured il ait abandonné son épée aux mains d'Ogmé vainqueur.

Une autre pièce, qui appartient au cycle de Conchobar et de Cùchulainn, nous fait assister à une joute littéraire entre Nédé, fils d'Adné, et Fercertné. Fercertné a été tout récemment élu *ollam*, c'est-à-dire chef des *file* d'Ulster. Le jeune Nédé, qui est allé terminer ses études en Alba, c'est-à-dire en Grande-Bretagne, sous la direction d'Eochaid Ech-bel ou « à la bouche de cheval, » a repassé la mer, est revenu en Irlande pour disputer à Fercertné la haute dignité dont ce dernier a été investi. Arrivant à l'improviste, il a revêtu la robe qui est l'insigne de l'*ollam*; il s'est assis dans la chaire réservée à ce personnage respecté. Fercertné entre furieux dans la salle, et, devant l'auditoire que la curiosité attire, il adresse au jeune prétendant une série de questions par lesquelles il veut mettre sa science à l'épreuve, espérant le convaincre d'ignorance et le réduire au silence. Nédé se tire avec succès de cet examen

(1) *Echtra Connla*, publié d'après le *Leabhar na hUidhre*, manuscrit de la fin du onzième siècle, par Windisch, *Kurzgefasste irische Grammatik*, p. 120.

improvisé. Une des questions est celle-ci : — « Quel est, ô jeune savant, la chose que tu parcours en te hâtant? » — « La réponse est facile, » répondit Nédé : « c'est le champ de l'âge, c'est la montagne de la jeunesse, c'est la chasse des âges à la poursuite du roi dans la maison de terre et de pierres (c'est-à-dire dans ce monde terrestre), entre la chandelle et son bout, entre le combat et la haine du combat, [c'est-à-dire à la lumière et pendant les luttes de la vie jusqu'au terme de la vie et à la paix de la mort, cette paix qu'on trouve] au milieu des braves guerriers de Téthra. » Et Téthra, dit une glose de ce vieux morceau, est le nom du roi des Fomóré (1). Cette glose paraît avoir existé déjà vers la fin du neuvième siècle ou le commencement du dixième, puisqu'on la trouve dans la plus ancienne récension du *Glossaire* de Cormac (2). Téthra est un des plus anciens noms que les Irlandais aient donné au dieu de la mort.

§ 13.

Le corbeau et la femme de Téthra.

La mythologie celtique prétendait donner à la

(1) Livre de Leinster, p. 187, colonne 2, ligne 26. J'ai supprimé la plus grande partie de la glose dont ce vieux morceau est accompagné; l'auteur ou les auteurs de cette glose, sachant le sens de chaque mot, ne comprenaient pas l'ensemble du passage.

(2) *Glossaire* de Cormac, au mot *Tethra*, Whitley Stokes, *Three irish glossaries*. p. 42.

mort des attraits bien supérieurs à ceux de la vie. Mais elle ne parvenait pas à supprimer un des plus vifs sentiments de la nature. Aussi la messagère de la mort n'a-t-elle pas toujours, dans la littérature irlandaise, les traits séduisants sous lesquels elle apparaît dans la légende de Connlé.

Quand les dieux se rendent visibles, la forme qu'ils revêtent est souvent celle d'oiseaux. Les oiseaux divins des Tùatha Dê Danann, c'est-à-dire des dieux de la lumière et de la vie, ont un joli plumage (1); ils vont par couples, les deux têtes emplumées sont réunies par une chaîne ou un joug d'argent (2). Lorsque Lug, le vainqueur de la bataille de Mag-Tured, veut donner le jour au célèbre héros Cûchulainn, sa venue est annoncée par l'apparition d'une troupe de ces oiseaux. Il y en a neuf fois vingt, en neuf groupes de vingt chacun, allant deux à deux; les uns portent des jougs d'argent, les autres des chaînes du même métal.

Mais tels ne sont pas les oiseaux qui annoncent la présence des Fomôré, dieux de la mort et de la nuit : ces oiseaux sont des corbeaux ou des corneilles. La femme de Téthra, c'est la femelle du corbeau ou de la corneille; c'est l'oiseau à plumage lugubre qu'on voit voltiger sur les champs de bataille et qui, après le combat, déchire de son bec sanglant la poitrine

---

(1) *Serglige Conculainn*, chez Windisch, Irische Texte, p. 206, lignes 10 et suiv.

(2) *Compert Conculainn*, chez Windisch, Irische Texte, p. 137, 138.

nue et livide des morts décapités et restés sans sépulture. Un manuscrit de la fin du onzième siècle nous a conservé un quatrain composé par un poète du neuvième siècle :

> Ce que désire la femme de Téthra, c'est le feu du combat ;
> C'est le flanc des guerriers déchiré par le glaive,
> C'est le sang, ce sont les cadavres sous les cadavres ;
> Yeux sans vie, têtes tranchées, voilà les mots qui lui plaisent.

Et un vieux grammairien irlandais écrivant, au plus tard vers la fin du onzième siècle, des gloses sur les mots obscurs de ce quatrain, a expliqué « femme de Téthra » par un substantif irlandais qui veut dire « corneille » ou « corbeau (1). »

---

(1) Ce quatrain est attribué à Mac Lonan, par le *Leabhar na hUidhre*, p. 50. Il a été publié par M. Whitley Stokes, dans les *Beiträge* de Kuhn, t. VIII, p. 328 ; et dans la *Revue celtique*, t. II, p. 491.

CHAPITRE IX.

LA SECONDE BATAILLE DE MAG-TURED ET LA MYTHOLOGIE GRECQUE.

§ 1. — Le Kronos grec et ses trois équivalents irlandais Téthra, Bress, Balar. — § 2. Forme irlandaise de l'idée grecque de la race d'or. Tigernmas, doublet de Balar, de Bress et de Téthra. — § 3. Balar et le mythe d'Argos ou Argus. Lug et Hermès. — § 4. Io et Bûar-ainech. Balar et Poseidaôn. — § 5. Lug, meurtrier de Balar et le héros grec Bellérophontès. — § 6. Lug et le héros grec Persée. — § 7. Le Balar populaire de l'Irlande. Balar et Acrisios. Ethné, fille de Balar, et Danaé, fille d'Acrisios. Les trois frères et le triple Géryon. Leur vache et le troupeau de Géryon ou de Cacus. Le fils de Gavida et Persée. — § 8. Les trois ouvriers des Tûatha Dé Danann et les trois cyclopes de Zeus chez Hésiode.

§ 1.

Le Kronos grec et ses trois équivalents irlandais, Téthra, Bress, Balar.

Téthra, roi des Fomôré, qui à Mag-Tured prit la fuite, laissant son épée aux mains des Tùatha Dé

Danann vainqueurs, et qui ensuite devint roi des morts, est identique au Kronos d'Hésiode et de Pindare. Celui-ci, vaincu et détrôné par Zeus, a obtenu un royaume nouveau dans le pays merveilleux où les héros défunts retrouvent, avec une seconde vie, les joies de la patrie absente (1).

Dans la fable grecque, Kronos, avant sa défaite, a été roi du ciel : le monde entier n'avait pas d'autre maître que lui au temps où la race d'or vivait sur la terre. On sait que la race d'or des Grecs n'est autre chose que les Tùatha Dé Danann de la mythologie irlandaise. Ainsi, une partie du mythe de Kronos se retrouve en Irlande dans la légende de Bress, roi fomôré qui régna sur les Tùatha Dé Danann. Nous avons dit comment, après la satire du *file* Corpré, une révolte des sujets de Bress fit tomber du trône ce prince mythique et enleva la souveraineté de l'Irlande aux Fomôré par une révolution que leur défaite à Mag-Tured rendit définitive. Bress est identique à Kronos, mais ce n'est qu'un Kronos incomplet ; c'est le roi du monde au temps de la race d'or ; ce n'est pas le roi des morts, et nous ne voyons pas qu'il ait combattu à la bataille de Mag-Tured, comme Kronos dans la bataille des dieux contre les Titans.

Balar, le principal des vaincus de Mag-Tured, nous offre une autre partie, un autre démembrement

---

(1) *Les Travaux et les Jours*, vers 169; Pindare, *Olympiques*, II vers 70, 76; édition Teubner-Schneidewin, t. I, p. 17.

de la personnalité mythologique qui reste unique, sous le nom de Kronos, dans certains récits grecs. Ainsi, Balar est le grand-père de Lug, qui le tue à la bataille de Mag-Tured ; de même Kronos, vaincu dans la guerre de Zeus et des dieux contre Kronos et les Titans, est le père de Zeus, vainqueur dans cette lutte mythique : la bataille de Mag-Tured entre les Tûatha Dê Danann et les Fomôré n'est autre chose, nous le savons déjà, que la bataille où, suivant la mythologie hésiodique, Zeus et les autres dieux triomphèrent de Kronos et des Titans.

§ 2.

Forme irlandaise de l'idée grecque de la race d'or. Tigernmas, doublet de Balar, de Bress et de Téthra.

L'association de l'or avec le règne de Kronos est, dans la mythologie grecque, une doctrine caractéristique. « La race d'or des hommes doués de parole » fut, » dit Hésiode, « créée par les immortels ha-
» bitants de l'Olympe. Ils vécurent sous Kronos,
» qui alors avait le ciel sous son empire. Ils res-
» semblaient à des dieux (1). » Ces mots par lesquels Hésiode commence sa peinture de ce que nous appelons l'âge d'or nous transportent dans le domaine de la mythologie irlandaise, au temps où les Tûatha Dê Danann habitaient l'Irlande, sous la do-

---

(1) *Les Travaux et les Jours*, vers 109-112.

mination des Fomôré. Or, un des noms du chef des Fomôré est Tigernmas. Tigernmas est, comme nous l'avons vu, un doublet de Balar ; il est comme lui, par Ethné ou Ethniu, grand-père de Lug, l'Hermès celtique ; il est aussi un doublet de Bress et de Téthra. Tigernmas est un des noms de Kronos dans la légende irlandaise.

Or, Tigernmas fut, raconte-t-on, autrefois roi d'Irlande, et, suivant un poëte du onzième siècle, il eut le premier la gloire de faire fondre l'or tiré des mines de cette île (1). Exploitation de mines d'or, telle est la forme que reçoit en Irlande l'idée grecque de la race d'or. Les bizarres travaux chronologiques des savants irlandais du onzième siècle ont eu pour effet de placer Tigernmas aux derniers temps de la période mythique dont nous faisons ici l'histoire. Ils ont fait de lui un personnage tout à fait distinct de Balar et chronologiquement séparé de lui par un long intervalle. Mais nous n'avons pas à nous préoccuper des combinaisons de la fausse science qui, transformant la mythologie irlandaise en annales, a si longtemps jeté le ridicule sur ces vieilles légendes celtiques (2).

(1)   Leis roberbad, is blad bind, —
    Mêin óir ar-tus in hErind.
    Par lui fut fondue, — il est renom sonore, —
    Mine d'or premièrement en Irlande.

Poëme de Gilla Coemain, dans le Livre de Leinster, p. 16, col. 2, lignes 50, 51. Cf. *Livre des conquêtes*, *ibid.*, ligne 23.

(2) Sur le règne de Tigernmas, au temps des descendants de

§ 3.

Balar et le mythe d'Argos ou Argus. Lug et Hermès.

Le combat de Zeus et des dieux contre Kronos et les Titans n'est pas le seul récit mythologique grec où l'on voie apparaître la doctrine dualiste qui fait lutter les divinités bienfaisantes du jour, du beau temps et de la vie contre les puissances malfaisantes de la mort, de l'orage et de la nuit. Un des mythes les plus connus où l'imagination grecque nous offre cette doctrine est celui d'Argos aux cent yeux. Ces yeux sont les étoiles, et Argos est une personnification de la nuit étoilée. Hermès le tua d'un coup de pierre (1). Ce mythe était déjà connu des Grecs quand Homère composa l'*Iliade*, c'est-à-dire environ huit siècles avant notre ère. Déjà, dans l'*Iliade*, Hermès porte le surnom de meurtrier d'Argos, Ἀργειφόντης; ou le titre de meurtrier d'Argos, Ἀργειφόντης, est employé comme synonyme d'Hermès (2). Hermès est le crépuscule,

---

Milé, voir, outre le *Livre des conquêtes* déjà cité, le grand poème chronologique de Gilla Coemain, Livre de Leinster, p. 127, col. 2, lignes 25 et 26; enfin, les p. 111-113 du présent volume.

(1) Apollodore, *Bibliothèque*, livre II, chapitre I, section 3, § 4. Didot-Müller, *Fragmenta historicorum græcorum*, tome I, page 126.

(2) *Iliade*, livre II, vers 103, 104, livre XXIV, vers 24, etc. Voyez aussi *Odyssée*, livre I, vers 84; Hymne à Histia, vers 7; Hésiode, *Les Travaux et les Jours*, vers 77. Apollodore, à qui nous devons la conservation de la fable qui explique le composé Ἀργειφόντης, écrivait au milieu du second siècle avant notre ère. La correction Ἀρ-

et cette pierre qui lancée par Hermès, tue Argos ou la nuit, c'est le soleil qu'une main invisible jette tous les matins de l'Orient vers le haut des cieux (1). Lug est l'Hermès celtique : comme l'Hermès grec, il personnifie le crépuscule; comme lui, au moyen d'une pierre il tue son adversaire. Il lance cette pierre avec une fronde, et d'un coup mortel il atteint à l'œil Balar, qui est l'Argos celtique, c'est-à-dire une personnification des puissances mauvaises dont la nuit est une des principales et parmi lesquelles le Celte comprend aussi la foudre et la mort.

§ 4.

Io et Búar-ainech, Balar et Poseidaón.

Chez le prince des tragiques d'Athènes, Argos ou Argus est le gardien d'Io, la vierge encornée (2), dont ailleurs Æschyle a aussi fait une vache (3), et dans laquelle les grammairiens grecs ont reconnu la

χειφάντης pour Ἀργειφόντης est une conception relativement moderne et nous paraît inadmissible, malgré l'autorité qui s'attache au nom des savants par lesquels elle a été acceptée de nos jours. Sur les représentations figurées, voir l'article *Argus*, dans le *Dictionnaire des antiquités grecques et romaines* de MM. Daremberg et Saglio.

(1) A. Kuhn, *Ueber Entwicklungstufen des Mythenbildung*, dans les *Abhandlungen* de l'Académie des sciences de Berlin pour 1873, p. 142.

(2) Βουκέρως παρθένος : Eschyle, *Prométhée enchaîné*, vers 588.

(3) Βοῦς : Eschyle, *Les Suppliantes*, vers 18, 275.

personnification de la lune. La nuit, personnifiée dans Argos, est le garde vigilant au soin duquel la lune, vache errante, est confiée. La légende celtique, comme la légende grecque, a fait de la lune un personnage cornu : c'est un homme, ou plutôt un dieu au visage de vache ou de taureau : *Bûar-ainech*. Le dieu celtique au visage de vache ou de taureau est identique à Io, la vierge encornée de la poésie tragique des Grecs ; comme Io, *Bûar-ainech* est la lune divinisée, mais il n'est pas, comme Io, remis à la garde du dieu qui personnifie la nuit, c'est-à-dire de Balar, qui, en Irlande, est identique à l'Argos ou Argus des Grecs. Au lieu d'être, comme Argos, le gardien de la divinité cornue, Balar est le fils de ce dieu bizarre. Du dieu lunaire au visage de vache ou de taureau, *Bûar-ainech*, est né Balar, dieu de la nuit, mis à mort d'un coup de la pierre solaire par Lug, dieu du crépuscule dans la mythologie celtique, comme Hermès dans la mythologie grecque. Bûar-ainech, le dieu fomôré à tête de taureau, ne doit pas être séparé des dieux à tête de chèvre, *goborchind*, qu'un document cité plus haut associe aux Fomôré.

Le texte qui nous apprend le nom de Bûar-ainech, père de Balar, nous dit que c'était Balar qui construisait les forts de Bress. On se rappelle ce que nous avons raconté de Bress, ce Fomôré, qui, après avoir été roi et tyran des Tùatha Dê Danann, c'est-à-dire des dieux solaires, fut plus tard détrôné par eux, et que Balar, cet autre ennemi des dieux solaires, chercha vainement à replacer sur le trône, puisque ce fut en combattant pour Bress que Balar perdit la vie (1). Balar construisait les forts de Bress. Ainsi, dans la légende grecque, Poseidaôn, dieu de la mer, — ce dieu irrité dont l'implacable vengeance poursuit le dieu solaire Odusseus, — a bâti les murs de Troie, la ville ennemie (2).

§ 5.

Lug, meurtrier de Balar, et le héros grec Belléro-phontès.

Le phénomène météorique du lever du soleil, un de ceux qui ont inspiré la légende celtique du combat heureux de Lug contre Balar, c'est-à-dire du crépuscule contre la nuit, est aussi ce que l'imagination grecque a voulu représenter quand elle s'est figuré Hermès tuant Argos. Hermès vainqueur est comme Lug le crépuscule, Argos comme Balar est la nuit. Mais il y a un phénomène analogue au crépuscule matinal et au lever du soleil et que la mythologie confond souvent avec eux : c'est le triomphe

---

(1) « Balar, mac Buar-Ainic, rathoir Bressi. » Livre de Leinster, p. 50, col. 1, lignes 42, 43.

(2) Ἤτοι ἐγὼ Τρώεσσι πόλιν πέρι τεῖχος ἔδειμα,
Εὐρύ τε καὶ μάλα καλόν, ἵν' ἄρρηκτος πόλις εἴη.

Iliade, XXI, 446-447. Dans l'*Iliade*, VII, 452, 453, Poseidaôn a pour associé Phoibos; mais, au livre XXI, Phoibos était pâtre du roi de Troie, tandis que Poseidaôn était maçon au service de ce prince.

du soleil quand, après une tempête orageuse, cet astre perce le nuage et apparaît tout radieux dans le ciel. La légende de Bellérophon et de la Chimère nous offre une des formes mythologiques dont ce phénomène a été revêtu dans les monuments de l'art et de la littérature grecques.

La Chimère, à la fois lion, serpent et chèvre, est un de ces monstres qui personnifient la tempête, l'obscurité que l'orage produit, le mal. Elle est de race divine, et, avec l'aide des dieux, un héros la tue. En souvenir de cette victoire, ce héros porte le surnom de Βελλερο-φόντης, ou meurtrier de Belléros ; c'est-à-dire que le monstre, outre le nom de Chimère, portait celui de *Belléros*. *Belléros* est le même mot que *Balar*, nom du dieu des Fomôré tué par Lug à la bataille de Mag-Tured. *Belléros*, en grec, est dérivé de la même racine que le verbe βάλλω, « je lance, » et que le substantif βέλος, « trait, javelot. »

Que lançait le monstre de la mythologie grecque, Chimère ou *Belléros*? Un jet terrible de feu ardent (1). C'est la foudre. Dans le mythe irlandais, le regard que l'œil habituellement fermé de Balar jette sur ses ennemis, et qui les tue, est aussi la foudre. La foudre est un œil ordinairement fermé qui s'ouvre pendant l'orage et dont le regard précipite les hommes dans la nuit de la mort (2), tandis que le soleil

---

(1) « Δεινὸν ἀποπνείουσα πυρὸς μένος αἰθομένοιο, » *Iliade*, livre VI, vers 182.

(2) Voyez James Darmesteter, *Ormazd et Ahriman*, p. 122.

est un œil ouvert tout le jour et qui répand la vie sur les êtres animés. Voilà comment, dans la légende irlandaise, Balar est dieu de la foudre en même temps que de la nuit. Les deux fables, l'une grecque, l'autre celtique, qui racontent l'une la mort de Balar tué par Lug, l'autre celle de la Chimère tuée par Βελλερο-φόντης, proviennent d'un fonds commun ; et un hasard étrange a gardé, dans le récit irlandais, le nom de Balar identique à Belléros, que les poèmes d'Homère (1) et d'Hésiode (2) nous ont conservé dans le composé Βελλερο-φόντης, en français Bellérophon, « meurtrier de Belléros, » et qu'on retrouve sous cette forme dans beaucoup d'autres monuments de la littérature grecque (3).

§ 6.

Lug et le héros grec Persée.

C'est sur un thème identique qu'a été brodée la fable grecque de Persée et de Méduse. Persée, en grec *Perseus*, est un doublet de Bellérophon, en grec *Bellérophontès*. Il tue Méduse, comme Bellérophon tue la Chimère, ou tue *Belléros* ; comme Lug tue Balar. Méduse elle-même est un doublet de la

---

(1) Sur Bellérophon et la Chimère, voyez *Iliade*, livre VI, vers 155-183.

(2) Hésiode, *Théogonie*, vers 325.

(3) Voyez, dans le *Dictionnaire des antiquités* de MM. Daremberg et Saglio, les articles *Bellérophon* et *Chimæra*.

Chimère. La Chimère est un monstre, à la fois serpent, chèvre et lion; elle exhale un feu qui ôte la vie. Méduse est une femme ailée dont les cheveux sont des serpents; elle déteste les hommes; quiconque fixe les yeux sur elle expire à l'instant (1).

Le *Prométhée enchaîné* d'Eschyle, qui, sur la puissance redoutable de Méduse, nous donne ce détail terrible, a été représenté à Athènes pour la première fois vers le milieu du cinquième siècle avant notre ère. On ne pouvait, disait-on alors en Grèce, on ne pouvait regarder Méduse sans perdre la vie. Il y a là emploi de l'actif pour le passif : dans la doctrine primitive, c'était le regard de Méduse qui tuait, comme, dans la mythologie irlandaise, le regard de Balar, qui est une poétique image de la foudre.

Persée, qui tua Méduse, est déjà connu d'Homère et d'Hésiode (2); mais pour trouver le récit complet de sa légende, il faut consulter les mythographes postérieurs. Persée, qui devait un jour, comme Lug, mettre à mort son grand-père, est, par Danaé, petit-fils d'Acrisios, roi d'Argos. Un oracle a prévenu Acrisios que son petit-fils le tuera. Pour être sûr de n'avoir pas de petit-fils, le roi enferme Danaé, sa fille, dans une chambre souterraine dont les murailles sont reliées avec de l'airain.

---

(1) Eschyle, *Prométhée*, vers 798-800, de l'édition Didot. Cf. Hésiode, *Théogonie*, vers 274-280.

(2) *Iliade*, livre XIV, vers 319, 320. *Bouclier d'Héraclès*, vers 223 et suivants.

Vains efforts! Danaé est rendue grosse par le mortel Proitos, suivant quelques-uns; par le grand dieu Zeus, disent les textes les plus anciens (1). Elle accouche d'un enfant mâle, qui sera le héros Persée. Acrisios la fait enfermer avec son fils dans un coffre, que, sur son ordre, on jette à la mer. Les flots transportent le coffre à Sériphe, où Danaé et Persée arrivent vivants. Persée, parvenu à l'âge d'homme, accomplit de nombreux exploits, parmi lesquels on compte le meurtre de Méduse; puis la fatalité lui fait tuer Acrisios, son grand-père (2).

§ 7.

Le Balar populaire de l'Irlande, aujourd'hui Balor. Balor et Acrisios; Ethné, fille de Balor, et Danaé, fille d'Acrisios. Les trois frères irlandais et le triple Géryon; leur vache et le troupeau de Géryon ou de Cacus; le fils de Gavida et Persée.

Les traits fondamentaux de la légende de Persée

---

(1) *Iliade*, livre XIV, vers 313-320. Hérodote, VII, 61. Voir aussi le passage de Sophocle cité plus bas.

(2) Apollodore, livre II, chap. IV. Cet auteur écrivait au second siècle avant notre ère. Mais il y a, sur certains détails, des témoignages plus anciens : tels sont les vers de Simonide sur le voyage de Danaé dans son coffre sur la mer. Bergk, *Anthologia lyrica*, editio altera, p. 444. Tel est aussi le passage de l'*Antigone* de Sophocle, vers 944-950, où il est question de la prison de Danaé et de la pluie d'or de Zeus qui l'avait rendue mère. Simonide, le premier de ces deux auteurs, mourut l'an 468 avant notre ère; Sophocle, le second, termina sa carrière en 406.

se trouvent dans un conte irlandais, recueilli en ce siècle même de la bouche du peuple, et où le grand-père tué, comme Acrisios, par son petit-fils, est le dieu fomôré Ealar.

Le nom de ce personnage, nous raconte O'Donovan, vit encore dans la tradition de toute l'Irlande; et dans certaines parties de cette île, ce nom, autrefois écrit Balar Balcbeimnech, « Balar aux coups puissants, » aujourd'hui Balor Bèimeann, « Balor des coups, » est la terreur des petits enfants. C'était un guerrier qui habitait l'île de Tory, anciennement Torinis. Cette île est située dans l'océan Atlantique, au nord-ouest, mais à peu de distance de l'Irlande. C'est là que les Irlandais évhéméristes ont autrefois placé la résidence des Fomôré adversaires de la race de Némed, et cette tour de Conann à la prise de laquelle cette race fut anéantie. Ainsi, comme le redoutable Conann des manuscrits épiques, le Balar ou plus exactement le Balor populaire demeurait à Tory.

Il avait un œil au milieu du front, un autre derrière la tête. Le regard de ce dernier œil donnait la mort. Balor le tenait constamment caché; il ne le découvrait que lorsqu'il voulait se débarrasser d'un ennemi. De là, en Irlande, l'expression toujours reçue d' « œil de Balor, » *suil Baloir*, pour dire ce que nous appelons en français « le mauvais œil. » C'est l'œil dont le regard, dans le récit de la bataille de Mag-Tured, frappe à mort Nûadu, roi des Tùatha Dè Danann.

Un druide avait prédit à Balor qu'il serait tué par son petit-fils. Ici, le druide joue le même rôle que l'oracle dans la légende grecque d'Acrisios et de Perseus. Balor, comme Acrisios, n'avait qu'une fille; elle s'appelait Ethné, ou, pour donner à ce mot son orthographe ancienne, *Ethniu*, au génitif *Ethnenn*. C'est le nom que porte, au onzième siècle, la fille de Balar, dans le Livre des Conquêtes. Nous voyons qu'il est resté vivant dans la tradition populaire. En Grèce, Ethné s'appelait Danaé.

Balor, voulant donner un démenti à la prédiction du druide, et n'être pas tué par son petit-fils, résolut de faire en sorte de n'avoir pas de petit-fils. Il enferma sa fille dans une tour imprenable, bâtie sur le sommet d'un rocher presque inaccessible, qui élève sa tête jusqu'aux nues, et qui a le pied battu par les flots, sur la côte orientale de l'île de Tory. On montre encore aujourd'hui ce rocher aux curieux, et on l'appelle la grande Tour, *Tor mór*. Ce fut là que Balor relégua la belle Ethné. Il lui donna pour compagnes et pour gardiennes douze femmes qui avaient mission de ne laisser aucun homme pénétrer près d'elle, et de faire en sorte qu'elle ne se doutât jamais qu'il existât des hommes en ce monde.

Ethné resta longtemps prisonnière. Elle devint une femme d'une beauté accomplie; et, fidèles à leur consigne, ses compagnes ne parlaient jamais d'hommes en sa présence. Cependant Ethné du haut de sa tour voyait souvent des bateaux passer. Elle remarquait que ces bateaux étaient conduits par des êtres

humains qui n'avaient pas tout à fait le même aspect
que les femmes dont elle était entourée. Il y avait
là pour elle un mystère dont elle demanda souvent
l'explication. Mais ses discrètes compagnes refusèrent
toujours de la lui donner.

Jusqu'ici la tradition populaire irlandaise est d'accord avec la légende grecque d'Acrisios et de Perseus et avec le récit que nous offre, au onzième siècle, la tradition savante irlandaise conservée par le *Livre des conquêtes*. La tour où, dit-on, Ethné fut enfermée par son père, sur les côtes d'Irlande, est identique aux salles dont les murailles étaient consolidées par des liens d'airain (1) et où, suivant le récit grec, le roi d'Argos retint prisonnière Danaé, sa fille. Mais au point où nous sommes arrivés, on trouve intercalé dans le conte que le peuple irlandais répète une légende originairement étrangère à ce conte; cette légende est celle qui a donné à la mythologie grecque le combat d'Héraclès contre Géryon au triple corps.

On sait que Géryon est un personnage à trois têtes (2) et même à trois corps (3), qui avait un troupeau de vaches. Il habitait avec ce troupeau dans une île au delà de l'Océan. Il tenait ses vaches enfermées

---

(1) Χαλκοδέτοις αὐλαῖς. Sophocle, *Antigone*, vers 945.
(2) Τρικάρηνος. Hésiode, *Théogonie*, vers 287.
(3) Τρισώματος. Eschyle, *Agamemnon*, vers 870. Suivant Apollodore, *Bibliothèque*, livre II, chapitre v, section 10, § 2, ces corps auraient été réunis par le milieu et n'auraient eu à eux trois qu'un seul ventre. *Fragmenta historicorum græcorum*, tome I, p. 140.

dans une étable obscure. Héraclès le vainquit et emmena les vaches (1). Héraclès est une personnification du soleil, les vaches sont les rayons de cet astre, gardés dans l'obscurité par le dieu de la nuit, et délivrés le matin par le dieu solaire, quand l'astre du jour, jusque-là momentanément privé de son éclat diurne, est sur le point de s'élever lumineux au-dessus de l'horizon (2). La fable d'Héraclès et de Géryon appartient à la mythologie latine comme à la mythologie grecque, et dans la rédaction latine de cette fable Géryon s'appelle Cacus. Mais revenons à la légende irlandaise.

Dans le conte populaire irlandais, Balor a été jusqu'ici, conformément à la tradition antique, une personnification de la nuit; maintenant, par une de ces altérations fréquentes dans les littératures populaires modernes, il va pour quelque temps se confondre avec le dieu du jour, et jouer le rôle du dieu grec Héraclès.

Sur la côte d'Irlande, située en face de l'île, vivaient ensemble trois frères, Gavida, Mac-Samhthainn et Mac-Kineely, dont le premier était forgeron, et dont le troisième avait une vache qu'on appelait *Glas Gaivlen* (3), c'est-à-dire la vache « bleue du forgeron. » Son lait était si abondant que tous les voisins en étaient jaloux. On essaya nombre de fois de la

---

(1) Hésiode, *Théogonie*, vers 287-294.
(2) Bréal, *Mélanges de mythologie et de linguistique*, p. 65 et suiv.
(3) Mieux *Glas Goïbhnenn*.

voler, et sa garde exigeait une attention continuelle.

Nous n'avons pas de peine à reconnaître dans les trois frères le triple Géryon, dont les vaches sont ici réduites à une, mais par compensation elle produit une quantité de lait prodigieuse. Balor voulut s'emparer de cette vache merveilleuse; jusque-là il s'était illustré par de nombreux exploits, il avait pris beaucoup de vaisseaux, il avait jeté dans les chaînes bien des guerriers vaincus, ses expéditions en Irlande, sur la côte voisine de son île, lui avaient procuré un butin abondant. Mais un bonheur lui manquait : c'était de posséder la *Glas Gaivlen*, la vache bleue du forgeron.

Pour s'en emparer, il recourut à la ruse. Il se rendit à la forge dans un moment où la vache s'y trouvait sous la garde d'un des trois frères. Celui-ci eut l'imprudence de donner sa confiance à Balar, en laissant le licou de la précieuse vache entre les mains de cet ambitieux sans scrupule, qui, avec la rapidité de l'éclair, tirant la vache par la queue, regagna son île. Il y entra par le port qu'on appelle aujourd'hui *Port na Glaise*, « le port de la Bleue. » Il y a dans ce récit un trait qui appartient à la légende romaine de Cacus. Cacus, doublet de Géryon, tire les vaches d'Héraclès par la queue (1).

Mac Kineely, le propriétaire de la vache, voulut

---

(1) « Cauda in speluncam tractos, versisque viarum
  Indiciis raptos, saxo occultabat opaco. »
  Enéide, livre VIII, vers 210-211.

se venger de Balor. Guidé par les conseils d'un druide et d'une fée, il se déguisa en femme, et la fée le transporta sur les ailes de la tempête au delà du détroit qui séparait son habitation de l'île où résidait Balor. La fée s'arrêta avec lui sur le sommet du rocher où s'élevait la tour qui servait de prison à la fille de Balor, à la belle Ethné. Elle frappa à la porte.
— « Je suis, » dit-elle, « accompagnée d'une noble dame, et je viens de l'arracher des mains d'un homme aussi cruel qu'audacieux qui l'avait enlevée à sa famille. Je viens vous demander asile pour elle. »
— Les gardiennes d'Ethné n'osèrent rejeter la prière de la fée. Celle-ci entra dans la tour avec Mac Kineely, et fit tomber les douze matrones dans un sommeil magique. Quand elles se réveillèrent, la fée et sa prétendue compagne avaient disparu. La fée, s'enlevant dans les airs avec Mac Kineely, l'avait transporté hors de l'île, sur la côte opposée, par la route aérienne qui l'avait amenée. Ainsi les douze matrones, à leur réveil, trouvèrent Ethné seule; mais, comme Danaé, Ethné était grosse.

Ses gardiennes lui dirent que la visite de la fée et de sa compagne n'était qu'un rêve, et lui recommandèrent de n'en jamais parler à Balar. Mais en dépit de ces recommandations, la fin du neuvième mois arriva. Ethné accoucha; et, par un phénomène dont les exemples sont rares, elle eut trois fils. On ne put le cacher à Balar, qui s'empara des enfants, les fit envelopper tous les trois dans un drap attaché par une épingle, et les envoya jeter dans un gouffre de la mer. La personne à laquelle était confiée cette mission dut, pour atteindre le but de son voyage, traverser un petit golfe. Au moment où elle se trouvait sur ce golfe, l'épingle se détacha du drap et tomba dans l'eau avec un des enfants. Lorsque le porteur du fardeau arriva au gouffre, il n'y avait plus que deux enfants dans le drap. Il les noya et revint près de Balar, qui crut exécuté complètement l'ordre cruel qu'il avait donné.

Qu'était devenu l'enfant tombé dans le golfe ? Avant de répondre à cette question, nous dirons qu'on montre encore aujourd'hui l'endroit où cet accident s'est, dit-on, produit, et qu'on l'appelle le « Port de l'Epingle, » *Port-a-Deilg*. Quand l'épingle s'était détachée et que l'enfant était tombé, la fée à laquelle il devait la naissance se trouvait là, invisible; elle prit l'enfant dans ses bras, elle s'éleva dans les airs, et, traversant le détroit, elle gagna la côte irlandaise et la demeure de Mac Kineely ; elle lui remit le nouveau né en lui apprenant que c'était son fils. Mac Kineely le confia à son frère Gavida, le forgeron. Gavida l'éleva et lui apprit son métier.

Cependant Balor croyait avoir triomphé de la destinée ; mais il n'avait pas pardonné l'injure faite à sa fille et qui rejaillissait sur lui. Il apprit de son druide le nom du coupable ; il résolut de se venger. Un jour, il traversa le détroit avec une troupe de guerriers, et il surprit Mac Kineely. Il le saisit par les cheveux, tandis que d'autres guerriers saisissaient les pieds et les mains du malheureux sans défense. Mac Kineely, étendu sur une pierre blanche, eut la tête tranchée par Balor. Son sang coula sur la pierre et y traça des veines rouges qu'on montre aux curieux qui sont encore aujourd'hui, disent les paysans irlandais, d'irrécusables témoins de ce lugubre et antique événement. On l'appelle pierre de Neely, par abréviation pour pierre de Kineely. Elle donne son nom à deux paroisses, et, en 1794, un antiquaire du pays, sans la changer de place, l'a fait élever sur un pilier haut de seize pieds. Elle était à ses yeux un des plus respectables et des plus sérieux monuments de l'histoire irlandaise.

Mais revenons à Balor. La mort de Mac Kineely avait effacé de son esprit toute trace du chagrin causé par l'accouchement d'Ethné. Son bonheur était complet, ses espérances sans nuage. Gavida, frère du malheureux Mac Kineely, était devenu son forgeron. Balor ne savait pas qu'un des trois fils d'Ethné avait échappé à la mort, et que ce fils était le jeune ouvrier qui servait d'aide à Gavida. Il fallait bien que la prophétie du druide s'accomplît : c'était ce jeune homme qui devait la réaliser en ôtant la vie à son grand-père. Ce que Balor ignorait, le jeune homme le savait bien. Il savait qu'il était fils de Mac Kineely ; il savait que Mac Kineely avait péri par la main de Balor. Souvent il allait se promener dans l'endroit où le meurtre avait été commis ; il regardait la pierre teinte du sang de son père ; il sentait couler des larmes, et ne rentrait à la maison qu'après avoir juré de le venger.

Un jour, Balor vint à la forge. Gavida était absent ; le jeune ouvrier s'y trouvait seul. Balor se mit à causer avec lui. Il lui raconta ses exploits, sans oublier de mentionner le meurtre de Mac Kineely. Il se vanta de ce meurtre comme d'un des hauts faits dont il pouvait tirer le plus d'honneur. C'était le moment fixé pour la vengeance par les décrets du destin. Le jeune forgeron sentit le sang de son père bouillonner dans ses veines. Il était auprès de sa forge, où des barres de fer rougissaient, attendant le coup du marteau. Il en saisit une, et, frappant Balor par derrière, fit pénétrer le fer brûlant dans l'œil magique ordinairement fermé, qui ne pouvait s'ouvrir sans ôter la vie aux infortunés que son regard atteignait. Balor tomba ; il était mort. Ainsi qu'en Grèce Persée avait tué Acrisios, son aïeul, le jeune forgeron irlandais avait tué son grand-père ; l'événement avait justifié la prophétie du druide en Irlande, comme la prédiction de l'oracle en Grèce ; et de plus, en Irlande, la justice était satisfaite : le crime commis par Balor en tuant Mac Kineely avait été puni d'un légitime châtiment (1).

La tradition qui a conservé ce conte a, comme on le voit, gardé deux des noms propres contenus dans les monuments du onzième siècle : ce sont les noms de Balar, aujourd'hui Balor, et de sa fille

(1) Ce récit légendaire a été recueilli par O'Donovan dans la tradition populaire, et il l'a donné en note dans son édition des *Annales des Quatre Maîtres*, 1851, tome I, p. 18-21.

Ethniu, aujourd'hui Ethné. Mais il semble que les conteurs populaires ont oublié comment s'appelait le jeune meurtrier de Balor. Nous avons vu que ce meurtrier est Lug, l'Hermès grec, le Mercure gréco-romain, un des Tùatha Dé Danann.

§ 8.

Les trois ouvriers des Tùatha Dé Danann et les trois Cyclopes de Zeus chez Hésiode.

Gavida le forgeron et ses deux frères forment une triade dont l'origine se trouve dans un détail de la seconde bataille de Mag-Tured. On se rappelle les trois ouvriers qui fabriquaient les armes des Tùatha Dé Danann et dont l'habileté fut une des causes de la défaite des Fomôré. Le premier était Goibniu, forgeron ; son nom dérive du vieil irlandais *goba* (au génitif *gobann*), « forgeron, » qui se prononce aujourd'hui *gava;* de là le dérivé moderne *Gavida* de la légende populaire. Ces trois ouvriers associés à la victoire des dieux du jour et de la vie, en irlandais Tùatha Dé Danann, contre les dieux de la nuit et de la mort, en irlandais Fomôré, sont identiques aux trois Cyclopes, Brontès, Stéropès et Argès, au courage puissant, qui donnèrent à Zeus le tonnerre et qui fabriquèrent la foudre (1), c'est-à-dire les traits qui ont assuré la victoire du dieu

---

(1) Hésiode, *Théogonie*, vers 139-141. Cf. *ibidem*, vers 504, 505.

solaire Zeus dans son combat contre les dieux de la mort et de la nuit, que les Grecs appellent Titans (1). On n'a pas oublié par quels procédés merveilleux, pendant la bataille de Mag-Tured, Goibniu et ses deux compagnons fabriquaient les lances dont les Tùatha Dè Danann vainqueurs perçaient les Fomôré, leurs ennemis malheureux (2).

Dans le conte populaire, le forgeron Gavida et ses deux frères sont opposés à Balor ou Balar, le guerrier fomôré, et c'est de la forge de Gavida qu'est tirée la barre de fer rouge dont Balor est mortellement frappé. Il y a là un fonds de traditions communes et une théorie dualiste en général plus développée en Irlande qu'en Grèce. Quelquefois cependant le contraire a lieu : ainsi, nous ne retrouvons pas en Irlande le doublet grec des Cyclopes, c'est-à-dire que nous n'y rencontrons pas Kottos, Obriareòs et Gyès, ces trois guerriers aux cent bras, dont le concours contribue chez Hésiode à la victoire de Zeus contre les Titans (3).

---

(1) Le tonnerre et la foudre sont appelés les traits, κῆλα, de Zeus aux vers 707 et 708 de la *Théogonie* d'Hésiode, qui font partie du récit de la bataille livrée par Zeus aux Titans.

(2) Voir plus haut, p. 181.

(3) Hésiode, *Théogonie*, vers 147-159, 618-628, 644-663, 669-675, 713-718, 734, 735, 815-819. Sur Obriareòs, aussi appelé Briareòs, voyez aussi l'*Iliade*, livre I, vers 401-407.

CHAPITRE X.

LA RACE DE MILÉ.

§ 1. Les chefs des Tûatha Dê Danann changés au onzième siècle en hommes et en rois. Chronologie de Gilla Coemain et des Quatre Maitres. — § 2. Milé et Bilé, ancêtres de la race celtique. — § 3. La doctrine qui fait arriver les Irlandais d'Espagne et qui leur donne pour pays d'origine la Scythie et l'Egypte. — § 4. Ith et la tour de Brégon. — § 5. L'Espagne et l'île de Bretagne confondues avec le pays des morts. — § 6. Expédition d'Ith en Irlande. — § 7. La mythologie irlandaise et la mythologie grecque. Ith et Prométhée.

§ 1.

Les chefs des Tûatha Dê Danann changés au onzième siècle en hommes et en rois. Chronologie de Gilla Coemain et des Quatre Maîtres.

Si nous en croyons le poème chronologique composé vers le milieu du onzième siècle par Gilla Coemain, qui mourut en 1072, les Tûatha Dê Danann furent maîtres de l'Irlande, après la seconde bataille de Mag-Tured, pendant cent soixante neuf ans qui, suivant les calculs des *Quatre Maîtres*, savants irlandais du dix-septième siècle, commencent l'an 1869 et finissent l'an 1700 avant J.-C. Lug fut leur premier roi et régna quarante ans ; Dagdé ensuite occupa le trône pendant quatre-vingts ans, puis Delbaeth dix ans, Fiachach Findgil, fils de Delbaeth, dix autres années. Enfin les trois petits-fils de Dagdé, savoir : Mac Cuill, Mac Cecht et Mac Grêné, s'étant partagé l'Irlande, possédèrent en même temps la royauté pendant vingt-neuf ans, jusqu'à l'arrivée des fils de Milé, qui les mirent à mort et firent la conquête de l'Irlande (1).

C'est probablement Gilla Coemain qui est l'auteur de cette chronologie. En tout cas, elle paraît avoir été inventée de son temps, et c'est elle que nous trouvons dans le *Livre des conquêtes* (2). Elle est une conséquence logique de la thèse professée quelques années auparavant par le moine Flann Manistrech. Ce personnage, qui mourut abbé en 1056, écrivit en vers irlandais un poème didactique où il fait mourir, comme de simples humains, les Tûatha Dê Danann, immortels jusque-là.

Il y raconte, par exemple, par qui fut tué Lug (3). Suivant lui aussi, Dagdé mourut des blessures qu'une femme nommée Cetnenn lui avait faites d'un coup de javelot à la bataille de Mag-Tured (4). Il n'avait pas

---

(1) Livre de Leinster, p. 127, colonne 2, lignes 1-8.
(2) *Ibid.*, p. 9, colonne 2.
(3) *Ibid.*, p. 11, colonne 2, ligne 7.
(4) *Ibid.*, p. 11, colonne 2, lignes 26, 27.

été question de Cetnenn avant que Flann Manistrech composât son poème : on avait seulement parlé de Lug, fils d'Ethniu, en vieil irlandais *Lug macc Ethnenn*; en vieil irlandais *mac*, fils, s'écrit avec deux *c* : *macc*. *Ethnenn* est le génitif d'*Ethniu*, nom de femme; et comme en vieil irlandais le composé syntactique *macc Ethnenn* s'écrivait sans diviser les deux mots, c'est d'une mauvaise division de ce composé qu'est résulté le nom propre *Cetnen*. On a lu *mac-Cethnenn*, au lieu de *macc Ethnenn*. De là l'origine de Cetnen qui aurait blessé mortellement Dagdé, si nous en croyons Flann Manistrech.

Flann Manistrech a, de même, raconté la mort de Delbaeth et celle de son fils (1). Il avait changé en hommes tous ces personnages divins. Le plus ancien auteur qui paraisse les avoir chacun investi de la royauté pendant un temps déterminé est Gilla Coemain, qui mourut seize ans après Flann Manistrech. Par là Gilla Coemain a donné une base au système chronologique nouveau par lequel se conclut l'évolution progressive qui a transformé la mythologie irlandaise en un récit historique conforme aux méthodes monastiques du moyen âge. Cependant, à la fin du onzième siècle, ces doctrines, alors tout récemment mises au jour, n'étaient pas universelle-

---

(1) Livre de Leinster, p. 11, colonne 2, lignes 28-31. Ici le fils de Delbaeth s'appelle Fiachna, comme dans le *Livre des conquêtes* (Livre de Leinster, p. 9, col. 2, lignes 44-45), et non Fiachach comme dans le poème de Gilla Coemain, Livre de Leinster, p. 127, colonne 2, ligne 6.

ment admises par les érudits qu'abritaient les monastères irlandais, et une science plus saine y a fait alors entendre une protestation dont l'écho est arrivé jusqu'à nous.

Pour l'annaliste Tigernach, mort en 1088, c'est-à-dire seize ans après Gilla Coemain, les dates accumulées par ce fondateur de la chronologie préhistorique de l'Irlande étaient encore sans valeur ; et il n'y avait pas de dates certaines dans l'histoire d'Irlande avant l'an 305 avant J.-C., où Cimbaed, fils de Fintan, devint roi d'Emain (1). Nous sommes bien loin de l'année 1700 avant notre ère où aurait fini la domination des Tùatha Dê Danann. Les dates dont fourmillent les monuments de la mythologie irlandaise n'ont pas été puisées dans la tradition. Gilla Coemain est même vraisemblablement le premier qui ait imaginé une liste de rois de la race des Tùatha Dê Danann. Sa doctrine, sur ce point, est étrangère aux idées que les Irlandais païens se faisaient de leurs dieux. Les Irlandais païens considéraient leurs

---

(1) Voici le texte de Tigernach d'après le fac-similé publié par M. Gilbert, part I, pl. XLIII : « In anno XVIII Ptolomei fuit ini- » tiatus regnare in Emain Cimbaed filius Fintain qui regnavit xxviii » annis. Tunc Echu Buadach, pater Ugaine, in Temoria regnare ab » aliis fertur, liquet prescripsimus olim Ugaine imperasse. Omnia » monumenta Scottorum usque Cimbaeth incerta erant. » La dix-huitième année de Ptolémée Lagus dont il s'agit plus haut, et qui, suivant Tigernach, aurait régné quarante ans (323-283), est l'an 305 avant J.-C. Le manuscrit reproduit ici est conservé à la bibliothèque Bodléienne d'Oxford, sous la cote Rawlinson B 502. M. Gilbert a le premier donné ce passage exactement.

dieux comme immortels. Lug et Dagdé qui, suivant les calculs fondés par les Quatre Maîtres sur les chiffres de Gilla Coemain, seraient morts l'un 1830 ans l'autre 1750 ans avant J.-C., nous sont présentés par la littérature épique irlandaise comme des êtres surnaturels vivant encore au temps du héros Cùchulainn et du roi Conchobar; or, ces deux derniers personnages, suivant les calculs Tigernach, sont contemporains de Jésus-Christ, et les calculs de Tigernach ne semblent pas mal fondés.

§ 2.

Milé et Bilé ancêtres de la race celtique.

Les Tùatha Dê Danann restèrent, dit-on, maîtres de l'Irlande jusqu'à l'arrivée des fils de Milé. *Milé*, au génitif *Miled*, ancêtre mythique des Irlandais, autrement dits Gôidels ou Scots, n'était pas inconnu des Celtes continentaux. On a trouvé dans la partie de la Hongrie qui, sous l'empire romain, était comprise dans la Pannonie inférieure, ancienne dépendance de l'empire gaulois, de nombreuses inscriptions gravées sur des monuments funéraires, qui couvrent les tombes d'hommes d'origine gauloise. Une de ces inscriptions a été écrite pour rappeler la mémoire de Quartio, fils de Miletumarus, par ordre de Derva, sa veuve (1). Derva porte un nom gaulois qui veut

(1) *Corpus inscriptionum latinarum* t. III, première partie, p. 438, n°s 3404, 3405.

dire « chêne; » *Miletu-marus* est composé de deux termes : le second, *marus*, en gaulois *máros*, veut dire « grand; » quant au premier, *miletu*, il nous offre la forme que prenait dans les composés, quand il était premier terme, le thème consonantique gaulois *milet*, dont le nominatif devait être *miles* pour *milets*, en irlandais *Milé* (1); et le génitif *miletos*, en irlandais *Miled*. *Miletumarus* veut dire « grand comme Milé. » Ainsi le personnage mythique qui est, en Irlande, l'ancêtre de la race celtique était connu sur les bords du Danube comme sur les côtes de l'Océan dans la plus occidentale des Iles Britanniques.

Milé était fils de Bilé. Bilé est, comme Balar, un des noms du dieu de la mort. La racine BEL, « mourir, » change souvent son *e* radical en *a* quand la désinence contient un *a* : *atbalat* pour **ate-belant* (2), « ils meurent; » *Balar* pour *Belar* nous offre l'exemple d'un phénomène identique. Quant, au contraire, la désinence contient un *i*, l'*e* radical de la racine BEL se change en *i* : *epil*, « il meurt, » pour **ate-beli* (3). Dans *Bile* pour **Belios*, le même phénomène s'est produit.

Milé fils de Bilé, a donc pour père le dieu de la

---

(1) On trouve quelquefois au nominatif *Milid* qui est en réalité l'accusatif. Le nominatif ne peut être que *Mile* ou *Mili*.

(2) Glose au vers 40 de l'hymne de Colman : Whitley Stokes, *Goidelica*, 2ᵉ édit., p. 124; Windisch, *Irische Texte*, p. 9, 377.

(3) Priscien de Saint-Gall, fᵒ 30 a; et Saint-Paul de Wurzbourg, fᵒ 30 d; *Grammatica celtica*, 2ᵉ édition, p. 60.

mort, le dieu celtique que César a appelé *Dis pater*. Les Gaulois, dit-il, prétendent qu'ils descendent tous de *Dis pater*, dieu de la mort, *ab Dite patre* (1). *Dis* paraît contracté pour *dives*, *Dite* pour *divite* (2). Ce nom divin était celtique en même temps que romain : *dith* est un des noms de la mort en vieil irlandais. On le trouve aussi écrit *diith* avec deux *i* (3) ; il paraît avoir perdu un *v* primitif entre ces deux voyelles, comme le latin *dite* pour *divite*; *diith* s'écrit pour *divit*, et le nom gaulois *Divitiacus*, porté au temps de César par un druide éduen bien connu (4), avant ce temps par un roi des Suessions (5), paraît un dérivé de ce mot.

§ 3.

La doctrine qui fait arriver les Irlandais d'Espagne et leur donne pour pays d'origine la Scythie et l'Egypte.

Dès l'époque où a été dressée notre première liste

(1) *De bello gallico*, livre VI, chapitre 18, § 1.

(2) Cicéron, *De natura deorum*, lib. II, cap. XXVI, § 66; cf. Corssen, *Ueber Aussprache, Vokalismus und Betonung der lateinischen Sprache*, 2ᵉ édit., t. I, p. 316.

(3) Saint-Paul de Wurzbourg, fº 8 D; *Grammatica celtica*, 2ᵉ édition, p. 21; Zimmer, *Glossæ hibernicæ*, p. 50; cf. Windisch, *Irische Texte*, p. 484. Comparez le breton *divez*, « fin, » en gallois *diwedd*, et l'irlandais *dead*, même sens.

(4) Cicéron, *De divinatione*, livre I, chap. 41, § 90 ; César, *De bello gallico*, livre I, chap. 16, 18, 19, 20, 31, 32, 41 ; livre II, chap. 10, 13; livre VI, chap. 12.

(5) *De bello gallico*, livre II, chap. 4, § 7.

de la littérature épique, l'évhémérisme faisait partir les fils de Milé, non du pays des morts, mais d'Espagne ; et les croyances chrétiennes associées à des préoccupations étymologiques, avaient fait imaginer de longues pérégrinations antérieures que les ancêtres des Irlandais, sortis du berceau asiatique du genre humain, avaient, disait-on, interrompues par des séjours en divers lieux tels que l'Egypte et surtout la Scythie. Il semblait évident que Scots et Scythes, c'était tout un.

Nennius, au dixième ou même au neuvième siècle, a connu cette légende érudite et relativement moderne. Il dit la tenir des savants irlandais (1). Voici comment il s'exprime. « Quand les fils d'Israël traver-
» sèrent la mer Rouge, les Egyptiens les suivirent,
» et ils furent noyés, comme on lit dans la Bible.
» Or il y avait alors chez les Egyptiens un homme
» noble de Scythie, avec une nombreuse famille.
» Il avait été précédemment détrôné en Scythie, et il
» était en Egypte quand les Egyptiens furent noyés ;
» mais il n'était point allé poursuivre le peuple de
» Dieu. Les Egyptiens survivants, après délibération,
» le chassèrent de leur pays ; ils craignaient qu'il
» ne voulût s'en rendre maître, en profitant de ce
» que les chefs de familles avaient péri dans la mer
» Rouge. Obligé de quitter l'Egypte, celui-ci voyagea
» en Afrique pendant quarante-deux ans, arriva

---

(1) « Sic mihi periti Scottorum nuntiaverunt. » *Appendix ad opera edita ab Angelo Maio.* Romæ, MDCCCLXXI, p. 99.

» avec sa famille aux autels des Philistins, traversa
» un lac salé, passa entre Rusicada et les montagnes
» de la Syrie, franchit le fleuve Malva, parcourut la
» Mauritanie, atteignit les colonnes d'Hercule, et en-
» fin entra en Espagne où sa race habita un grand
» nombre d'années et se multiplia considérablement. »

Ce récit sommaire est un abrégé de celui qui, dans la plus ancienne liste des compositions épiques irlandaises est intitulé : « Emigration ou voyage de Milé, fils de Bilé, jusqu'en Espagne (1). » Des arrangements plus modernes de cette légende nous ont été conservés par le *Chronicum Scotorum*, annales d'Irlande, composées au douzième siècle (2); par l'introduction du *Livre des conquêtes*, transcrite au douzième siècle dans le livre de Leinster (3); enfin, dans une glose du *Senchus Môr* (4).

Les savants irlandais du moyen âge prétendaient être, par les femmes, d'origine égyptienne. Des trois noms de la race irlandaise, *Fêne, Scôt, Gôidel*, ils s'étaient fait trois ancêtres : 1° Fênius, roi de Scythie ; 2° Scôta, fille de Pharaon, roi d'Egypte, et belle-fille de Fênius ; 3° Gôidel, fils de Scôta. Il est probable que Scôta, fille de Pharaon, était déjà inventée dès la fin du huitième siècle, et que Clément, le gram-

---

(1) *Tochomlod Miled, maic Bilé, co Espain*. Livre de Leinster, p. 190, col. 1, ligne 60.

(2) *Chronicum Scotorum*, édition Hennessy, p. 10-13.

(3) Livre de Leinster, p. 2-4.

(4) *Anciens laws of Ireland*, I, p. 20, 22. Voir aussi Keating, livre I, partie II, chap. 1 à 5; édition de Halliday, pages 214 et suivantes.

mairien irlandais de la cour de Charlemagne, avait parlé de cette Egyptienne, mère fantastique du peuple irlandais. Quand l'Anglo-Saxon Alcuin, condamné à la retraite par l'âge, se plaint à Charlemagne de l'influence de plus en plus prépondérante acquise par les Irlandais à l'école du palais, il les traite d'Egyptiens. — « En m'en allant, » dit-il, « j'avais » laissé près de vous des Latins; je ne sais qui les » a remplacés par des Egyptiens (1). »

§ 4.

Ith et la tour de Brégon.

Nous ne parlerons pas davantage de ces légendes relativement modernes et dont l'origine n'a rien de populaire, mais qui sont le produit d'une fausse érudition. Arrivons à l'antique récit où l'on voit comment la race celtique sortit du pays des morts pour venir s'établir dans la terre qu'elle habite encore aujourd'hui (2).

La plus ancienne rédaction que nous ayons de cette légende date du onzième siècle. Elle nous a été conservée par le *Livre des conquêtes*. On y voit qu'un certain Brégon, père, ou plutôt grand-père de

(1) Lettre 82 d'Alcuin, chez Migne, *Patrologia latina*, tome 100, col. 266-267. Cf. Hauréau, *Singularités historiques et littéraires*, p. 26.
(2) « Tochomlod mac Miled a hEspain in hErinn, » Livre de Leinster, p. 190, col. 1, lignes 60, 61.

Milé (1), construisit une tour en Espagne, lisons : dans le pays des morts. On appela cette tour la tour de Brégon ; c'est une seconde édition de la tour de Conann, chantée par Eochaid húa Flainn au dixième siècle, et au siège de laquelle les descendants du mythique Némed, allant combattre le dieu des morts, furent d'abord vainqueurs, puis périrent au nombre des soixante mille. C'est la tour de Kronos, dieu des morts, dans l'île des Bienheureux, que Pindare chantait au cinquième siècle avant notre ère (2). Brégon eut un fils qui s'appela Ith ; et par une belle soirée d'hiver, Ith, contemplant l'horizon du haut de la forteresse paternelle, aperçut dans le lointain les côtes de l'Irlande (3). Dès le onzième siècle, les savants irlandais avaient fait de Brégon une ville d'Espagne, l'antique Brigantia, aujourd'hui Bra-

---

(1) Iar-sain rogenair Bregoin,
Athair Bili in balc-dremoin.
Livre de Leinster, p. 4, col. 1, lignes 34, 36.
Bregoin, mac Bratha blaith bil ;
Is dó ro-bo mac Milid
Livre de Leinster, p. 4, col. 2, lignes 39, 40. Ces vers font partie d'un poème de Gilla Coemain. Ils peuvent se traduire ainsi :
Ensuite naquit Bregoin,
père de Bilé à la forte fureur....
Bregoin, fils de Brath au beau renom ;
C'est de lui que Milé fut fils.
Au lieu de fils, lisez petit-fils : on sait que Milé fut fils de Bilé.
(2) Voir plus haut, p. 124.
(3) « Ith mac Bregoin atchonnairc hErinn ar-tús fescor gaimrid a-mulluch tuir Bregoin. » Livre de Leinster, p. 11, col. 2, lignes 50, 51 ; cf. Livre de Ballymote, folio 20 verso, col. 1, ligne 18.

gance (1). Pour voir de là l'Irlande, il fallait avoir une bonne vue ; mais, comme nous l'avons dit, c'était par une belle soirée d'hiver, et, fait observer un auteur irlandais, « c'est le soir, en hiver, lorsque » l'air est pur, que la vue de l'homme s'étend le » plus loin (2). »

§ 5.

L'Espagne et l'île de Bretagne confondues avec le pays des morts.

Mais ce n'est pas de l'Espagne qu'il s'agit ici. Le mot d'*Espagne* a été introduit ici par l'évhémérisme des chrétiens irlandais. A la doctrine relativement moderne à laquelle on doit la présence du nom de l'Espagne dans les textes qui nous servent ici de base, on peut comparer celle qui, à une date bien plus ancienne, avait fait pénétrer le nom de la Bretagne dans la légende du pays des morts telle qu'on la racontait en Gaule dans les premiers temps de l'empire romain. Si l'on en croit un récit emprunté à un auteur inconnu par Plutarque, qui mourut vers l'an 120 de notre ère, et par Procope, qui écrivait au sixième siècle, le pays des morts est la partie occidentale de la Grande-Bretagne,

(1) Poème de Gilla Coemain, dans le Livre de Leinster, p. 4, col. 1, ligne 39.
(2) « Is-ferr radarc duine glan-fhescor gaimrid. » Livre de Leinster, p. 12, col. 1, ligne 1.

séparée des régions orientales de celte île par un mur infranchissable. Il y a sur les côtes septentrionales de la Gaule, dit cette légende, une population de marins dont le métier est de conduire du continent les morts dans la partie de l'île de Bretagne qui est leur dernier séjour. Réveillés la nuit par les chuchotements d'une voix mystérieuse, ces marins se lèvent, se rendent au rivage, y trouvent des navires qui ne leur appartiennent point, remplis d'hommes invisibles dont le poids fait plonger les bâtiments autant qu'il est possible sans les faire submerger. Montant sur ces navires, ils arrivent au but d'un coup de rame, dit un texte; en une heure, dit un autre, quoique avec leurs navires à eux, même en s'aidant de voiles, il leur faille toujours au moins un jour et une nuit pour atteindre les côtes de l'île de Bretagne. Quand ils sont arrivés au rivage, leurs invisibles passagers débarquent; en même temps on voit les navires déchargés s'élever au-dessus des flots, et on entend la voix d'un personnage invisible proclamer les noms des nouveaux arrivants qui viennent augmenter le nombre des habitants du pays des morts (1).

Un coup de rame, une heure de navigation au plus, suffit pour exécuter le voyage nocturne qui du con-

---

(1) Fragment, conservé par Tzetzès, du commentaire de Plutarque sur Hésiode, chez Didot-Dübner, *Œuvres de Plutarque*, t. V, p. 20, 21. Procope, *De bello gothico*, livre IV, chap. 20; édition de Guillaume Dindorf, 1833, t. II, p. 565-569. Le texte de Procope est beaucoup plus complet que celui de Tzetzès.

tinent gaulois transporte les morts à leur dernier séjour. En effet, une loi mystérieuse rapproche pendant la nuit les longues distances qui, de jour, séparent le domaine de la vie du domaine de la mort. C'est la même loi qui, par une soirée claire, a permis à Ith d'apercevoir du haut de la tour de Brégon, dans le pays des morts, les côtes de l'Irlande séjour des vivants. Ce phénomène s'est produit en hiver; car l'hiver est une sorte de nuit, l'hiver, comme la nuit, abaisse les barrières qui s'interposent entre les régions de la mort et les régions de la vie; l'hiver, comme la nuit, donne à la vie l'apparence de la mort, supprime, pour ainsi dire, l'abîme redoutable creusé entre la vie et la mort par les lois de la nature. Voilà comment pendant une belle soirée d'hiver, Ith, du sommet de la tour de Brégon dans l'île des morts, vit à l'horizon les côtes de l'Irlande se dessiner devant lui.

§ 6.

Expédition d'Ith en Irlande.

Il s'embarqua avec trois fois trente guerriers et fit voile vers le pays inconnu dont sa vue pénétrante lui avait appris l'existence. Il l'atteignit heureusement, et prit terre sur le promontoire de Corco Duibné, à la pointe sud-ouest de l'Irlande. Cette île avait alors, dit-on, trois rois, petits-fils du grand dieu Dagdé : ils s'appelaient Mac Cuill, Mac Cecht et Mac

Grêné; ils avaient partagé l'Irlande entre eux (1). La femme de Mac Cuill s'appelait Banba; celle de Mac Cecht, Fotla; celle de Mac Grêné, Eriu (2). Banba, Fotla et Eriu sont trois noms de l'Irlande, les deux premiers tombés en désuétude, le dernier encore usité de nos jours. Ces trois reines sont donc autant de personnifications d'un être unique que le goût des Celtes pour la triade a triplé. Les trois dieux époux de l'Irlande sont issus de l'unité par le même procédé, et la provenance de cette triple unité divine nous est donnée par le troisième des noms qu'elle porte : *Mac Grêné*, « fils du soleil. » Quand Ith débarqua en Irlande, un fils du soleil avait épousé cette île et y régnait : c'est une forme nouvelle à cette idée tant de fois exprimée que l'Irlande appartenait alors aux Tûatha Dê Danann, dieux du jour, de la vie, de la science. Au nom propre Mac Grêné, « fils du soleil, » comparez le surnom de *Grian-Ainech*, « à la face solaire, » porté par Ogmé ou Ogmios, le champion divin, un autre des Tûatha dê Danann, c'est-à-dire des dieux solaires.

Mais Ith ne trouva personne sur le rivage. Il avança dans l'île et marcha longtemps vers le nord sans rencontrer qui que ce fût. Nêit, dieu de la guerre, venait d'être tué dans une bataille contre les Fomôré. Les trois rois des Tûatha dê Danann, c'est-à-dire

---

(1) *Lebar gabala* ou Livre des conquêtes, dans le Livre de Leinster, p. 9, col. 2, lignes 47-51.

(2) *Id., ibid.*, p. 10, col. 1, lignes 37-39.

Mac Cuill, Mac Cecht et Mac Grêné s'étaient réunis pour faire entre eux le partage de sa succession, et c'était dans la forteresse d'Ailech, fondée et habitée par le défunt, que les trois princes s'étaient rendus ; leurs guerriers les avaient accompagnés en ce lieu. On montre encore aujourd'hui l'emplacement de la forteresse d'Ailech ; elle est située dans le nord de l'Irlande au comté de Donegal, dans la baronnie de West-Inishowen, près de Londonderry. Ith, dans son voyage à travers l'Irlande, du sud au nord, atteignit enfin Ailech.

Les trois rois lui firent bon accueil et le prirent pour juge des difficultés auxquelles donnait lieu entre eux le partage de la succession de Nêit. Ith rendit une sentence arbitrale, qui termina toutes les contestations : « Agissez, » dit-il en terminant, « agissez selon les lois de la justice ; car il est bon, le pays que vous habitez ; il est abondant en fruits, en miel, en froment, en poisson ; il est tempéré et quant à la chaleur et quant au froid. » De ces dernières paroles les trois rois conclurent que Ith voulait s'emparer de l'Irlande. Ils l'invitèrent à en sortir, et ils résolurent de le tuer. Ils mirent à exécution ce projet, à quelque distance, dans un endroit qui, dit la légende irlandaise, reçut en mémoire de cet événement le nom de « plaine d'Ith, » *Mag Itha*. Mais les compagnons d'Ith ne succombèrent pas avec lui. Emportant avec eux le cadavre de leur malheureux chef, ils se rembarquèrent et regagnèrent le pays d'où ils étaient venus. Les fils de Milé considérèrent le meurtre d'Ith comme une déclaration de guerre : envahissant l'Irlande, ils en firent la conquête sur les Túatha Dê Danann, c'est-à-dire sur les dieux (1).

§ 7.

La mythologie irlandaise et la mythologie grecque ; Ith et Promêtheus ou Prométhée.

La guerre des premiers hommes contre les dieux et la victoire des hommes sur les dieux, — une des données fondamentales de la mythologie celtique, — peuvent sembler étrange, et cependant cette légende s'accorde avec une doctrine mythologique des Grecs.

La lutte soutenue par Zeus contre les Titans nous offre la forme grecque de la bataille irlandaise de Mag-Tured, où les Tûatha Dê Danann et les Fomôré se disputent la victoire : les Fomôré sont les Titans irlandais; dans les Tûatha Dê Danann de l'Irlande, nous retrouvons Zeus et les auxiliaires que lui donne la mythologie grecque. A cette bataille, le succès est obtenu par Zeus et les Tûatha Dê Danann; les Titans et les Fomôré sont vaincus.

Mais de qui descendent les hommes dans un des systèmes mythologiques de la Grèce ? C'est des Titans (2). Le premier ancêtre de la race hellénique est

---

(1) Livre de Leinster, p. 12, col. 1.
(2) Un système grec différent sur l'origine de l'homme a été exposé plus haut, p. 26-27.

Iapétos, issu de l'union de la Terre avec le Ciel son fils, qui est né de la Terre dès l'origine du monde (1). Iapétos a été père de Prométheus (2), puis celui-ci père (3) ou grand-père d'Hellèn, ancêtre mythique de la race grecque (4). Or, Iapétos, ce premier père des plus anciens aïeux auxquels les Grecs rattachent leur origine, est un Titan, Hésiode nous l'apprend : les fils que le Ciel a eus de la Terre sont des Titans (5) ; Iapétos est un de ces fils : donc c'est un Titan, un de ces ennemis des dieux solaires, un de ces adversaires de Zeus, que Zeus vainqueur a un jour précipités dans le Tartare avec Kronos leur roi. Iapétos, nous dit l'*Iliade*, habite le Tartare avec Kronos : « Jamais, » s'écrie Zeus s'adressant à Héra sa vindicative épouse, « jamais je n'aurai raison de » ta colère, quand même tu irais aux plus lointai- » nes extrémités de la terre et de la mer, où Kronos » et Iapétos sont assis, privés de la lumière du so- » leil qui parcourt les hautes régions du monde; » le profond Tartare est autour d'eux (6). » Plus loin, le poète, revenant sur cette idée, ajoute que

---

(1) Hésiode, *Théogonie*, vers 126, 127, 134.
(2) *Id., ibid.*, vers 507-510, 528, 543, 565, 614. *Les Travaux et les Jours*, vers 50, 54. Apollodore, livre I, chap. 2, sections 2, 3; Didot-Müller, *Fragmenta historicorum græcorum*, I, p. 105.
(3) Hésiode, *Catalogues*, fragment XXI, édition Didot, p. 49.
(4) Apollodore, livre I, chap. 7, sect. 2 ; Didot-Müller, *Fragmenta historicorum græcorum*, t. I, p. 110-111. Thucydide, livre I, chap. 3. Hérodote, livre I, chap 56, § 4.
(5) *Théogonie*, vers 207-210.
(6) *Iliade*, livre VIII, vers 478-481.

les dieux souterrains qui entourent Kronos s'appellent Titans (1).

Le Tartare est le séjour de Iapétos dans la mythologie de l'*Iliade*, qui remonte probablement au huitième siècle avant J.-C. Mais une doctrine postérieure donne pour domaine à Kronos et à ses compagnons, par conséquent à Iapétos, les îles ou l'île des Bienheureux, situées à l'extrême ouest, au delà de l'Océan. C'est la croyance admise dans les *Travaux et les Jours* d'Hésiode (2). Au cinquième siècle avant notre ère, elle est chantée par Pindare (3). Cette île est la nouvelle patrie où vivent les héros défunts, et par conséquent Iapétos, le primitif ancêtre de la race grecque. Cette île est identique au pays des morts, d'où les fils de Milé sont venus conquérir l'Irlande.

Ce n'est pas ici que s'arrrête la ressemblance entre la fable grecque et la fable celtique. Dans la mythologie grecque, le Titan Iapétos a un fils qui s'appelle Promêtheus. Promêtheus est l'adversaire de Zeus; Zeus est en lutte avec ce fils d'un Titan comme il l'a été avec les Titans à une daté antérieure. La seconde lutte est une continuation de la première. De même en Irlande, quand les Tùatha Dé Danann ont la guerre à soutenir contre les fils de Milé, cette guerre est en quelque sorte une suite

---

(1) *Iliade*, livre XIV, vers 273, 274, 278, 279.

(2) Hésiode, *Les Travaux et les Jours*, vers 165 et suivants.

(3) Pindare, *Olympiques*. II, vers 70 et suivants, édition Teubner. Schneidewein, t. I, p. 17.

de celle qu'ils ont précédemment soutenue contre les Fomôré; car c'est Bilé, personnification de la mort, en d'autres termes, c'est un des Fomôré qui est l'ancêtre des fils de Milé.

Quelques détails de la légende de Prométheus présentent avec celle d'Ith une ressemblance singulière. Celui-ci est surtout frappant : Prométheus est d'abord l'ami de Zeus (1). La rupture entre eux est causée par l'intervention de Prométheus dans un partage (2). De même Ith, d'abord bien accueilli par les Tûatha Dê Danann, leur devient suspect par suite d'un partage dont il est chargé. Dans la légende grecque comme dans la légende irlandaise, c'est un partage qui change l'amitié en haine, et de cette haine la victime tragique est le juge qui a réglé le partage.

Prométheus mit le comble à la colère de Zeus en prêtant aux hommes une aide inattendue. Zeus les privait de feu; Prométheus ravit à Zeus et donna aux hommes « le feu indomptable dont la splendeur brille au loin (3); » les hommes lui doivent donc la lumière et le jour; ils lui doivent la science et les arts (4). C'est le regard merveilleux d'Ith, qui, du haut de la tour de Brégon, a découvert l'Irlande : de la race de Milé, il est le premier qui ait pénétré dans cette île; c'est lui qui a enseigné la route de

---

(1) Eschyle, *Prométhée enchaîné*, vers 199 et suivants.
(2) Hésiode, *Théogonie*, vers 535-560.
(3) *Id., ibid.*, vers 561-569. *Les Travaux et les Jours*, vers 47-58.
(4) Eschyle, *Prométhée enchaîné*, vers 447 et suivants.

l'Irlande à la race de Milé aujourd'hui établie dans cette île ; la population irlandaise lui doit presque autant que les Grecs devaient à Prométheus.

Malgré les inappréciables services qu'il avait rendus aux hommes, Prométheus, frappé par l'iniquité de Zeus, subit un épouvantable supplice : enchaîné à l'une des colonnes qui, à l'extrême Occident, supportent la voûte du ciel, il a les entrailles déchirées par un aigle au sombre plumage qui lui ronge le foie sans cesse renaissant (1). Ainsi Ith innocent est massacré par les Tûatha Dê Danann.

Le supplice de Prométheus ne sera pas éternel : Héraclès, pénétrant dans l'Aïdès, ténébreux séjour de la mort et de la nuit, délivrera un jour ce bienfaiteur de l'humanité, frappé d'une peine imméritée par l'impitoyable colère de Zeus (2). Ith sera vengé : sa mort a été un crime et rien ne la justifiait; les Tûatha Dê Danann qui en ont été coupables perdront la domination de l'Irlande : ce sont les fils de Milé qui la leur enlèveront.

(1) Hésiode, *Théogonie*, vers 520-525. *Prométhée enchaîné*, vers 1021-1025.
(2) Eschyle, *Prométhée enchaîné*, vers 871-873, 1026-1029. Cf. *Iliade*, livre VIII, vers 360-369.

CHAPITRE XI.

CONQUÊTE DE L'IRLANDE PAR LES FILS DE MILÉ.

§ 1. Arrivée des fils de Milé en Irlande. — § 2. Premier poème d'Amairgen. Doctrine panthéiste qu'il exprime. Comparaison avec un poème gallois attribué à Taliésin et avec le système philosophique de Jean Scot dit Eringène. — § 3. Les deux autres poèmes d'Amairgen. Doctrine naturaliste qu'ils expriment. — § 4. Première invasion des fils de Milé en Irlande. — § 5. Jugement d'Amairgen. — § 6. Retraite des fils de Milé. — § 7. Seconde invasion des fils de Milé en Irlande. Ils font la conquête de cette île. — § 8. Comparaison entre les traditions irlandaises et les traditions gauloises. — § 9. Les Fir-Domnann, les Bretons et les Pictes en Irlande.

§ 1.

Arrivée des fils de Milé en Irlande.

Les compagnons d'Ith rapportèrent dans le pays des morts, ou, comme dit la rédaction chrétienne, en Espagne, le cadavre de leur chef. La race de Milé considéra le meurtre d'Ith comme une déclaration de guerre. Pour venger cet attentat, elle résolut d'émigrer en Irlande et de faire la conquête de cette île sur les assassins. Trente-six chefs, dont on donne les noms, commandaient la race de Milé.

Chacun d'eux eut son navire, où sa famille et ses hommes montèrent avec lui ; mais tous les passagers n'arrivèrent pas au but. L'un des fils de Milé étant monté sur le haut d'un mât pour voir l'Irlande, se laissa tomber dans la mer et y périt. L'homme de lettres, le savant, le *file* de la flotte était Amairgen, surnommé *Glúngel*, « au genou blanc, » fils de Milé ; sa femme mourut en route. La flotte atteignit la côte d'Irlande dans l'endroit où déjà Ith avait débarqué, à la pointe sud-ouest. On donna au lieu du débarquement le nom d'*Inber Scêné* (1) ; Scêné était le nom de la femme d'Amairgen, qui fut enterrée dans cet endroit.

Le jour où arrivèrent les fils de Milé fut le 1ᵉʳ mai, un jeudi, dix-septième jour de la lune (2). Partholon avait aussi débarqué en Irlande le 1ᵉʳ mai, bien qu'à un jour différent de la semaine et de la lune, c'est-à-dire le mardi, quatorzième jour de la lune ; c'était aussi un premier jour de mai qu'avait

---

(1) Ce serait le nom autrefois porté par la rivière de Kenmare dans le comté de Kerry. Hennessy, *Chronicum Scotorum*, p. 389. C'est déjà là qu'on avait fait débarquer Nemed.

(2) *Flathiusa hErend*, dans le Livre de Leinster, p. 14, col. 2, lignes 50-51. *Chronicum Scotorum*, édition Hennessy, p. 14. D'après le document intitulé *Flathiusa hErend*, les fils de Milé seraient arrivés en Irlande au temps du roi David, c'est-à-dire au onzième siècle avant notre ère. Les Quatre Maîtres placent le même événement 1700 ans avant J.-C.

commencé l'épidémie qui, en une semaine, avait détruit sa race. Le 1ᵉʳ mai était consacré à Belténé (1), un des noms du dieu de la mort, du dieu qui a donné aux hommes et qui leur reprend la vie. Ainsi, une fête de ce dieu est le jour où commença la conquête de l'Irlande par la race de Milé.

§ 2.

Premier poème d'Amairgen. Doctrine panthéiste qu'il exprime; comparaison avec un poème gallois attribué à Taliésin et avec le système philosophique de Jean Scot dit Eringène.

En mettant le pied droit sur la terre d'Irlande, le *file* Amairgen, fils de Milé, chanta un poème panthéiste en l'honneur de la science qui lui donnait une puissance supérieure à celle des dieux, dont elle tirait cependant son origine; il chanta la louange de cette science merveilleuse qui allait assurer aux fils de Milé la victoire sur les Tûatha Dé Danann. En effet, cette science divine pénétrant les secrets de la nature, en saisissant les lois, en connaissant les forces, était, suivant la prétention de la philosophie celtique, un être identique à ces forces elles-mêmes, au monde matériel et visible; et posséder cette science, c'était posséder la nature entière.

---

(1) *Beltene* ou *Beltine* est dérivé de l'infinitif *beltu, génitif *belten, datif *beltin, conservé en vieil irlandais dans le composé *epeltu*, « mort » = *ate-belatu. *Grammatica celtica*, 2ᵉ édition, p. 264.

« Je suis, » dit Amairgen, « le vent qui souffle sur la mer ;

» Je suis la vague de l'océan ;

» Je suis le murmure des flots ;

» Je suis le bœuf aux sept combats ;

» Je suis le vautour sur le rocher ;

» Je suis une larme du soleil ;

» Je suis la plus belle des plantes ;

» Je suis sanglier par la bravoure ;

» Je suis saumon dans l'eau ;

» Je suis lac dans la plaine.

. . . .

» Je suis parole de science ;

» Je suis la pointe de lance qui livre les batailles ;

» Je suis le dieu qui crée ou forme dans la tête [de l'homme] le feu [de la pensée] ;

» Qui est-ce qui jette la clarté dans l'assemblée sur la montagne ? (Et ici une glose ajoute : Qui éclaira chaque question, sinon moi ?)

» Qui annonce les âges de la lune ? (Et une glose ajoute : Qui vous raconte les âges de la lune, sinon moi ?)

» Qui enseigne l'endroit où se couche le soleil ? (sinon le *file*, ajoute une glose) (1) » …

---

(1) Livre de Leinster, p. 12, col. 2, lignes 39 et suivantes. Livre de Ballymote, f° 21, recto, col. 2, lignes 21 et suivantes. Livre de Lecan, f° 284, recto, col. 2. Voir aussi dans la Bibliothèque de l'Académie royale d'Irlande les manuscrits 23. K. 32, p. 75 et 23. K. 45, p. 188 ; enfin, *Transactions of the Ossianic Society for the year 1857*, vol. V, 1860, p. 234-236. Pour donner une édition de ce texte,

. . . .

L'ordre manque dans ce morceau ; les idées fondamentales et les idées secondaires s'enchevêtrent sans méthode ; mais le sens ne fait pas de doute : le *file* est parole de science, il est le dieu qui donne à l'homme le feu de la pensée ; et comme la science n'est pas distincte de son objet, comme Dieu ne fait qu'un avec la nature, l'être du *file* se confond avec le vent, avec les flots, avec les animaux sauvages, avec les armes du guerrier.

Un manuscrit gallois du quatorzième siècle nous a conservé une composition analogue. Elle est attribuée au barde Taliésin. Amairgen, le *file* irlandais, a dit : « Je suis une larme du soleil. » La pièce galloise met dans la bouche de Taliésin une assertion semblable : « J'ai été une larme dans l'air (1). » Voici d'autres formules parallèles :

Amairgen : « Je suis le vautour sur le rocher. » — Taliésin : « J'ai été un aigle (2). »

Amairgen : « Je suis la plus belle des plantes. » — Taliésin : « J'ai été arbre dans le bocage (3). »

Amairgen : « Je suis la pointe de la lance qui livre les batailles. » — Taliésin : « J'ai été une épée dans

---

on ne pourrait se contenter de la leçon fournie par le Livre de Leinster. Ainsi les mots *ar-domni*, qui ont pénétré dans le texte du Livre de Leinster, ligne 39, sont une glose, comme l'établit la comparaison avec les livres de Ballymote et de Lecan.

(1) *Kat Godeu*, vers 5, chez William F. Skene, *The four ancient books of Wales*, t. II, p. 137 et suivantes. Cf. t. I, p. 276 et suiv.

(2) *Kat Godeu*, vers 13.

(3) *Ibid.*, vers 23.

la main ; j'ai été un bouclier dans le combat (1). »

Amairgen : « Je suis parole de science. » — Taliésin : « J'ai été parole en lettre (2). »

Le poème gallois altère le sens primitif de la formule, en mettant au passé le verbe qui est au présent dans le vieux texte irlandais. Il substitue la notion de métamorphoses successives à la puissante doctrine panthéiste qui est la gloire comme l'erreur de la philosophie irlandaise et probablement de la philosophie celtique. Le *file* est la personnification de la science, et la science est identique à son objet. La science est l'Etre même dont les forces de la nature et tous les êtres sensibles ne sont que les manifestations. C'est ainsi que le *file* chez qui la science se revêt d'une forme humaine n'est pas seulement homme, mais est aigle ou vautour, arbre ou plante, parole, épée ou javelot ; voilà comment il est le vent de la mer, la vague de l'océan, le murmure des flots, le lac dans la plaine. Il est tout cela parce qu'il est l'être universel, ou, comme dit Amairgen, « le dieu qui crée dans la tête » de l'homme « le feu » de la pensée. Il est tout cela, parce que c'est lui qui détient le trésor de la science. « Je suis, » dit-il, « parole de science, » et plusieurs preuves attestent qu'il possède ce trésor : Amairgen a soin de le rappeler. Ainsi, lorsque les concitoyens du *file*, assemblés sur la montagne, sont embarrassés par

---

(1) *Kat Godeu*, vers 17, 18.
(2) *Ibid.*, vers 7.

une question difficile, le *file* leur en donne la solution. Ce n'est pas tout : il sait faire le calcul des lunaisons, qui est la base du calendrier ; et, par conséquent, il détermine les dates où se tiennent les grandes assemblées populaires, fondement de la vie politique, commerciale et religieuse. L'astronomie n'a pas pour lui de secrets ; il sait même quel est le lieu inconnu du reste des hommes où, chaque soir, le soleil, fatigué de sa course diurne, va prendre son repos jusqu'au lendemain ; la science donc lui appartient ; la science, c'est lui ; or la science, c'est l'être unique dont le monde entier, avec tous les êtres secondaires qui le remplissent, n'est que la variable et multiple expression.

Cette doctrine est celle qu'au neuvième siècle l'Irlandais Jean Scot a enseignée en France à la cour de Charles le Chauve en l'enveloppant des formes de la philosophie grecque. M. Hauréau résume la doctrine fondamentale du philosophe irlandais : en donnant de son grand ouvrage *De la division de la nature* les extraits suivants : « On est informé par tous les » moyens de connaître que, sous l'apparente diver- » sité des êtres, subsiste l'être unique qui est leur » commun fondement (1). »

« Quand on nous dit que Dieu fait tout, » a écrit Jean Scot, « nous devons comprendre que Dieu est » dans tout, qu'il est l'essence substantielle de » toutes les choses. Seul, en effet, il possède en lui-

---

(1) *Histoire de la philosophie scolastique*, première partie, p. 171.

» même les conditions véritables de l'être ; et seul
» il est en lui-même tout ce qui est au sein des cho-
» ses auxquelles à bon droit on attribue l'existence.
» Rien de ce qui est n'est véritablement par soi-
» même ; mais Dieu seul, qui seul est véritablement
» par lui-même, se partageant entre toutes les cho-
» ses, leur communique ainsi tout ce qui répond en
» elles à la vraie notion de l'être (1). »

Et encore : « Ne vois-tu pas pourquoi le créateur
» de l'universalité des choses obtient le premier rang
» dans les catégories de la nature ? Ce n'est pas sans
» raison, puisqu'il est le principe de toute chose ;
» puisqu'il est inséparable de toute la diversité qu'il
» a créée ; puisqu'il ne peut autrement subsister au
» titre de créateur. En lui sont en effet, toutes les
» choses invariablement et essentiellement ; il est
» lui-même la division et la collection, et le genre
» et l'espèce, et le tout et la partie de l'universa-
» lité créée (2). »

Enfin, « qu'est-ce qu'une idée pure ? » selon
Jean Scot. « C'est, en propres termes, une théopha-
nie, c'est-à-dire une manifestation de Dieu dans
l'âme humaine. » Telle est, au neuvième siècle, la
doctrine enseignée en France par l'Irlandais Jean
Scot (3). C'est la doctrine que l'épopée mythologique

(1) Hauréau, *ibid.*, p. 159. Cf. Jean Scot, *De divisione naturæ*, livre I, chap. 72 ; Migne, *Patrologia latina*, t. 122, col. 518 A.

(2) *De divisione naturæ*, l. III, c. 1 ; Hauréau, *ibid.*, p. 160 ; Migne, *Patrologia latina*, t. 122, col. 621 B C.

(3) Hauréau, *Histoire de la philosophie scolastique*, première partie,

irlandaise met dans la bouche d'Amairgen, quand elle lui fait dire : « Je suis le dieu qui met dans la tête [de l'homme] le feu [de la pensée], je suis la vague de l'Océan, je suis le murmure des flots, etc. » La *file*, le savant chez lequel la science, c'est-à-dire l'idée divine, s'est manifestée, et qui devient ainsi la personnification de cette idée, peut, sans orgueil, se proclamer identique à l'être unique et universel dont tous les êtres secondaires ne sont que les apparences ou les manifestations. Sa propre existence se confond avec celle de ces êtres secondaires.

Tel est le sens du vieux poème que la légende irlandaise met dans la bouche du *file* Amairgen au moment où ce représentant primitif de la science celtique, arrivant des régions mystérieuses de la mort, posa pour la première fois son pied droit sur le sol de l'Irlande.

§ 3.

Les deux autres poèmes d'Amairgen. Doctrine naturaliste qu'ils expriment.

Après ce document philosophique, le *Livre des conquêtes* fait débiter par Amairgen deux autres morceaux inspirés par une doctrine beaucoup moins élevée. La croyance qui les inspire est à peu près

---

p. 156-157. Cf. Jean Scot, *De divisione naturæ*, livre I, chap. 7; Migne, *Patrologia latina*, t. 122, col. 446 D.

celle qui, dans la *Théogonie* hésiodique, explique l'origine du monde. La matière a précédé les dieux. Ce qui a d'abord existé, c'est le Chaos, père des ténèbres et de la Nuit ; ensuite a paru la Terre, qui a produit les montagnes, le ciel et la mer, et qui, s'unissant au Ciel, a donné naissance à l'Océan d'abord, ensuite aux Titans, pères des dieux et des hommes. La matière a donc existé à l'origine des choses ; elle a sur les dieux la supériorité du père sur son fils. La nature matérielle est au-dessus des dieux. Aussi Amairgen, en guerre avec les dieux, s'adresse-t-il aux forces de la nature. C'est avec leur aide qu'il espère vaincre les dieux. Voilà pourquoi les deux derniers poèmes d'Amairgen sont chacun une invocation aux forces de la nature. Voici la seconde de ces deux pièces : comme dans la *Théogonie*, la Terre y tient la première place :

« J'invoque terre d'Irlande !
» Mer brillante, brillante (?) !
» Montagne fertile, fertile !
» Bois vallonné !
» Rivière abondante, abondante en eau !
» Lac poissonneux, poissonneux !
. . . . (1). »

---

(1)   Aliu iath n-hErend.
    Hermach [hermach] muir,
    Mothach mothach sliab,
    Srathach srathach caill,
    Cithach cithach aub,
    Essach essach loch.
Aliu est glosé par *alim*, et *aub* par *aband*.

Ainsi c'est la terre d'Irlande, c'est la mer qui l'entoure, ce sont ses montagnes, ses rivières, ses lacs qu'Amairgen appelle à son aide contre la race divine qui la domine, contre les dieux qui l'habitent. Nous avons ici une formule de prière empruntée au rituel celtique. Elle a dû être jadis consacrée par l'usage et elle n'a pas été composée pour le morceau littéraire dans lequel elle a été insérée. C'est une invocation païenne adressée à l'Irlande divinisée, et cette invocation pouvait être employée en toute circonstance où l'on croyait avoir besoin du secours de cette divinité tutélaire.

Ce texte en rappelle d'autres où, en Irlande, on voit également la nature matérielle considérée comme le plus grand des dieux. Ainsi nous avons déjà parlé du serment que Loégairé, roi suprême d'Irlande, vaincu et fait prisonnier par les habitants de Leinster, fut contraint de leur prêter pour obtenir sa liberté. Il prit à témoin le soleil et la lune, l'eau et l'air, le jour et la nuit, la mer et la terre ; il ne parla pas d'autres dieux que ceux-là, et quand il eut violé son serment, ces puissances de la nature, qui étaient caution de son engagement, le punirent de sa mauvaise foi en lui ôtant la vie (1).

Le *Livre des conquêtes* met dans la bouche d'Amair-

Livre de Leinster, p. 13, col. 2, lignes 6 et suivantes; comparez Livre de Ballymote, f° 21 verso, col. 2, lignes 20 et suiv. Livre de Lecan, f° 285 recto, col. 1; *Transactions of the Ossianic Society*, t. V, p. 232.

(1) Voir tome I, p. 181, 182.

gen un autre poème qu'il place le second et dont le sens est clair quand on le met à la suite du troisième. C'est une invocation à la mer ; la terre y est nommée, mais au second rang, tandis que, dans la pièce qui précède, elle tient le premier rang.

« Mer poissonneuse !
» Terre fertile !
» Irruption de poisson !
» Pêche là !
» Sous vague, oiseau !
» Grand poisson !
» Trou à crabe !
» Irruption de poisson !
» Mer poissonneuse (1) ! »

Ainsi Amairgen, venant combattre les dieux, invoque contre eux l'appui de la matière et des forces naturelles, auxquelles il adresse deux prières ; grâce à ces prières les dieux seront vaincus (2).

(1)   Iascach muir.
      Mothach tír.
      Tomaidm n-eisc.
      Iasca and.
      Fo thuind én.
      Lethach mîl.
      Partach lág.
      Tomaidm n-eisc.
      Iascach muir.

Livre de Leinster, p. 12, col. 2, lignes 49 et suiv.; cf. Livre de Ballymote, f° 21, recto, col. 3, ligne 21; Livre de Lecan, f° 284 verso, col. 1; *Transactions of the Ossianic Society*, t. V, p. 237.

(2) Sur le naturalisme celtique, tant en Gaule qu'en Irlande, voir plus bas, chap. XVI, § 8.

§ 4.

Première invasion des fils de Milé en Irlande.

Mais reprenons le récit de la conquête de l'Irlande par les fils de Milé. Le *file* Amairgen, débarquant avec ses frères et leurs compagnons, débita, dit le vieux texte, les deux invocations qui, dans l'exposé précédent, sont placées la première et la troisième. Nous retrouverons la seconde plus tard. Puis trois jours et trois nuits s'écoulèrent, et les fils de Milé livrèrent leur première bataille. Ils y eurent pour adversaires, suivant le *Livre des conquêtes*, « les démons, » c'est-à-dire les Tûatha Dê Danann. » C'était à peu de distance de la plage sur laquelle ils avaient débarqué, dans le lieu appelé Slîab Mis, qu'on écrit aujourd'hui Slieve Mish, dans le comté de Cork, qui est une des subdivisions du Munster, c'est-à-dire de la province du Sud-Ouest.

Ici le *Livre des conquêtes* place une de ces légendes bizarres dont la manie de l'étymologie a semé plusieurs documents irlandais. Près de Slieve Mish se trouvait un lac. Lugaid, fils d'Ith, s'y baigna, et de là ce lac prit le nom de « lac de Lugaid. » De ce lac coule une rivière, et la femme de Lugaid, qui s'appelait Fîal, c'est-à-dire « pudique, » se baigna dans cette rivière. Lugaid, suivant le courant, sortit du lac, pénétra dans la rivière et s'approcha de l'endroit où se trouvait sa femme ; en apercevant dans l'eau, où elle se trouvait elle-même, son mari, qu'elle n'attendait pas, Fial la pudique éprouva un tel saisissement qu'à l'instant elle expira, et son nom fut donné à la rivière où arriva ce tragique événement.

Les fils de Milé se mirent en marche vers le Nord-Est. Ils étaient encore près de Slieve Mish quand ils rencontrèrent la reine Banba. Elle leur dit : — « Si c'est pour faire la conquête de l'Irlande que » vous y êtes venus, le but de votre expédition » n'est pas juste. » — « C'est pour en faire la con- » quête, bien certainement, » répondit Amairgen le *file*. — « Accordez-moi, du moins, une chose, » répliqua Banba : « que cette île porte mon nom. » — « On donnera votre nom à cette île, » répondit Amairgen.

Un peu plus loin, les fils de Milé rencontrèrent la seconde reine, qui s'appelait Fotla. Elle demanda aussi que l'île reçût son nom. — « Soit, » dit Amairgen ; « l'île s'appellera Fotla. »

A Uisnech, point central de l'Irlande, les fils de Milé rencontrèrent Eriu, la troisième reine. — « Guerriers, » leur dit-elle, « soyez les bienvenus. » C'est de loin que vous arrivez ; cette île vous ap- » partiendra toujours, et d'ici à l'extrême levant il » n'y aura pas d'île meilleure. Aucune race ne sera » plus parfaite que la vôtre. » — « Voilà de bonnes » paroles, » dit Amairgen, « et une bonne prophé- » tie. » — « Ce n'est pas à vous que nous devons » des remerciements, » s'écria Eber Dond, l'aîné des fils de Milé ; « nous devrons nos succès à nos

» dieux et à notre propre puissance. » — « Ce que
» j'annonce est pour toi sans intérêt, » répondit
Eriu ; « tu ne jouiras pas de cet île ; elle n'appar-
» tiendra pas à tes descendants. » Et en effet, Eber
Dond devait périr avant la conquête de l'Irlande par
la race de Milé. La reine Eriu termina en demandant,
comme les deux premières reines, que son nom fût
donné à l'île. — « Ce sera son nom principal, » dit
Amairgen.

§ 5.

Jugement d'Amairgen.

Les fils de Milé arrivèrent à la capitale de l'Irlande, c'est-à-dire à Tara, qu'on appelait alors « la
Belle Colline, » *Druim Cain*. Ils y trouvèrent les
trois rois Mac Cuill, Mac Cecht et Mac Grêné, qui
alors régnaient sur les Tûatha Dê Danann et sur
l'Irlande et auxquels ils venaient faire la guerre. Ils
commencèrent par entrer en pourparlers avec eux.

Les trois rois dirent qu'ils voulaient un armistice
pour délibérer sur la question de savoir s'ils livreraient
bataille ou s'ils donneraient des otages et traiteraient.
Ils comptaient profiter de ce délai pour se rendre
invincibles, car au même moment leurs druides pré-
paraient des incantations qu'ils n'avaient pu faire
jusque-là, n'ayant pas prévu cette invasion. —
« Nous acceptons d'avance, » dit aux fils de Milé
Mac Cuill, premier roi des Tûatha Dê Danann, « la

» sentence que portera comme arbitre Amairgen
» votre juge ; mais nous le prévenons que s'il rend
» un faux jugement nous le tuerons. » — « Pro-
» nonce ta sentence, ô Amairgen, » s'écria Eber Dond,
l'aîné des fils de Milé. — « La voici, » répondit Amairgen. « Vous abandonnerez provisoirement cette île
» aux Tûatha Dê Danann. » — « A quelle distance
» irons-nous ? » demanda Eber. — « Vous laisserez
» entre elle et vous un intervalle de neuf vagues, »
répondit Amairgen. Ce fut le premier jugement
rendu en Irlande.

Tel est le récit du *Livre des conquêtes*. Que signifie
cette expression, « neuf vagues ? » On se deman-
dera de quelle distance il peut être question. C'est
une difficulté que nous n'avons pas la prétention de
résoudre. Ce que nous savons, c'est qu'il y a là une
formule magique à laquelle, en Irlande, on attribuait
encore une valeur superstitieuse aux premiers
temps du christianisme. Au septième siècle, il y avait
à Cork une école ecclésiastique qui fut un certain
temps dirigée par le *fer leigind*, ou professeur de littérature écrite, c'est-à-dire de latin et de théologie,
Colmân, fils de Hûa Clûasaig. A l'époque où Colmân
enseignait dans cette école, il y eut en Irlande une
famine suivie d'une épouvantable mortalité. Les deux
tiers des Irlandais périrent, et parmi eux les deux
rois d'Irlande, Diarmait et Blathmac, tous deux fils
d'Aed Slane. C'était en 665 (1). Pour échapper à ce

---

(1) Annales de Tigernach, chez O'Conor, *Rerum hibernicarum*

fléau, lui-même, et pour éviter que ses élèves en fussent atteints, Colmân recourut à deux moyens : il composa un hymne en vers irlandais, que nous ont conservé deux manuscrits de la fin du onzième siècle (1); il se retira avec ses élèves dans une île située près de la côte d'Irlande, mais à une distance de neuf vagues. « Car, » prétend le texte irlandais qui nous a gardé le souvenir de cet événement, « c'est, au dire des savants, un intervalle que les » maladies épidémiques ne peuvent franchir (2). » Ainsi, au septième siècle de notre ère, les Irlandais chrétiens attribuaient à la distance de neuf vagues une puissance magique à la protection de laquelle ils n'avaient pas cessé de croire, et nous retrouvons cette doctrine païenne dans l'histoire légendaire de la conquête de l'Irlande par les fils de Milé sur les Tùatha Dê Danann.

---

scriptores, t. II, p. 205. Cette épidémie aurait eu lieu en 661 suivant le *Chronicum Scotorum*, édition Hennessy, p. 98-99; en 664, suivant les *Annales des Quatre Maîtres*, édition d'O'Donovan, 1851, t. I, p. 274-276. La même date de 664 est donnée par Bède, *Historia ecclesiastica*, livre III, chap. 27; chez Migne, *Patrologia latina*, t. 95, col. 165.

(1) Collège de la Trinité de Dublin, manuscrit coté E. 4, 2, f° 5; Franciscains de Dublin, manuscrit coté I par Gilbert, p. 28; Whitley Stokes, *Goidelica*, 1re édit., p. 78; 2e édit., p. 121; Windisch, *Irische Texte*, p. 6.

(2) *Goidelica*, 2e édit., p. 121, ligne 34.

§ 6.

Retraite des fils de Milé.

Les fils de Milé se soumirent à la sentence d'Amairgen ; ils reprirent le chemin par lequel ils etaient venus, regagnèrent la pointe sud-ouest de l'Irlande, où leurs vaisseaux étaient restés à l'ancre, se rembarquèrent, et s'éloignèrent jusqu'à cette distance mystérieuse de neuf vagues, que le jugement d'Amairgen avait fixée. Aussitôt les druides et les *file* des Tùatha Dê Danann chantèrent des poèmes magiques qui firent lever un vent terrible, et la flotte des fils de Milé fut rejetée au loin dans la haute mer. Alors les fils de Milé éprouvèrent une profonde tristesse. — « Ce doit être un vent druidique, » dit Eber Dond, qui, en qualité d'aîné, paraît avoir été le chef principal de l'expédition. « Voyez si ce vent souffle au-dessus du mât. » On monta en haut du mât, et il fut constaté qu'au-dessus du mât on ne sentait aucun vent. — « Attendons qu'Amairgen nous rejoi-
» gne, » s'écria le pilote d'Eber Dond, qui était un élève du célèbre *file*. On attendit en effet que tous les vaisseaux fussent réunis, et Eber Dond, s'adressant à Amairgen, prétendit que cette tempête était une honte pour les savants de la flotte. — « Ce n'est
» pas vrai, » répondit Amairgen. Ce fut alors qu'il chanta sa prière à la terre d'Irlande, faisant appel à

la bienveillance de cette puissance naturelle contre l'inimitié des dieux.

« J'invoque terre d'Irlande !
» Mer brillante, brillante !
» Montagne fertile, fertile ! » Etc (1).

Dès qu'il eut fini, le vent changea et devint favorable. Eber Dond crut qu'un succès immédiat était assuré. « Je vais, » dit-il, « frapper de la lance et » du glaive tous les habitants de l'Irlande. » Mais il n'eut pas plus tôt prononcé ces mots que le vent redevint contraire. Une tempête s'éleva, les navires furent dispersés; plusieurs firent naufrage et périrent avec tous ceux qui les montaient; Eber Dond fut une des victimes. Ceux qui échappèrent à la tempête débarquèrent en Irlande à une grande distance du point d'où ils étaient partis quand ils avaient repris la mer à la suite du jugement d'Amairgen.

§ 7.

Seconde invasion des fils de Milé en Irlande : ils font la conquête de cette île.

L'embouchure de la Boyne, sur la côte orientale de l'Irlande, en face de la Grande-Bretagne, est l'endroit où les fils de Milé mirent pour la seconde fois le pied sur le sol irlandais; et conformément à la prophétie d'Eriu, Eber Dond, l'aîné, ne se trouvait plus parmi eux. Il était mort; ce furent ses

---

(1) Voyez plus haut, p. 250.

frères et non lui qui, comme la déesse Eriu l'avait annoncé, firent la conquête de l'Irlande (1).

Le sort de l'île fut décidé par une bataille qui se livra à Tailtiu, lieu célèbre par une assemblée périodique dont on attribue la fondation au dieu Lug. Les trois rois et les trois reines des Tûatha Dê Danann y perdirent la vie (2). A partir de cet événement, les Tûatha Dê Danann se réfugièrent au fond des cavernes, où ils habitent des palais merveilleux. Invisibles, ils parcourent l'Irlande, rendant aux hommes, suivant les circonstances, de bons ou de mauvais services dont on ne peut que difficilement deviner l'auteur. Quelquefois ils prennent des formes visibles, et aucun mystère n'enveloppe les opérations de leur puissance divine. La suite de leur histoire appartient à l'épopée héroïque de l'Irlande. Leur vie se mêle à la vie des héros, comme celle des dieux grecs dans l'*Iliade* et l'*Odyssée* (3). Nous en donnerons un aperçu dans les chapitres suivants.

Les fils de Milé prirent possession de l'Irlande. Le plus âgé, Eber Dond, faisant défaut, deux de ses frères se disputèrent la royauté. Erémon, le second des fils de Milé, était devenu l'aîné par la mort du premier;

---

(1) *Lebar gabala* ou Livre des conquêtes, dans le Livre de Leinster, p. 13, col. 4, lignes 34-40.

(2) *Flathiusa Erend*, dans le Livre de Leinster, p. 14, col. 2, ligne 51; p. 15, col. 1, lignes 1-4-

(3) Voir, par exemple, *Odyssée*, livre XVII, vers 485-488. Les dieux, sous l'apparence d'étrangers, dit le poète, se présentent partout, parcourant les villes, observant les hommes et les mauvaises actions des hommes. Cf. plus haut, p. 186.

mais le troisième, Eber Find, ne voulait pas reconnaître ce droit d'aînesse. Amairgen pris pour juge, décida qu'Erémon posséderait la royauté tant qu'il vivrait, et qu'une fois Erémon mort, la couronne passerait à Eber Find. Ce fut le second jugement d'Amairgen. Mais il reçut beaucoup moins bon accueil que le premier. A la parole d'Amairgen, les fils de Milé avaient consenti à battre en retraite et à momentanément abandonner l'Irlande à demi conquise déjà. Mais cette fois Eber Find refusa de se soumettre à la sentence d'Amairgen. Il exigea un partage immédiat de l'Irlande et l'obtint (1). Cet arrangement ne fut pas durable : au bout d'un an, Erémon et Eber Find se livrèrent bataille. Eber Find périt dans le combat ; Erémon devint seul roi d'Irlande (2).

§ 8.

Comparaison entre les traditions irlandaises et les traditions gauloises.

Dans ce récit, les traits fondamentaux doivent provenir de traditions qui ne sont pas seulement irlandaises, mais qui ont appartenu en commun à la race celtique. Les Gaulois, comme les Irlandais,

---

(1) *Lebar gabala* ou Livre des conquêtes, dans le Livre de Leinster, p. 14, col. 1, lignes 47-51.
(2) *Flathiusa Erend*, dans le Livre de Leinster, p. 15, col. 1, lignes 8-14.

croyaient descendre du dieu des morts ; comme les Irlandais, ils pensaient que le domaine du dieu des morts appartenait à la géographie, que c'était une contrée réelle, située au delà de l'Océan. C'était la région mystérieuse où les marins gaulois des côtes de l'Océan, montés sur des navires d'origine inconnue, conduisaient la nuit, d'un coup de rame ou en l'espace d'une heure, des morts invisibles (1). La population préceltique de la Gaule n'en venait point.

Il y avait en Gaule, disaient les druides vers la fin du premier siècle avant notre ère, une population indigène : c'est la population antérieure à la conquête celtique; c'est celle qui est connue en Irlande sous le nom de Fir-Bolg, Fir-Domnann, Galiôin. Un second groupe, ajoutaient les druides, venait des îles les plus éloignées, c'est-à-dire du pays des morts, des îles des Bienheureux ou des tout-puissants de la mythologie grecque : c'était la population celtique qui la première, à une époque préhistorique, antérieurement à l'année 500 ou environ avant J.-C., antérieurement à Hécatée de Milet (2), avait franchi le Rhin et s'était installée dans les régions situées à l'ouest de ce grand fleuve. A la date où Timagène recueillait cet enseignement des druides, c'est-à-dire vers la fin du siècle qui précède la naissance de J.-C., les Celtes de ce premier ban avaient perdu le sou-

---

(1) Voir plus haut, p. 231-232.
(2) « Μασσαλία, πόλις τῆς Λιγυστικῆς κατὰ τὴν Κελτικήν. » *Fragmenta historicorum græcorum*, t. I, p. 2.

venir de leur établissement en Gaule, et, quant à leur origine, n'avaient plus d'autre croyance que la doctrine druidique sur l'origine mythique du Celte. Enfin, un troisième groupe avait été formé par les peuples celtiques du second ban, primitivement établis sur la rive droite du Rhin, et que, du troisième au premier siècle avant notre ère, la conquête germanique en avait expulsés en les forçant à chercher un refuge sur la rive gauche de ce fleuve, ou même plus à l'Ouest, dans diverses régions de la Gaule (1). On avait conservé le souvenir de leur arrivée de ce côté-ci du Rhin.

Des trois articles dont se composait l'enseignement des druides sur l'ethnographie gauloise, le second appartient à la mythologie : c'est celui qui fait sortir des îles les plus éloignées la population celtique la plus anciennement établie en Gaule. Le troisième article, qui donne une origine transrhénane à des Gaulois plus récemment arrivés sur notre sol, est du domaine de l'histoire. Quant au premier article, où les populations les plus anciennes de la Gaule, c'est-à-dire les populations préceltiques, sont présentées comme indigènes, il est conforme à la croyance généralement admise dans l'antiquité, où l'on considérait comme indigènes les peuples dont les migrations étaient oubliées ; et il est d'expé-

---

(1) Timagène cité par Ammien Marcellin, livre XV, chap. 9, chez Didot-Müller, *Fragmenta historicorum græcorum*, t. III, p. 323. Timagène écrivait du temps de l'empereur Auguste.

rience que le souvenir des migrations un peu anciennes s'efface toujours de la mémoire des peuples qui n'ont pas d'annales écrites.

§ 9.

Les Fir-Domnann, les Bretons et les Pictes en Irlande.

Mais revenons à l'Irlande et aux récits légendaires par lesquels s'y complète la doctrine traditionnelle des origines nationales. Erémon, devenu seul maître de l'Irlande, attribua aux conquérants le nord, l'ouest et le sud-ouest de l'île, c'est-à-dire qu'il partagea entre eux l'Ulster, le Connaught et le Munster. Il laissa le Leinster aux habitants primitifs de l'Irlande, et y donna la royauté à Crimthan Sciathbel, qui était un Fer-Domnann. Bientôt, Crimthan se trouva en guerre avec une tribu bretonne qu'on appelait « les hommes de Fidga, » *Fir-Fidga* ou *Túath-Fidga*. Ceux-ci avaient envahi la partie de l'Irlande où régnait Crimthan et ils étaient plus forts que ses soldats ; leurs traits empoisonnés causaient des blessures mortelles.

Ce fut en ce moment que les Pictes, en irlandais *Cruithnich*, arrivèrent en Irlande. Ils débarquèrent sur la côte méridionale du Leinster, à l'embouchure de la rivière de Slaney, qui se jette dans la mer près de Wexford. Crimthan fit alliance avec eux, et apprit d'un druide picte le moyen de guérir les blessures que ses soldats recevaient en combattant les Fir-Fidga. La recette était de prendre un bain près du champ de bataille dans un trou rempli du lait de cent vingt vaches blanches sans cornes. Grâce à ce traitement, les soldats de Crimthan remportèrent la victoire d'Ard-Lemnacht. Les Pictes, auteurs de ce succès, exercèrent quelque temps une grande puissance en Irlande. Puis Erémon les en chassa, et les contraignit à aller s'établir en Grande-Bretagne.

Mais il consentit à leur donner pour femmes les veuves des guerriers de la race de Milé qui avaient péri sur mer avant la conquête de l'Irlande. A ce don il mit une condition : c'est que chez les Pictes les héritages se transféreraient par les femmes et non par les hommes. Les chefs pictes consentirent à établir chez eux ce droit des femmes en matière de succession, et ils jurèrent par le soleil et la lune d'observer à jamais cette législation nouvelle (1). Dès lors les Gôidels ou Scots, autrement dits fils de Milé, dominèrent seuls en Irlande. Il serait difficile de déterminer où, dans ce récit, s'arrête exactement la part de la fable et où commence l'histoire.

(1) *Flathiusa Erend*, dans le Livre de Leinster, p. 15, col. 1, lignes 15 et suivantes; cf. Livre de Ballymote, f° 23 r°; et Livre de Lecan, f° 287 r°. Deux rédactions, l'une en prose, l'autre en vers, toutes deux un peu différentes de celle-là, se trouvent dans le Nennius irlandais, *The irish version of the Historia Britonum of Nennius*, p. 122-127; 134-149. Voyez aussi l'article du *Dinn-senchus*, qui commence par les mots « Senchass Ardda-Lemnacht, » Livre de Leinster, p. 196, col. 2, ligne 12. La guerre de Crimthan Sciathbel contre les Fir Fidga était le sujet de la pièce intitulée *Forbais Fer Fidga*. Cette pièce est comprise dans la liste la plus ancienne des morceaux qui composent la littérature épique d'Irlande.

CHAPITRE XII.

LES TÙATHA DÊ DANANN DEPUIS LA CONQUÊTE DE L'IR-
LANDE PAR LES FILS DE MILÉ. — PREMIÈRE PARTIE.
LE DIEU SUPRÊME DAGDÉ.

§ 1. Ce que devinrent les Tûatha Dé Danann après leur défaite par les fils de Milé. Le morceau intitulé *De la Conquête du Sid*. — § 2. Le dieu Dagdé. Sa puissance après la conquête de l'Irlande par les fils de Milé. — § 3. Le palais souterrain de Dagdé à Brug na Boinné, ou Sid Maic ind Oc. Oengus, fils de Dagdé. Rédaction païenne de la légende qui concerne Oengus et ce palais. — § 4. Rédaction chrétienne de cette légende. — § 5. Les amours d'Oengus, fils de Dagdé. — § 6. L'évhémérisme en Irlande et à Rome. Dagdé ou « bon dieu » en Irlande; *Bona dea*, « la bonne déesse, » compagne de Faunus à Rome.

§ 1.

Ce que devinrent les Tûatha Dé Danann après leur défaite par les fils de Milé. Le morceau intitulé : « De la Conquête du Sid. »

Les Tûatha Dé Danann vaincus, mais toujours dieux, immortels et puissants, se retirèrent dans des palais souterrains. Suivant la croyance celtique, telle qu'elle résulte de la plus vieille littérature épique de l'Irlande, ils y habitent encore, mais ils en sortent de temps en temps pour visiter ce monde dont ils ont été autrefois seuls maîtres, et où ils exercent encore aujourd'hui une puissance tantôt favorable, tantôt nuisible aux hommes. Souvent, par un privilège qui est un des caractères de la divinité, ils sont invisibles, et l'homme qui obtient leur faveur ou qui est frappé par leur vengeance n'aperçoit que les résultats des actes de l'être surnaturel qui le comble de ses bienfaits, ou dont la haine le poursuit. Quelquefois ils se montrent aux regards humains sous forme d'hommes ou d'animaux, d'oiseaux principalement. Ils tiennent une place considérable dans les compositions épiques consacrées aux exploits des héros de la race de Milé.

Un des morceaux qui servent d'introduction à la grande épopée connue sous le nom « d'Enlèvement du taureau de Cualngé, » *Tain bó Cuailnge*, racontait la plus ancienne histoire des Tûatha Dê Danann après la conquête des fils de Milé. Nous avons de ce récit deux rédactions. L'une intitulée : « Conquête du *Sid*, » c'est-à-dire « du palais enchanté des dieux, » est antérieure aux travaux par lesquels les savants irlandais du onzième siècle, notamment Flann Manistrech et Gilla Coemain, ont défiguré les anciennes traditions mythologiques en limitant la durée de la vie des principaux chefs des Tûatha Dê Danann et en fixant la date où seraient morts ces personnages divins que l'imagination celtique avait créés et considérait comme immortels (1). Il y a de la même pièce une autre rédaction qui est chrétienne. Les doctrines de Flann Manistrech et de Gilla Coemain sont acceptées par l'auteur. Les noms des chefs des Tûatha Dê Danann, dont le *Livre des conquétes* place la mort avant l'établissement des fils de Milé en Irlande, ne paraissent pas dans cette rédaction : ils sont remplacés par d'autres noms, et, grâce à des développements nouveaux, le second récit est rattaché aux légendes qui, en Irlande, ornent le berceau du christianisme naissant (2).

Nous allons reproduire la première des deux rédactions, en l'abrégeant un peu et en intercalant dans la traduction du texte irlandais les explications qui seront nécessaires pour nous le rendre intelligible.

§ 2.

Le dieu Dagdé. Sa puissance après la conquête de l'Irlande par les fils de Milé.

Les Tûatha Dê Danann avaient un roi célèbre qui

---

(1) Son titre est *De gabail int-shida*. Livre de Leinster, p. 245, col. 2, lignes 41, 42.

(2) Cette rédaction n'a pas de titre; elle se trouve aux f° 111-116 du Livre de Fermoy, manuscrit appartenant à l'Académie royale d'Irlande. Elle a été, en partie, analysée par O'Curry, *Atlantis*, t. III (1862), p. 384-389. Une analyse plus complète en a été donnée par Todd, *Proceedings of the Royal Irish Academy, Irish manuscript series*, vol. I, part I, 1870, p. 45-49.

s'appelait Dagan. *Dagan* est, dans deux passages de ce récit, une variante de *Dagdé* (1), en moyen irlandais *Dagda*, mot qui, dans cette légende, sert aussi à désigner le même dieu; nous avons vu plus haut ce personnage divin jouer un rôle important à la seconde bataille de Mag-Tured. Dagan ou Dagdé est le dieu suprême : son nom ordinaire, *Dagdé*, veut dire « bon dieu ; » *Dagan* signifie littéralement le « petit bon. »

Nous avons cité au précédent volume un texte irlandais, conservé par un manuscrit du seizième siècle, où il est dit que Dagdé était un dieu principal, ou le dieu principal chez les païens (2). Dans le document que nous étudions, et qui est conservé par un manuscrit du douzième siècle, on dit que la puissance de Dagdé ou Dagan fut grande, même sur les fils de Milé, après qu'ils eurent fait la conquête de l'Irlande. Car les Tûatha Dê Danann, ses sujets, détruisirent le blé et le lait des fils de Milé, en sorte que ces derniers furent contraints de faire un traité de paix avec Dagdé. Ce fut alors seulement que, grâce à l'amitié de Dagdé, les fils de Milé commencèrent à récolter du blé dans leurs champs et à boire le lait de leurs vaches.

Comme roi des dieux, Dagdé jouissait d'une grande autorité : ainsi ce fut lui qui partagea entre les

---

(1) *Dagan* se trouve au Livre de Leinster, p. 245, col. 2, lignes 42-43, et p. 246, col. 1, ligne 11. Le mot *Dagda*, moyen irlandais pour *Dagdé*, se rencontre dans le même récit, au Livre de Leinster, p. 246, col. 1, lignes 2, 5.

(2) Tome I, p. 282, note 2.

Tůatha Dê Danann, c'est-à-dire entre les dieux que la race heureuse de Milé a vaincus, les *sîd*, merveilleux palais, qui, ordinairement inaccessibles aux hommes, étaient cachés dans les profondeurs de la terre, sous des collines ou sous des plis de terrain plus ou moins élevés. Dagdé donna, par exemple, un *sîd* à Lug, fils d'Ethné, et en attribua un autre à Ogmé; il en prit deux pour lui-même. Le principal des deux était connu en irlandais sous deux noms : le premier nom est *Brug na Boinné*, ou « château de la Boyne, » parce qu'il était situé sur la rive gauche de cette rivière, — non loin de l'endroit où, en 1690, Jacques II, vaincu à la bataille dite de Drogheda, perdit définitivement la couronne. — Le second nom de ce palais mystérieux était *Sîd* ou *Brug Maic ind Oc*, « palais enchanté » ou « château de Mac ind Oc » ou « du fils des jeunes. » Nous verrons plus loin quelle en fut la cause.

§ 3.

Le palais souterrain de Dagdé à Brug na Boinné ou Sîd Maic ind Oc. Oengus, fils de Dagdé. Rédaction païenne de la légende qui concerne Oengus et ce palais.

L'endroit où la tradition irlandaise la plus ancienne place le palais souterrain de Dagdé est un de ceux qu'en Irlande les archéologues visitent avec le plus d'intérêt. On y admire trois hautes et larges tombelles dont deux ont été ouvertes et offrent chacune à la curiosité des amateurs et aux recherches des érudits une vaste chambre funéraire, aujourd'hui vide. Il est souvent question, dans la littérature irlandaise, du palais souterrain que Dagdé aurait possédé là, c'est-à-dire à Brug na Boinné. Un poème attribué à Cinaed hûa Artacain, mort en 975, prétend que dès avant la bataille de Mag-Tured, deux époux y dormaient dans le même lit. Ces époux étaient Boann, ou la rivière de Boyne divinisée, femme de Dagdé, et le dieu Dagdé lui-même (1).

Quand le moyen âge chrétien transforma les Tûatha Dê Danann en hommes mortels, on raconta que le lieu dit Brug na Boinné, où la tradition païenne mettait le palais souterrain de Dagdé, était le cimetière où cette race primitive enterrait ses chefs. L' « Histoire des cimetières, » *Senchas na relec*, écrite probablement vers la fin du onzième siècle, prétend que c'était là que Dagdé, Lug, Ogmé et d'autres personnages célèbres de la race des Tûatha Dê Danann avaient reçu la sépulture. Il paraît bien certain que cet endroit servit de cimetière royal à l'époque historique. La plupart des rois suprêmes d'Irlande y furent enterrés pendant les quatre premiers siècles de notre ère. Leurs prédécesseurs

---

(1)   « Lânamain contuiled sund
      ria cath Maigi Tured tall :
      inber môr in Dagda dond,
      ni duachnid an-adba and. »
Leabhar na hUidhre, p. 51, col. 2, lignes 23, 24.

avaient été inhumés à Crùachan en Connaught. Crimthann Nia Nair, qui régnait vers le commencement de notre ère, est le premier roi suprême d'Irlande de la race de Milé qui, dit-on, se soit fait enterrer à Brug na Boinné; et ce qui, raconte-t-on, le détermina à choisir ce lieu de sépulture est que sa femme était une fée, qu'elle appartenait à la race des Tùatha Dê Danann (1).

Il serait intéressant de déterminer si les trois vastes tombelles des bords de la Boyne, celle de Knowth, celle de Newgrange et celle de Dowth, peuvent être attribuées aux rois d'Irlande des quatre premiers siècles de notre ère, ou s'il faut les faire remonter à des populations préhistoriques antérieures à la race celtique connue sous le nom de Gôidels et de Scots. La seconde hypothèse paraît la plus vraisemblable. Les Grecs ont attribué aux Cyclopes, qui sont originairement des êtres mythologiques, leurs monuments préhistoriques. De même les Irlandais païens auraient confondu leurs dieux imaginaires avec une race préceltique qui aurait véritablement existé et qui aurait enterré ses chefs dans les tombelles des rives de la Boyne, quand elle dominait dans l'île, avant l'arrivée des Gôidels ou Scots qui la réduisirent à l'état de population sujette ou servile. Ce qu'il y a de certain, c'est qu'il y a là des monument funéraires qui remontent à une haute antiquité

---

(1) « *Senchas na relec*, » dans le *Leabhar na hUidhre*, p. 51, col. 1, lignes 7-9, 23-27; col. 2, lignes 4-7.

et dont trois surtout présentent de grandes dimensions : le principal, la tombelle de Newgrange, est une éminence artificielle qui couvre une étendue de plus de quatre-vingts ares, et qui abrite une des plus vastes chambres funéraires de l'Europe occidentale. Vraisemblablement les sépultures des rois suprêmes qui dominèrent en Irlande pendant les quatre premiers siècles de notre ère doivent être cherchées, non dans ces monuments si justement célèbres, mais à l'entour.

C'est sous le sol de ce cimetière que la tradition irlandaise la plus ancienne plaçait le palais souterrain du dieu suprême Dagdé. Ce palais avait été construit exprès pour lui par ses sujets (1). Et cependant le terme consacré pour désigner ce lieu n'était point « palais de Dagdé, » c'était : « Palais de Mac ind Oc, » *Brug Maic ind Oc* (2), c'est-à-dire probablement « palais du Fils des Jeunes. Mac ind Oc » était un nom d'Oengus, fils de Dagdé, et de Boann ; son père et sa mère, tous deux immortels, étaient toujours jeunes et ne ressentirent jamais les atteintes de la vieillesse (3). D'où vient que le palais de Dagdé porte le nom de son fils ?

(1) *Dinn-senchus* de Brug na Boinné, dans le Livre de Leinster, p. 164, col. 2, lignes 31, 32. Cf. *Lebar gabala* ou Livre des conquêtes, *ibid.*, p. 9, col. 2, lignes 18 et 19. Le *Dinn-senchus* désigne ce palais par les mots *dûn* et *din*; le *Lebar gabala* se sert du mot *std*.
(2) Dans un poème déjà cité de Cinaed hûa hArtacain, mort en 975, nous trouvons une expression équivalente : « Maison de Mac ind Oc, » *tech Maic ind-Oc*. *Leabhar na hUidhre*, p. 51, col. 2, ligne 17.
(3) « Oengus, mac Oc, ocus Aed Caem, ocus Cermait Milbel, tri

Une légende irlandaise nous l'explique. Quand, après la défaite des Tùatha Dê Danann par les fils de Milé, Dagdé fit entre les chefs de ses sujets vaincus le partage des résidences souterraines ou *sid* qu'ils devaient habiter désormais, ces chefs étaient réunis autour de lui, sauf un, alors absent. C'était précisément Oengus, le fils de Dagdé. Dagdé avait confié l'éducation de son fils à deux autres dieux dont l'un était Mider de Bregleith, célèbre dans l'épopée irlandaise par son amour pour Etâin, femme d'Eochaid Airem, roi suprême d'Irlande. Oengus fut oublié dans le partage. Il vint s'en plaindre quelque temps après. Dagdé rejeta sa réclamation. Oengus demanda de passer la nuit dans le palais mystérieux de son père à Brug na Boinné. Dagdé consentit, et à la nuit ajouta même gracieusement le jour : il entendait le lendemain. Mais Oengus, une fois installé, prétendit que le temps n'étant composé que de nuits et de jours, l'abandon qui lui avait été fait était perpétuel ; et son père fut obligé de lui céder sa résidence de Brug na Boinné.

Elle était merveilleuse. Suivant la légende irlandaise, on y voit trois arbres auxquels pendent tou-

---

maic in Dagdai. » *Lebar gabala* ou Livre des conquétes, dans le Livre de Leinster, p. 10, col. 1, lignes 20, 21. Au lieu de « Mac Oc, » on trouve « Mac ind Oc. » Dans le poème précité de Cinaed hûa Artacain : « maig Maic ind Oc » (*Leabhar na hUidhre*, p. 51, col. 2, ligne 13) ; « tech Maic ind Oc » (*Ibid.*, ligne 17). Dans cette formule *ind Oc* paraît être un génitif duel.

jours des fruits (1) ; on y voit deux cochons, l'un sur pied et toujours vivant, l'autre tout cuit, et par conséquent prêt à manger ; à côté est un vase qui contient une bière excellente ; là, enfin, personne ne mourut jamais (2). Dans ce tableau, conservé par un manuscrit du milieu du douzième siècle, mais qui remonte à une date bien plus ancienne, la doctrine païenne de l'immortalité des dieux persiste intacte et sans restriction. A la date où ce récit a été composé, on était bien loin des temps où l'on devait raconter que les Tûatha Dê Danann étaient morts et qu'ils avaient été enterrés à Brug na Boinné. L'époque où se propagea cette doctrine nouvelle est celle où le christianisme ayant triomphé définitivement du paganisme, on prétendit à concilier les vieilles légendes païennes avec les enseignements des prêtres chré-

---

(1) On peut comparer à ces arbres l'arbre de l'île mystérieuse de Fand dans la légende de Cûchulainn. Les branches merveilleuses, qui furent apportées du pays des dieux à Bran mac Febail et à Cormac mac Airt, viennent d'un arbre du même genre. Les Grecs comme les Celtes mettaient des arbres dans le séjour des dieux. Chez Hésiode, les Hespérides gardent au delà de l'Océan des pommes d'or et des arbres qui portent fruit ; ce sont les arbres du vieux jardin de *Phoibos*, que Sophocle nous montre de l'autre côté de la mer à l'extrémité de la terre, aux sources de la nuit, là où commence la voûte du ciel ; ce sont les arbres des jardins des dieux là où est la couche de Zeus (*Théogonie*, vers 210-216 ; Sophocle, fragment 326, édition Didot, p. 311 ; Euripide, *Hippolyte*, vers 163, édition Didot, p. 163). A Brug na Boinné, la légende irlandaise met la couche de Dagdé, roi des dieux comme Zeus, et trois arbres à fruit.

(2) « *De gabail int-shida*, » dans le Livre de Leinster, p. 246, col. 1, lignes 1-15. Comparez ici même p. 277.

tiens ; c'était au onzième siècle, lorsque furent composés l' « Histoire des cimetières, » *Senchu na relec*, et le « Livre de conquêtes, » *Lebar gabala*.

§ 4.

Rédaction chrétienne de cette légende.

Quand les idées chrétiennes commencèrent à se mêler aux traditions celtiques de l'Irlande, il en résulta un remaniement du récit mythologique que nous venons de reproduire. L'auteur de cette nouvelle rédaction admet que les principaux chefs des Tùatha Dê Danann, Dagdé, Lug, Ogmé, sont morts, comme le raconte, au onzième siècle, le « Livre des conquêtes, » *Lebar gabala*, avant l'époque où les fils de Milé arrivèrent en Irlande. Ogmé est une des victimes de la seconde bataille de Mag-Tured (1); Dagdé et Lug ont péri quelques années après (2). Les fils de Milé vainqueurs ont fait la conquête de l'Irlande après des batailles où les Tùatha Dê Danann ont encore perdu un certain nombre de leurs guerriers. Les survivants se réunissent et choisissent deux chefs : Bodhbh Dearg et Manannân mac Lir. Ce fut Bodhbh Dearg — et non Dagdé, comme dans la légende primitive — qui fit le partage des palais enchantés ou

---

(1) *Lebar gabala* ou Livre des conquêtes, dans le Livre de Leinster, p. 9, col. 2, lignes 13, 14. Poème de Flann Manistrech, *ibidem*, p. 11, col. 1, ligne 33.

(2) Voyez plus haut, p. 221.

síd d'Irlande (1). Ce fut Manannân qui procura aux Tùatha Dè Danann les privilèges dont ils jouissent dans l'épopée héroïque irlandaise. Par le procédé magique appelé *feth fiada* (2), il les rendit invisibles. Par le festin de Goibniu, le célèbre forgeron, il leur assura l'immortalité. Leur principale nourriture consistait en porcs. C'étaient les cochons de Manannân qui, tués et mangés, ne cessaient de revenir à la vie (3). Ainsi, dans cette doctrine nouvelle, les principaux chefs des Tùatha Dè Danann, ceux que les Celtes païens d'Irlande ont adorés comme dieux, sont réduits au rang de simples mortels qui ont, comme l'on prétend, régné sur l'Irlande à une époque antérieure à l'invasion des fils de Milé, c'est-à-dire des Celtes, et qui depuis ont cessé de vivre ; les fées mâles et femelles de la légende héroïque sont une fraction et des descendants de cette race primitive, et des procédés magiques leur ont conféré une partie des privilèges de la divinité.

Le palais souterrain de Brug na Boinné avait été donné comme lot non à Dagdé, mort depuis longtemps, mais à Elcmar, père nourricier d'Oengus ; or, Oengus, avec l'aide de Manannân mac Lir, en expulsa Elcmar, et il y demeure, dit-on, depuis cette époque,

---

(1) Voyez plus haut, p. 274.

(2) Littéralement « composition poétique ou incantation de présence. » Voyez les textes réunis par O'Curry, dans *Atlantis*, t. III (1862), p. 386-388, note 15.

(3) Voyez les textes réunis par O'Curry, dans *Atlantis*, t. III, p. 387-388. Comparez ce que nous avons dit p. 275.

invisible, grâce à l'incantation dite *feth fiada*, immortel parce qu'il boit la bière du festin de Goibniu le forgeron, bien nourri puisqu'il a toujours à sa disposition ces cochons de Manannân, qui reviennent à la vie dès qu'ils sont mangés.

Cette rédaction, relativement récente, nous a été conservée par le livre de Fermoy, manuscrit du quinzième siècle, — acquis, il y a quelques années, par l'Académie royale d'Irlande, — tandis que la rédaction primitive, par laquelle nous avons commencé, se trouve dans le Livre de Leinster, transcrit au milieu du douzième siècle, — un des manuscrits les plus précieux du Collège de la Trinité de Dublin. — L'auteur chrétien de l'arrangement contenu dans le Livre de Fermoy a composé une suite au vieux récit. Nous allons en donner un résumé.

Quand Elcmar fut chassé du palais souterrain de Brug na Boinné par Oengus son élève, et grâce au concours qu'Oengus reçut de Manannân mac Lir, un des principaux personnages de la cour d'Elcmar était absent : c'était son intendant. L'intendant d'Elcmar, rentrant à Brug na Boinné, prit, auprès du nouveau maître, les fonctions dont l'ancien l'avait chargé. Il lui naquit, peu de temps après, une fille qu'on nomma Eithné. Au même moment, la femme de Manannân mac Lir, le protecteur d'Oengus, mettait au monde une fille qu'on appela Curcog. Oengus fut le père nourricier que, suivant l'usage, Manannân mac Lir choisit pour sa fille. Curcog, fille du dieu Manannân, fut élevée à Brug na Boinné, et la jeune

Eithné, fille de l'intendant, fut une des servantes attachées à la personne de Curcog.

Chose surprenante ! on découvrit un jour qu'Eithné ne mangeait pas. Quoiqu'elle restât bien portante, et que son embonpoint ne diminuât pas, tous ceux qui l'aimaient en conçurent une vive inquiétude; mais Manannân mac Lir découvrit la cause. Quelque temps auparavant, Oengus avait reçu la visite d'un de ses voisins, c'est-à-dire d'un autre chef des Tûatha Dê Danann, qui habitait à quelque distance un palais souterrain analogue à celui de Brug na Boinné. Cet étranger avait adressé une grave insulte à Eithné. L'âme sans tâche de la jeune fille avait ressenti de cette injure une telle indignation, que la puissance de sa chasteté avait fait fuir le démon qui lui servait de gardien, et qu'un ange envoyé par le vrai Dieu était venu prendre la place de ce démon. A partir de ce moment, Eithné cessa de pouvoir manger la chair des cochons magiques, et de boire la bière enchantée dont vivaient les Tûatha Dê Danann. Un miracle du vrai Dieu lui conserva la vie.

Bientôt, toutefois, ce miracle devint inutile. Oengus et Manannân avaient fait un voyage dans l'Inde, ils en avaient ramené deux vaches au lait inépuisable; et comme l'Inde était la terre de la justice, ce lait n'avait rien du caractère démoniaque qui souillait la nourriture habituelle des Tûatha Dê Danann. On mit à la disposition d'Eithné le lait de ces vaches; elle se chargea de les traire, et ce fut de leur lait qu'elle vécut pendant une longue suite d'années.

Je dis que cette suite d'années fut longue ; en effet, les événements dont nous venons de parler se passèrent sous le règne du mythologique Erémon, premier roi d'Irlande de la race de Milé ; et Eithné vivait encore, habitant le palais de Brug na Boinné avec Curcog, sa maîtresse, fille de Manannàn mac Lir, et sous l'autorité d'Oengus, quand saint Patrice vint évangéliser l'Irlande au cinquième siècle de notre ère. Si nous en croyons le *Livre des conquétes*, le roi mythologique Erémon aurait été contemporain de David, roi des Juifs, au onzième siècle avant notre ère. Eithné aurait donc été âgée d'environ quinze cents ans quand saint Patrice vint porter en Irlande les lumières de la religion chrétienne.

Or, un jour d'été où la chaleur était plus forte que de coutume, Curcog éprouva le désir de se baigner. Elle alla avec ses suivantes, et entre autres Eithné, sur les bords de la Boyne. Elle prit son bain avec elles dans les eaux de cette rivière, puis elle rentra à Brug na Boinné. Mais bientôt elle s'aperçut qu'une de ses femmes lui manquait : c'était Eithné. Eithné, en déposant ses vêtements sur le bord de la rivière avant de descendre dans l'eau comme ses compagnes, avait dépouillé avec sa robe le charme qui la rendait invisible aux humains. Nous avons déjà dit le nom de ce charme, qui s'appelait *feth fiada*.

L'âme d'Eithné était préparée à recevoir la foi nouvelle que Patrice avait apportée ; et quoiqu'elle n'eût rien entendu des prédications chrétiennes, l'action mystérieuse que cette foi avait exercée sur elle était devenue plus puissante que les enchantements des païens. Eithné était devenue une femme ordinaire, et ses regards ne pouvaient plus pénétrer à travers le voile magique qui cache aux yeux des humains les Tùatha Dê Danann. Elle avait donc cessé de voir ses compagnes, et n'avait pu les accompagner au moment de leur retour au château souterrain de Brug na Boinné. Elle cessa même de voir la route enchantée qui conduisait à ce palais magique. Elle erra quelque temps sur les bords de la Boyne, ne sachant où elle était, cherchant en vain les sentiers et les chemins, désormais pour elle invisibles, que pendant tant de siècles elle avait si souvent fréquentés. Enfin elle s'arrêta devant un jardin clos de murs, où il y avait une maison. A la porte était assis un homme vêtu d'une robe comme elle n'en avait jamais vu. Cet homme était un moine et la maison une église. Eithné adressa la parole au moine et lui raconta son histoire. Le moine la reçut avec bienveillance et la conduisit à saint Patrice qui l'instruisit et la baptisa.

Quelque temps après, elle était assise dans l'église du moine, non loin des bords de la Boyne. On entendit beaucoup de bruit et de cris ; on distinguait un grand nombre de voix, mais on n'apercevait personne. C'était Oengus et tous les gens de sa maison qui étaient à la recherche d'Eithné. Comme ils étaient devenus invisibles pour elle, elle, à son tour, était invisible pour eux. Les cris qu'ils poussaient étaient inspirés par la douleur et entremêlés de gémissements et de sanglots. Ils pleuraient Eithné, qui pour eux, en effet, était à jamais perdue.

Eithné comprit la cause de leur peine et en ressentit elle-même une si violente tristesse qu'elle s'évanouit et fut sur le point de rendre l'âme. Cependant elle recouvra ses sens; mais de ce jour commença pour elle une maladie dont elle ne se guérit point. Elle finit par en mourir; elle expira, la tête appuyée sur la poitrine de saint Patrice qui était venu lui donner les derniers secours de la religion; et elle fut enterrée dans l'église du moine qui l'avait le premier accueillie. Cette église porta, dès lors, le nom de *Cill Eithne*, ou « église d'Eithné » (1).

Ainsi se termine la seconde rédaction de la pièce dont la rédaction primitive est intitulée *De la conquête du Síd*.

§ 5.

Les amours d'Oengus, fils de Dagdé.

Nous venons de voir quelle est la forme que l'infusion de la pensée chrétienne a donnée à une des vieilles légendes du paganisme irlandais. Voici un autre conte, païen comme le premier, mais qui n'a pas été l'objet d'un remaniement chrétien. Il appar-

---

(1) Livre de Fermoy, f⁰ˢ 111-116. Cette pièce a été analysée par le docteur Todd, *Proceedings of the Royal Irish Academy, Irish manuscripts series*, vol. I, part I, 1870, p. 46-48.

tient aussi à l'épopée héroïque et au cycle de Conchobar et de Cùchulainn. Il a pour objet un épisode de l'histoire d'Oengus. Il nous rapporte une aventure arrivée à ce personnage divin avant l'époque où il dépouilla Dagdé, son père, du palais souterrain de Brug na Boinné. Oengus était encore un tout jeune homme. Un jour, il dormait; il vit en songe une jeune femme près de son lit. Il n'y en avait pas d'aussi belle en Irlande. Puis elle disparut. Le matin, quand il se réveilla, il était si amoureux qu'il ne put manger de la journée. La nuit suivante, la jeune femme reparut. Elle tenait une harpe à la main. Elle chanta en s'accompagnant de cet instrument; jamais on n'avait entendu si douce musique. Puis elle partit. Quand Oengus se réveilla le lendemain, il était plus amoureux que jamais.

Il tomba malade. Les médecins d'Irlande s'assemblèrent et cherchèrent inutilement la cause de cette maladie. Enfin, un d'entre eux, Fergné, la découvrit. — « Tu es pris d'amour, » lui dit-il. Oengus avoua la vérité. On alla chercher Boann, mère d'Oengus. Celui-ci raconta à sa mère la cause de son souci. Boann fit chercher pendant un an dans toute l'Irlande la femme que son fils avait vue en songe. Vains efforts! on ne trouva rien. Boann demanda conseil à l'habile médecin qui avait découvert la cause de la maladie d'Oengus. Ce médecin donna le conseil de s'adresser au père d'Oengus, c'est-à-dire à Dagdé, roi des *side* d'Irlande, c'est-à-dire des fées irlandaises, dit le conteur anonyme.

Síde d'Irlande est la formule par laquelle sont spécialement désignés, dans la littérature irlandaise, les Tùatha Dê Danann à partir du moment où, survivant à leur défaite de Tailtiu, ils sont contemporains des fils de Milé, c'est-à-dire des hommes. Les *side* en général sont les dieux, cette expression comprend à la fois d'abord les dieux du jour, de la vie et de la science, ou Tùatha Dê Danann, qui, venus du ciel, habitent l'Irlande, ensuite les dieux de la nuit et de la mort, ou Fomôré, dont le lieu d'origine, dont le domicile est le pays mystérieux des morts. Quand saint Patrice vint évangéliser les Irlandais, ils adoraient les *side* (1), les uns Tùatha Dê Danann, les autres Fomôré, et on appelait les premiers *side* d'Irlande.

Dagdé était donc roi des *side* d'Irlande; et ce fut à lui que le médecin donna le conseil de s'adresser, pour trouver un remède à la maladie d'Oengus. On alla chercher Dagdé, qui arriva bientôt. — « Pourquoi m'avez-vous fait venir ? » demanda en entrant Dagdé. Boann lui raconta la maladie de son fils et la cause de cette maladie. — « Quel service pourrais-je rendre à cet enfant ? » répondit Dagdé. « Je n'en sais pas plus que toi. » — Le médecin prit alors la parole. — « En votre qualité de roi suprême des

---

(1) « For tuaith hErenn bai temel,
tuatha adortais síde. »
« Sur le peuple d'Irlande régnait l'obscurité, les gens adoraient les *síde*. » Hymne de Fiacc en l'honneur de saint Patrice, chez Windisch, *Irische Texte*, p. 14, ligne numérotée 41.

side d'Irlande, vous avez dans votre dépendance Bodb, roi des *side* de Munster, qui est célèbre dans toute l'Irlande par sa science. Envoyez-lui demander où est la femme qui a rendu votre fils amoureux. »

Dagdé suivit ce conseil, et adressa une ambassade à Bodb, roi des *side* de Munster. Les ambassadeurs racontèrent à Bodb comment Oengus, fils de Dagdé, était tombé malade. « Dagdé, » ajoutèrent-ils, « vous donne l'ordre de chercher dans toute l'Irlande la femme dont son fils est amoureux. » — Je le ferai, » répondit Bodb. « Il me faudra un an de recherches, et je trouverai ce que vous désirez. »

Au bout d'un an, les ambassadeurs revinrent. « J'ai, » dit Bodb, « découvert la femme au lac des Gueules de Dragons, près de la *crott* ou harpe de Cliach. » Les ambassadeurs, retournant chez Dagdé, lui apportèrent cette bonne nouvelle. On mit Oengus dans un chariot et on le conduisit au palais de Bodb, roi des *side* de Munster. C'était un palais enchanté qui était connu sous le nom de « *Sid* des hommes de Fémen. » Oengus y fut reçu avec joie. On passa d'abord trois jours et trois nuits en fête; puis, on parla de l'objet du voyage. — « Je vais, » dit Bodb à Oengus, « vous mener où est celle que vous aimez. Nous verrons si vous la reconnaissez. »

Puis Bodb conduisit Oengus près de la mer, dans un endroit où se trouvaient cent cinquante jeunes femmes. Elles marchaient par couples, et les deux jeunes femmes qui formaient chaque couple étaient attachées l'une à l'autre par une chaîne d'or. Au milieu de ces cent cinquante femmes, il y en avait une plus grande que les autres : ses compagnes ne lui atteignaient pas l'épaule. — « La voilà ! » s'écria Oengus. « Comment s'appelle-t-elle ? » — « C'est, » répondit Bodb, « Caer, petite-fille d'Ormaith ; Ethal Anbual, son père, habite le *sîd* ou palais enchanté d'Uaman, dans la province de Connaught. » — « Je ne suis pas de force à l'enlever du milieu de ses compagnes, » dit tristement Oengus. Et il se fit ramener au lieu de sa résidence ordinaire, qui était à cette époque, paraît-il, le château d'un de ses tuteurs ; car Dagdé habitait encore avec Boann, sa femme, le château souterrain de Brug na Boinné, qu'on devait appeler plus tard le château de Mac Oc, c'est-à-dire d'Oengus fils de Dagdé.

Quelque temps après, Bodb se rendit à ce château, y fit visite à Dagdé et à Boann, et leur raconta le résultat de ses investigations. — « J'ai découvert, » leur dit-il, « la femme dont votre fils est amoureux. Son père habite le Connaught, c'est-à-dire le royaume d'Ailill et de Medb. Vous feriez bien d'aller leur demander leur concours. Avec leur aide, vous pouvez obtenir pour votre fils la main de l'épouse qu'il désire. »

Les noms d'Ailill et de Medb nous transportent au milieu du premier cycle de l'épopée héroïque irlandaise dont le fondement consiste en événements historiques contemporains de la naissance de Jésus-Christ. Nous n'avons pas de raison pour révoquer en doute la réalité de l'existence des personnages qui dans ce cycle jouent les principaux rôles. Il y a, dans cette vaste épopée un fond de vérité historique, quoique la plus grande partie du récit soit l'œuvre d'une imagination qui se jouait des lois de la nature.

L'homme, alors, ne se contentait pas de peupler le monde de dieux auxquels il attribuait les actes les plus étranges : il croyait que par la magie, l'homme pouvait s'élever au niveau de la divinité, lutter contre elle en égal et quelquefois la vaincre. Dagdé, le grand dieu, va donc demander l'appui d'Ailill et de Medb, tous deux simples mortels, roi et reine de Connaught. Il compte sur leur aide pour contraindre un des dieux secondaires irlandais du Connaught, Ethal Anbual, père de la belle Caer, à lui livrer cette jeune femme dont Oengus est épris.

Il partit pour le Connaught, accompagné d'une suite nombreuse. Le nombre des chars était de soixante, en comptant celui où il était monté. Il arriva au palais d'Ailill et de Medb, qui le reçurent avec joie. Une semaine entière se passa en festins. Puis Dagdé raconta l'objet de sa visite. — « Dans votre royaume, » dit-il au roi Ailill et à la reine Medb, « se trouve le palais enchanté qu'habite Ethal Anbual, père de la belle Caer ; mon fils Oengus aime cette jeune femme; il voudrait l'épouser ; il en est malade. » — « Mais, » répondirent Ailill et Medb, « nous n'avons aucune autorité sur elle. Nous ne pouvons donc vous la donner. »

Dagdé les pria d'envoyer chercher le père. Ailill

et Medb firent ce que demandait Dagdé. Mais Ethal Anbual refusa d'écouter le messager qu'ils lui adressèrent. — « Je n'irai pas, » dit-il. « Je sais ce dont il s'agit, et je ne donne pas ma fille au fils de Dagdé. » L'armée de Dagdé et celle d'Ailill réunies marchèrent à l'attaque du palais enchanté qu'habitait Ethal Anbual. Ils y firent soixante prisonniers, non compris Ethal, et ils conduisirent leurs captifs à Crûachan, résidence d'Ailill et de Medb. Ethal fut mené en présence d'Ailill.

— « Donne ta fille à Oengus, fils de Dagdé, » lui dit Ailill. — « Je n'en ai pas le pouvoir, » répondit Ethal. « Elle est plus puissante que moi. » Et il expliqua que sa fille passait alternativement une année en forme humaine, une année en forme d'oiseau. « Le 1er novembre prochain, » ajouta-t-il, « ma fille sera sous forme de cygne, près du lac des Gueules de Dragons. On verra là des oiseaux merveilleux : ma fille sera entourée de cent cinquante autres cygnes. » Alors Ailill et Dagdé firent leur paix avec Ethal et le remirent en liberté.

Dagdé raconta à son fils ce qu'il venait d'apprendre. Au 1er novembre suivant, Oengus se rendit au lac des Gueules de Dragons. Il y vit la belle Caer sous la forme d'un cygne accompagné de cent cinquante cygnes qui allaient par couples ; les deux cygnes de chaque couple étaient attachés l'un à l'autre par une chaîne d'argent. — « Viens me parler, ô Caer, » s'écria Oengus. — « Qui m'appelle ? » demanda Caer. Oengus lui dit son nom et lui exprima le désir de se baigner dans le lac avec elle. Il fut lui-même changé en cygne et plongea trois fois dans le lac avec sa bien-aimée. Puis, toujours sous forme de cygne, il vint avec elle au palais de son père, à Brug na Boinné. Ils chantèrent un chant si beau que tous les auditeurs s'endormirent, et que leur sommeil dura trois jours et trois nuits. Jamais la musique irlandaise n'avait eu plus grand succès. Caer resta dès lors la femme d'Oengus (1).

§ 6.

L'évhémérisme en Irlande et à Rome. Dagdé ou « Bon dieu » en Irlande : BONA DEA, *« la Bonne déesse, » compagne de Faunus à Rome.*

Ce fut probablement après ce mariage qu'Oengus se fit céder par son père Dagdé le palais de Brug na Boinné. Ce qu'il y a de certain, dans ce récit, c'est que la tradition païenne de l'Irlande donne les dieux pour contemporains aux héros. Elle fait intervenir Dagdé, roi des dieux, dans le cycle de Conchobar et de Cúchulainn, qui auraient vécu à une époque contemporaine du commencement de notre ère, tandis que les chronologistes chrétiens, tels que Gilla Coemain et l'auteur du *Lebar gabala,* au onzième siècle, tels

---

(1) Cette pièce intitulée : *Aislinge Oengusso*, « Vision d'Oengus, » a été publiée dans la *Revue celtique,* t. III, p. 344 et suivantes, par M. Ed. Müller, qui l'a accompagnée d'une traduction anglaise, la plupart du temps assez fidèle.

que Keating et les Quatre Maîtres au dix-septième siècle, font mourir ce même Dagdé mille ans environ ou même dix-sept cent cinquante ans plus tôt.

Dagdé est roi des dieux, comme Zeus dans la mythologie grecque ; mais ce n'est pas dans la mythologie grecque, c'est dans la mythologie latine que nous trouverons un mythe à peu près identique à celui de Dagdé. Dagdé veut dire « bon dieu. » Les Romains avaient une divinité qu'ils appelaient la Bonne déesse, *Bona dea*. On la considérait comme identique à la Terre (1) : Dagdé était aussi le dieu de la terre (2). *Bona dea* portait, dit-on, le nom de *bona*, « bonne, » parce qu'elle donnait aux hommes tous les biens qui servent à les nourrir (3) : Dagdé avait le même attribut. Nous avons vu que les fils de Milé, c'est-à-dire les Irlandais, s'étant brouillés avec les Tûatha Dê Danann, n'avaient plus ni blé ni lait ; et comment, ayant fait avec Dagdé un traité de paix, ils obtinrent de lui qu'à l'avenir leur blé et leur lait leur seraient conservés (4).

Bona dea, qu'on appelait aussi Fauna, était la pa-

---

(1) « Auctor est Cornelius Labeo huic Maiæ, id est Terræ, ædem kalendis Maiis dedicatam sub nomine Bonæ deæ, et eandem esse Bonam deam et Terram ex ipso ritu occultiore sacrorum doceri posse confirmat. » Macrobe, *Saturnales*, I, 12.

(2) « Dîa talman. » Voir notre tome I, p. 282, note 2.

(3) « Bonam quod omnium nobis ad victum bonorum causa est. » Macrobe, *Saturnales*, I, 12.

(4) « Collset Tûatha Dea ith ocus blicht im-maccu Miled, con-dingsat chairddes in-Dagdai. Doessart-saide iarum ith ocus blicht dóib. » Livre de Leinster, p. 245, col. 2, lignes 44-47.

rèdre ou l'associée de Faunus, c'est-à-dire sa fille (1), sa femme (2), ou sa sœur (3). Or on considérait *Faunus* comme dieu; il avait à Rome son culte, et un temple bâti dans une île du Tibre (4). Il dut, à une époque reculée, avoir le rang de dieu suprême, car *Bona dea*, sa parèdre, était, dit-on, aux yeux de certaines personnes, l'égale de Junon; et on lui mettait, pour cette cause, un sceptre dans la main gauche (5). Faunus fut plus tard, comme dieu suprême, supplanté par Jupiter, dieu de l'aristocratie romaine et de la ville de Rome.

La mythologie romaine eut une période évhémériste qui se produisit sous l'influence de la science grecque; ses résultats furent identiques, sur bien des points, à ceux que donna en Irlande l'évhémérisme inspiré par les études chrétiennes. Le dieu Faunus devint alors un roi des Aborigènes, c'est-à-dire de la population qui habitait l'Italie quand arrivèrent Evandre et Enée (6). Un des textes qui concernent le prétendu roi Faunus parle de sa femme et de sa fille, qui toutes deux ne sont autres que la

---

(1) Servius, ad libr. VIII *Æneid.*, 314. Ed. Thilo, t. II, p. 244.
(2) Arnobe, I, 36. Migne, *Patrologia latina*, t. V, col. 759.
(3) Lactance, I, 22. Migne, *Patrologia latina*, t. VI, col. 244, 245.
(4) Tite-Live, livre XXXIII, chap. 42; livre XXXIV, chap. 53; Vitruve, livre III, chap. II, § 3; Ovide, *Fastes*, livre II, vers 193.
(5) « Sunt qui dicant hanc deam potentiam habere Junonis, ideoque regale sceptrum in sinistra manu ei additum. » Macrobe, *Saturnales*, I, 12.
(6) S. Aurelius Victor, *Origo gentis romanæ*, § 4-9. Denys d'Halicarnasse, livre I, chap. 31.

« Bonne déesse, » *Bona dea* (1), transformée en simple mortelle, mais élevée au rang de reine ou de princesse. Ainsi, en Irlande, Dagdé, le « bon dieu, » divinité suprême des païens, fut, par les chrétiens, transformé en un roi qui aurait gouverné l'Irlande avant l'arrivée des fils de Milé. On remarquera aussi que, dans le récit romain, Evandre et Enée interviennent dans des conditions analogues à celles où les fils de Milé se présentent dans le récit irlandais. Ils sont, comme les fils de Milé, des étrangers arrivant par mer, et, comme eux, par les armes ils fondent un régime nouveau.

(1) Justin, livre XLIII, chap. 1.

CHAPITRE XIII.

LES TÛATHA DÉ DANANN APRÈS LA CONQUÊTE DE L'IRLANDE PAR LES FILS DE MILÉ. — DEUXIÈME PARTIE : **LES DIEUX LUG, OGMÉ, DÎAN-CECHT ET GOIBNIU.**

§ 1. Lug joue dans la légende de Cûchulainn le même rôle que Zeus dans celle d'Héraclès. — § 2. La chasse aux oiseaux mystérieux.— § 3. Le palais enchanté. Naissance de Cûchulainn. — § 4. Le mortel Sualtam et le dieu Lug, tous deux pères de Cûchulainn. — § 5. Lug et Conn Cétchathach, roi suprême d'Irlande au second siècle de notre ère. — § 6. Lug était bien un dieu, quoi qu'en aient dit plus tard les Irlandais chrétiens. — § 7. Ogmé ou Ogmios le champion. — § 8. Dîan-Cecht le médecin. — § 9. Goibniu le forgeron et son festin.

§ 1.

Lug joue, dans la légende de Cûchulainn, le même rôle que Zeus dans celle d'Héraclès.

Dagdé est, théoriquement, le dieu suprême ; mais Lug, le dieu sous l'invocation duquel était placée la grande fête du 1ᵉʳ août, Lug qui, en lançant de sa fronde une pierre, tua le dieu de la mort Balar, Lug, le docteur suprême et le maître de tous les arts, paraît tenir dans la mythologie celtique un rang plus important que Dagdé. Dans la mythologie grecque, le héros modèle, Héraclès, est fils d'Alcmène, femme d'Amphitryon. Amphitryon est son père apparent, mais, en réalité, c'est de Zeus qu'est fils le héros auquel la poésie attribuera tant de merveilleux exploits (1). L'Irlande possède le même mythe. Dans la rédaction irlandaise, Héraclès s'appelle Cûchulainn ; le nom d'Alcmène est Dechtéré ; celui d'Amphitryon est Sualtam ; mais Lug, c'est-à-dire Hermès, le dieu qui, dans la mythologie gréco-latine s'appelle Mercure, prend ici la place de Zeus. C'est de lui, ce n'est pas de Dagdé, que Cûchulainn est fils. La mythologie celtique n'est pas une copie de la mythologie grecque. Elle a pour source des croyances primitivement identiques à celles dont la mythologie grecque dérive, mais elle a développé d'une façon aussi indépendante qu'originale les éléments fournis par la fable fondamentale.

§ 2.

La chasse aux oiseaux mystérieux.

Voici comment débute la légende irlandaise (2).

(1) Hésiode, *Le bouclier d'Hercule*, vers 27 et suiv.
(2) Elle a été publiée par M. Windisch, *Irische Texte*, pages 136

Un jour que les grands seigneurs d'Ulster étaient réunis autour de Conchobar, leur roi, dans Emain Macha, capitale de cette province, il arriva dans la plaine voisine d'Emain une troupe d'oiseaux. Ces oiseaux mangeaient l'herbe et les plantes, et ne laissaient rien sur la terre, pas même les racines de l'herbe. Ce fut un grand chagrin pour les habitants d'Ulster de voir ainsi détruire leurs biens. Le roi fit atteler neuf chars pour aller à la chasse de ces oiseaux. La chasse des oiseaux était une des occupations habituelles du roi et des grands seigneurs d'Ulster. L'arc était inconnu. On lançait aux oiseaux soit des javelots avec la main, soit des pierres avec une fronde, et c'était en char qu'on se livrait à cet exercice.

En tête des neuf chars était celui de Conchobar, où le roi lui-même monta. Dechtéré, sa sœur, une grande jeune fille, s'assit à sa droite. Elle servait de cocher à son frère. Les huit autres chars étaient ceux des principaux guerriers d'Ulster : Conall Cernach, Fergus mac Roig, Celtchar, fils de Uithechar, Bricriu le Querelleur, et quatre autres dont on ne se rappelle plus les noms. Ils donnèrent la chasse aux oiseaux pendant toute une journée. Ils allaient droit devant eux sans rencontrer d'obstacles.

Alors il n'y avait en Irlande ni fossé ni haie ni mur dans la campagne. La tradition fait remonter le

---

et suiv. Le savant auteur a fait usage de deux manuscrits. Le plus ancien date de la fin du onzième siècle.

plus ancien partage des terres en Irlande au temps de Diarmait et de Blathmac, fils d'Aed Slane, qui, suivant Tigernach, furent rois suprêmes d'Irlande de 654 à 665 (1). On prétend qu'alors le territoire entier de l'Irlande fut divisé en autant de portions qu'il y avait d'hommes. Ces portions furent égales : chaque homme reçut neuf sillons de marais, neuf sillons de terre et neuf sillons de bois. Mais il ne paraît pas qu'on ait eu à se féliciter de l'opération, qui fit succéder une multitude de petites exploitations à l'exploitation en commun usitée jusque-là. Une famine s'ensuivit; les plus riches étaient réduits à jeûner, et une épidémie survint qui enleva les trois quarts des habitants de l'Irlande (2). Cette épidémie est désignée, chez les historiens irlandais, par le nom de *Buide Conaill* (3).

---

(1) O'Conor, *Rerum hibernicarum scriptores*, t. II, première partie, p. 200-205. Le *Chronicum Scotorum*, édit. Hennessy, pages 98, 99 met leur mort en 661. Cf. plus haut, p. 256.

(2) Préface de l'hymne de Colmân, chez Whitley Stokes, *Goidelica*, 2ᵉ édit., page 121. La première délimitation des champs aux environs de Rome aurait remonté, suivant Denys d'Halicarnasse, livre II, chap. 74, à une loi du roi légendaire Numa Pompilius. Il peut être curieux de rapprocher ce texte du passage du *Compert Conculainn* dont il est question ici. Windisch, *Irische Texte*, p. 36, lignes 11-14.

(3) *Chronicum Scotorum*, édit. Hennessy, p. 99. Cf. O'Conor, *Rerum hibernicarum scriptores*, p. 205. Il ne faut pas confondre cette épidémie avec celle qu'on appela *Crom Conaill*, et qui sévit un peu plus d'un siècle avant, en 550 suivant Tigernach, O'Conor, *Rerum hibernicarum scriptores*, t. II, p. 139; en 551, suivant le *Chronicum Scotorum*, édit. Hennessy, p. 50, 51. Cf. O'Donovan, *Annals of the*

Mais revenons à Conchobar et à ses compagnons de chasse. Ils poursuivirent donc les oiseaux au loin sans rencontrer d'obstacles. Ces oiseaux étaient fort beaux, et chantaient en volant. Ils étaient divisés en neuf troupes, et dans chaque troupe on comptait vingt oiseaux. Ils allaient deux à deux ; les deux oiseaux qui tenaient la tête de chaque troupe portaient un joug d'argent qui les attachait l'un à l'autre ; les suivants étaient aussi attachés deux à deux, mais le joug était remplacé par une chaîne d'argent.

La nuit arriva sans que les chasseurs eussent pris un seul des oiseaux qu'ils poursuivaient. Il tombait une neige épaisse. Conchobar ordonna de dételer les chars et de chercher une maison où l'on pût trouver abri jusqu'au lendemain.

§ 3.

Le palais enchanté. — Naissance de Cúchulainn.

Ce furent Conall Cernach et Bricriu le querelleur qui se mirent en quête d'un logis. Ils aperçurent une maison isolée, qui paraissait nouvellement construite. Ils y entrèrent. Elle leur sembla fort petite et pauvre : il n'y avait dedans qu'un homme et une femme. Ceux-ci leur souhaitèrent la bienvenue. Co-

kingdom of Ireland by the Four Masters, 1851, t. I, p. 186-189 ; 274-277.

nall et Bricriu retournèrent près de leurs compagnons. — « Nous avons découvert une habitation, » leur dirent-ils ; « mais elle est indigne de vous. Nous serons fort mal couchés, et nous n'aurons pas de quoi manger. »

Cependant, faute de mieux, le roi et ses guerriers se décidèrent à chercher abri dans cette maison. Chose étrange ! cette petite habitation, qui semblait juste assez grande pour un homme et une femme, parut s'élargir quand ils entrèrent : ils trouvèrent place non seulement pour eux, mais pour leurs armes, leurs chevaux, leurs cochers et leurs chars. Les mets les plus abondants, les plus agréables au goût, les plus variés, leur furent servis. Il y en avait qu'ils connaissaient bien ; d'autres tout à fait extraordinaires, et dont ils n'avaient jamais goûté.

Cette maison était un de ces palais magiques que, suivant les légendes celtiques, les dieux créent quelquefois sur la terre quand ils veulent exercer sur les hommes une action visible. Il est question de ces palais dans les contes gallois, bretons et français.

Quelque temps après, Dechtéré devint mère, et Lug, lui apparaissant en songe, lui apprit qu'il était le père de l'enfant. C'était Lug qui avait envoyé les oiseaux merveilleux, provoqué la chasse, élevé la pauvre petite maison où le roi Conchobar, Dechtéré, sa sœur, et leurs compagnons avaient trouvé une hospitalité aussi brillante qu'inattendue.

§ 4.

Le mortel Sualtam et le dieu Lug, tous deux pères de Cûchulainn.

Lug, cependant, n'était pas l'époux de Dechtéré. Dechtéré, quand elle eut un enfant, avait un mari : c'était un des principaux personnages de la cour de Conchobar, son frère. On l'appelait Sualtam. Il considérait Cûchulainn comme son fils. Nous avons vu comment la violente ardeur de ses sentiments paternels causa l'accident étrange qui lui ôta la vie (1). Mais Sualtam n'était pas seul pour donner à Cûchulainn les soins que l'affection paternelle inspire. Le dieu Lug aussi veillait avec la même tendresse sur les jours du héros que l'Irlande chante depuis tant de siècles.

Cûchulainn, couvert de blessures, est seul avec Loeg, son cocher, en face de l'armée d'Ailill et de Medb, qui pénètre dans le royaume d'Ulster. Dans cette armée sont réunis les guerriers de quatre des cinq grandes provinces de l'Irlande, liguées contre la cinquième, qui est l'Ulster; et de tous les hommes d'Ulster, un seul est sous les armes et soutient le poids de la guerre : c'est Cûchulainn. Il a provoqué à des combats singuliers les principaux guerriers de l'armée ennemie; les duels ont succédé aux duels;

(1) T. I, p. 191-194.

il a toujours été vainqueur, mais il est criblé de blessures et accablé de fatigue.

Loeg, son cocher, voit un guerrier qui s'approche. Le crâne, en partie dénudé, de ce guerrier porte une couronne de cheveux bouclés et blonds; un manteau vert est fixé sur sa poitrine par une blanche broche d'argent; des fils d'or donnent à sa tunique une teinte d'un jaune rougeâtre. Au centre de son bouclier noir, la saillie d'un *umbo* de laiton brille avec l'éclat de l'argent. Chose étrange! ce guerrier traversait l'armée ennemie sans adresser la parole à personne ni sans que personne lui dît rien. Parmi tant d'hommes réunis, aucun ne paraissait le voir.

Cùchulainn reconnut que c'était un *side*, un dieu ami qui savait ses maux et qui avait pitié de lui. — « Tu es un brave, ô Cùchulainn, » dit l'étranger. — « Je n'ai rien fait d'extraordinaire, » répondit Cùchulainn. — « Je te viendrai en aide, » reprit le guerrier. — « Qui donc es-tu? » demanda Cùchulainn. — « Je suis ton père des *side*, » répondit l'inconnu. « Je suis Lug, fils d'Ethné. » Le dieu fit tomber Cùchulainn dans un sommeil magique qui dura trois jours et trois nuits; il pansa et guérit ses blessures (1).

---

(1) *Leabhar na hUidhre*, pages 77-78. Ce passage a été signalé par M. Sullivan, chez O'Curry, *On the manners*, t. I, page cccxlvi.

§ 5.

Lug et Conn Cêtchathach, roi suprême d'Irlande au second siècle de notre ère.

Le dieu Lug, du cycle mythologique, le vainqueur du dieu de la mort Balar, reparaît donc ainsi vivant et tout puissant dans le cycle de Conchobar et de Cûchulainn. Nous le retrouvons dans le cycle ossianique. La pièce que nous allons citer a été remaniée par un écrivain chrétien ; mais il est facile de déterminer en quoi consistent les additions faites aux données primitives de la légende.

Un matin, Conn Cêtchathach, roi suprême d'Irlande dans la seconde moitié du second siècle après notre ère (1), était, au lever du soleil, sur les remparts de Tara, sa résidence royale. Le hasard lui fit mettre le pied sur une pierre magique dont le nom était *Fâl*, et qui avait été jadis apportée en Irlande par les Tûatha Dê Danann quand ils vinrent s'y établir, avant l'arrivée des fils de Milé. Aussitôt que cette pierre fut touchée par le pied de Conn, elle jeta un cri ; et ce cri était si puissant, qu'il ne fut pas entendu seulement par Conn et par les personnages qui lui faisaient cortège : on l'entendit dans

---

(1) Tigernach le fait mourir vers l'année 190 : O'Conor, *Rerum hibernicarum scriptores*, t. II, 1re partie, p. 34 ; les Quatre Maîtres, en 157 : O'Donovan, *Annals of the kingdom of Ireland by the Four Masters*, 1851, t. I, p. 104-105.

tout Tara, et hors de Tara, jusqu'aux extrémités de la plaine environnante, qui s'appelait Breg.

Conn avait près lui, en ce moment, trois druides qui étaient du nombre des officiers attachés à sa personne. Il leur demanda ce que signifiait le cri de la pierre, comment elle s'appelait, d'où elle venait, où elle irait plus tard, et qui l'avait apportée à Tara. Les druides demandèrent un délai de cinquante-trois jours ; et quand ce délai fut expiré, l'un d'eux put répondre à toutes ces questions, une exceptée ; or la question que le druide laissa sans réponse était la plus importante : que signifiait le cri de la pierre ? Là-dessus le druide ne put donner que des indications incomplètes. « La pierre a prophétisé, » dit-il. « Ce n'est pas seulement un cri qu'elle a poussé : j'ai compté plusieurs cris, et leur nombre est celui des rois de ta race jusqu'à la fin du monde. Mais quant à leurs noms, ce n'est pas moi qui te les dirai. »

Aussitôt après, le roi et les assistants aperçurent un brouillard qui les environna ; et bientôt l'obscurité fut si grande qu'on ne distinguait plus rien. Ils entendirent les pas d'un cavalier qui s'avançait vers eux. Celui-ci leur lança trois coups de javelot, pendant que Conn et le principal druide, effrayés, jetaient des cris impuissants. Mais le cavalier mystérieux cessa de les menacer, s'approcha d'eux, salua Conn, et l'invita à venir dans sa maison.

Conn accepta et suivit l'inconnu jusqu'à une belle plaine où s'élevait une forteresse puissante. Devant la porte se dressait un arbre d'or ; dans la forteresse

Conn aperçut un palais splendide. L'inconnu l'y fit entrer. Le roi irlandais fut reçu par une jeune femme qui portait une couronne d'or, et il arriva avec son guide dans une salle qui contenait une cuve d'argent aux cercles d'or, pleine de bière. Là aussi était un trône sur lequel son guide s'assit. Jamais Conn n'avait vu un homme si grand ni si beau.

Celui-ci adressa la parole au roi d'Irlande. — « Je suis, » dit-il, « Lug, fils d'Ethné, petit-fils de Tigernmas. » Puis il annonça combien de temps régnerait Conn, et quelles batailles il devait livrer ; il prédit les noms de ses successeurs, la durée et les principaux événements de leurs règnes (1).

§ 6.

Lug est bien un dieu, quoi qu'en aient dit plus tard les Irlandais chrétiens.

L'auteur chrétien auquel nous devons l'arrangement de cette pièce, qui nous est parvenu, fait dire à Lug : — « Je ne suis pas un *scál*, c'est-à-dire un de ces êtres démoniaques qui ont le privilège de l'immortalité : je suis de la race d'Adam ; et si je me présente à vous aujourd'hui, je n'en ai pas moins subi la loi de la mort. » Ceci est une addition relativement moderne dont le but a été d'obtenir pour ce récit bizarre la tolérance du clergé chrétien. Lug,

---

(1) Cette pièce a été publiée par O'Curry, *Lectures on the manuscript materials*, p. 618, d'après le ms. du British Museum, coté Harleian 5280, qui est du quinzième siècle.

qui a prédit à Conn Cétchathach l'histoire de ce prince et celle de ses successeurs, est le dieu qui à Mag-Tured a tué Balar d'un coup de pierre, et qui a plus tard donné le jour au fameux héros Cùchulainn. Le palais magique où il reçut Conn est celui où, deux siècles auparavant, il avait abrité une nuit Conchobar, roi d'Ulster, Dechtéré sa sœur, huit autres guerriers, leurs chars et leurs chevaux, et où il leur avait fait servir un festin si succulent que jamais on n'avait rien vu de comparable dans le palais des rois d'Ulster.

Nous avons raconté plus haut que le 1er août lui était consacré; les cérémonies religieuses célébrées en ce jour attiraient un grand concours de peuple, et devinrent l'occasion d'assemblées publiques où le commerce, les affaires politiques, les jugements, les jeux se partageaient les assistants. C'est lui que César considère comme le premier des dieux gaulois : à ses yeux, il est identique à Mercure. Déjà, au temps de César, on lui avait en Gaule élevé un grand nombre de statues (1).

Le nom de *Lugudunum*, ou « forteresse de Lugus, » en irlandais Lug, était porté en Gaule par quatre villes importantes aujourd'hui Lyon, Saint-Bertrand-de-Comminges, Leyde et enfin Laon (2).

---

(1) « Deum maxime Mercurium colunt; hujus sunt plurima simulacra; hunc omnium inventorem artium ferunt, hunc viarum atque itinerum ducem, hunc ad questus pecuniæ mercaturasque habere vim maximam arbitrantur. » *De bello gallico*, l. VI, chap. 17, § 1.

(2) « Lugdunum Clavatum; » ce nom n'apparaît qu'à l'époque mérovingienne.

Sous l'empire romain *Lugudunum* perdit son second *u* et s'écrivit *Lugdunum*; ce nom est vraisemblablement identique au *Lugidunum* que le géographe Ptolémée signale en Germanie et qui, fondé par les Gaulois, était, au temps de Ptolémée, c'est-à-dire au commencement du second siècle de notre ère, entre les mains des Germains vainqueurs (1).

Le nom du dieu Lugus ou Lug doit aussi, probablement, se reconnaître dans le premier terme d'un composé géographique de la Grande-Bretagne, *Luguvallum;* ce mot désignait une ville sur l'emplacement exact de laquelle nous ne sachons pas que l'on se soit mis d'accord, mais qui était située près du mur d'Adrien (2). Le nom de *Lug-mag* ou « champ de Lug, » était porté en Irlande par une abbaye dont il est question dès le septième siècle (3).

Les Irlandais païens prétendaient que Lug habitait leur île; ils racontaient même en quel endroit était situé le palais souterrain que Dagdé lui avait, disait-on, assigné pour résidence quand l'Irlande eut été conquise par les fils de Milé (4).

---

(1) Ptolémée, édition Nobbe, livre II, chap. 11, § 28.

(2) Il est question plusieurs fois de cette localité dans l'*Itinéraire* d'Antonin.

(3) *Annals of the Four Masters*, édition d'O'Donovan, 1851, t. I, p. 296, 297, 356, 357. *Chronicum Scotorum*, édition Hennessy, p. 140, 141. Cette localité s'appelle aujourd'hui Louth.

(4) « Lug, macc Ethnend, is-síd Rodrubán. » Livre de Leinster, p. 245, col. 2, lignes 49, 50.

§ 7.

Ogmé ou Ogmios le champion.

Parmi les dieux qui jouent un rôle dans le cycle mythologique, il y en a trois au sujet desquels je ne connais rien à citer dans l'épopée héroïque et qui, cependant, continuaient à tenir une place dans la pensée des Irlandais chrétiens. C'étaient Ogmé, Dîan-Cecht et Goibniu. Ogmé ou Ogma, l'Ogmios de Lucien, est le héros qui, à la bataille de Mag-Tured, s'était emparé de l'épée du roi fomôré Téthra (1). Il est surnommé « à la face solaire, » *grian-ainech*. On lui attribuait l'invention de l'écriture ogamique (2) qui a servi aux inscriptions funéraires de l'époque païenne, et dont ni les moines irlandais du neuvième siècle, ni les scribes des temps postérieurs n'avaient perdu la tradition. On le disait fils d'Elada, dont le nom veut dire « composition poétique » ou « science. » On le croyait frère de Dagdé (3). On prétendait savoir où était situé le *sîd* ou palais souterrain que Dagdé avait assigné à Ogmé après la conquête de l'Irlande par les fils de Milé (4). Tel est, à son sujet, la doc-

(1) Voir plus haut, p. 188-190.
(2) Traité de l'écriture ogamique conservé par le Livre de Ballymote, ms. du quatorzième siècle : O'Donovan, *A grammar of the irish language*, p. XXVIII.
(3) Livre de Leinster, p. 9, col. 2, lignes 13, 14; p. 10, col. 2, lignes 23-24.
(4) « Ogma is-sîd Airceltrai. » Livre de Leinster, p. 245, col. 2, ligne 50.

trine ancienne. A partir du onzième siècle, Ogmé, cessant d'être considéré comme dieu, prit place parmi les guerriers qui auraient été tués à la seconde bataille de Mag-Tured. On raconta aussi qu'il avait été enterré à Brug na Boinné, localité située à une distance considérable de Mag-Tured. Ce sont là deux légendes contradictoires et d'origine différente, mais l'une et l'autre relativement modernes (1).

§ 8.

Dian-Cecht le médecin.

Dîan-Cecht, ou le dieu « au rapide pouvoir, » est un fils de Dagdé (2). Corpré le *file*, autre personnage mythologique qui, par une satire, avait renversé du trône le Fomôré Bress, était, par sa mère Etan, petit-fils de Dîan-Cecht (3). Dîan-Cecht avait guéri, avec l'aide de Creidné, la blessure reçue à la main par le dieu Nûadu en combattant les Fir-Bolgs à la tête des Tûatha Dê Danann (4). Il est le médecin des Tûatha Dê Danann. Il fut longtemps, en Irlande, le dieu de la médecine (5).

(1) Voir plus haut, p. 271.
(2) « Corand, cruittire sede do Dîan-Cecht, mac in Dagdai. » *Dinnsenchus*, en prose dans le *Livre de Leinster*, p. 165, col. 1, lignes 35, 36. Il n'y a, je crois, pas grand compte à tenir des généalogies réunies sur les premières lignes de la col. 1 de la page 10 du *Livre de Leinster*. Dîan-Cecht y est fait fils d'Erarc, lignes 3-4.
(3) Livre de Leinster, p. 9, col. 2, lignes 21-26.
(4) Voir plus haut, p. 154-177.
(5) Sur Dîan-Cecht, considéré comme dieu de la médecine, voyez

Le manuscrit 1395 de la bibliothèque de Saint-Gall contient un feuillet de parchemin sur un côté duquel on a prétendu représenter saint Jean l'évangéliste; sur l'autre face, des scribes irlandais, au huitième ou au neuvième siècle, ont écrit des incantations partie chrétiennes, partie païennes. Dans une de ces incantations, on lit ces mots : « J'admire la guérison que Dîan-Cecht laissa dans sa famille, afin que la santé vînt à ceux qu'il aidera (1). » Ainsi, les Irlandais chrétiens du huitième ou du neuvième siècle croyaient encore à Dîan-Cecht une puissance surnaturelle, et l'invoquaient dans leurs maladies.

§ 9.

Goibniu le forgeron et son festin.

Nous avons vu Goibniu fabriquer les fers de lance des Tûatha Dê Danann à la bataille mythique de Mag-Tured (2). Le manuscrit de Saint-Gall, que nous venons de citer, contient, sur la page déjà mentionnée, une incantation destinée à assurer la conservation du beurre; et, dans cette pièce, le nom de

---

Glossaire de Cormac, au mot *Dîan-Cecht* : Whitley Stokes, *Three irish glossaries*, p. 16, et *Sanas Chormaic*, p. 56. Consulter aussi, dans le présent volume, la p. 177.

(1) « Admuinur in-slânicid foracab Dîan-Cecht li-a-muntir, corop-slân ani for-sa-te. » Zimmer, *Glossæ hibernicæ*, p. 271. Cf. *Verzeichniss der Handschriften der Stiftsbibliothek von St Gallen*, 1875, p. 462, 463.

(2) Voyez plus haut, p. 181.

Goibniu est trois fois prononcé : « Science de Goibniu ! du grand Goibniu ! du très grand Goibniu ! (1) » Pourquoi cette triple invocation à propos de beurre ?

Les Irlandais du huitième ou du neuvième siècle considéraient Goibniu comme une sorte de dieu de la cuisine ; et, en effet, c'était le festin de Goibniu qui assurait aux Tûatha Dê Danann l'immortalité (2). Ce festin consistait principalement en bière et cette bière présente en Irlande une frappante analogie avec le nectar associé à l'ambroisie chez les Grecs (3). A quel propos Goibniu le forgeron divin, dont le nom dérive de *goba*, *gobann*, « forgeron, » était-il en Irlande chargé de préparer la merveilleuse boisson qui donnait l'immortalité aux dieux ? Nous ne saurions le dire, mais il y a là un mythe fort ancien, et qui semble avoir appartenu à la race hellénique en même temps qu'à la race celtique, puisque, dans le premier chant de *l'Iliade*, Héphaistos, qui est forgeron comme Goibniu, sert à boire aux dieux (4).

---

(1) « Fiss Goibnen, aird Goibnenn, renaird Goibnenn. » Zimmer, *Glossæ hibernicæ*, p. 270.

(2) Voir plus haut, p. 277-278. O'Curry, dans l'*Atlantis*, t. III, p. 389, note, a réuni deux textes relatifs à cette croyance. L'expression que ces textes emploient est *fled Goibnenn*, « festin de Goibniu, » mais dans ce festin on n'était guère occupé qu' « à boire », *ic ol*; ce qu'on y prenait était une « boisson, » *deoch*; c'était cette boisson qui rendait immortel. Il s'agit donc ici de la bière, *lind* ou *cuirm*, dont il est question dans d'autres textes. Comparez p. 275, 317.

(3) *Odyssée*, livre V, vers 93, 199 ; livre IX, 359.

(4) *Iliade*, livre I, vers 597-600.

Le clergé chrétien d'Irlande paraît avoir eu moins de confiance dans la science du forgeron Goibniu que le scribe inconnu auquel on doit la transcription du charme destiné à conserver le beurre comme nous venons de le dire. La prière que le *Livre des hymnes* attribue à saint Patrice demande le secours de Dieu « contre les sortilèges des femmes, des *forgerons* et des druides, contre toute science qui perd l'âme de l'homme (1); » et, dans cette science maudite, est comprise la « science » de Goibniu, invoquée par l'incantation de Saint-Gall au huitième ou au neuvième siècle, c'est-à-dire la science du forgeron divin qui conservait le beurre des humains ses adorateurs, et qui, par son festin, assurait aux dieux l'immortalité. C'est une science diabolique, et que le saint apôtre de l'Irlande considère comme ennemie.

---

(1)   « Fri brichta ban ocus goband ocus druad,
Fri cech fiss arachuiliu anmain duini. »
Hymne de saint Patrice, vers 48, 49, chez Windisch, *Irische Texte*, p. 56. Comparez « Fiss Goibnenn », dans l'incantation citée p. 309.

CHAPITRE XIV.

LES TÙATHA DÊ DANANN APRÈS LA CONQUÊTE DE L'IRLANDE PAR LES FILS DE MILÉ. — TROISIÈME PARTIE : LES DIEUX MIDER ET MANANNAN MAC LIR.

§ 1. Le dieu Mider. Etâin, sa femme, est enlevée par Oengus, puis naît une seconde fois et devient fille d'Etair. — § 2. Etâin est femme du roi suprême d'Irlande. Mider la courtise. — § 3. La partie d'échecs. — § 4. Mider fait de nouveau la cour à Etâin. Poème qu'il lui chante. — § 5. Mider enlève Etâin. — § 6. Manannân mac Lir et Bran, fils de Febal. — § 7. Manannân mac Lir et le héros Cûchulainn. — § 8. Manannân mac Lir et Cormac, fils d'Art. Première partie. Cormac échange contre une branche d'argent sa femme, son fils et sa fille. — § 9. Manannân mac Lir et le roi Cormac, fils d'Art. Deuxième partie. Cormac retrouve sa femme, son fils et sa fille. — § 10. Manannân mac Lir est père de Mongân, roi d'Ulster au commencement du sixième siècle de notre ère. — § 11. Mongân, fils d'un dieu, est un être merveilleux.

§ 1.

Le dieu Mider. Etâin, sa femme, est enlevée par Oengus, puis naît une seconde fois, et devient fille d'Etair.

Nous allons maintenant parler de deux personnages

divins qui ne jouent aucun rôle dans les événements que raconte le *Livre des conquêtes*, et que cette compilation ne mentionne qu'en passant : ce sont Mider et Manannân. Mider, dont le *sid*, ou palais souterrain, s'appelait Bregleith, fut, nous l'avons vu, un des deux pères nourriciers d'Oengus, fils de Dagdé. Il eut deux femmes, appelées l'une Etâin (1), l'autre Fuamnach (2), toutes deux déesses ou *side*. Mais, de ces deux épouses, il perdit la première d'une façon qui lui fut pénible, et l'attachement invariable qu'il conserva pour elle amena une suite d'aventures étranges d'abord et finalement tragiques.

Un vieux récit, qui fait partie du cycle de Conchobar et de Cùchulainn, nous fait remonter à une époque où l'élève de Mider, Oengus, qui épousa, comme nous l'avons vu, Caer, fille d'Ethal Anbual, avait enlevé Etâin à son maître ou père nourricier.

Etâin, séparée de Mider, devint l'épouse d'Oengus, qui lui témoignait la plus vive tendresse, la logeait dans une chambre remplie de fleurs odoriférantes, et mettait son bonheur à passer avec elle les soirées et les nuits. Cependant, Mider n'oubliait pas Etâin, il la regrettait, désirait la reprendre, et Fuamnach, la femme qui lui restait, en ressentait une violente jalousie. Un jour, Fuamnach profita de l'absence

(1) *Tochmarch Etaine*, chez Windisch, *Irische Texte*, p. 127, lignes 8, 24.

(2) Livre de Leinster, p. 11, col. 2, ligne 20. Le même passage nous apprend qu'elle était sœur de Siugmall ; cf. Windisch, *Irische Texte*, p. 132, ligne 20, et Livre de Leinster, p. 23, col. 1, lignes 37-38.

d'Oengus, qu'elle avait eu l'adresse de faire sortir sous prétexte d'une entrevue avec Mider et d'un projet d'accommodement entre l'élève et le maître.

Un coup de vent, envoyé par elle, enleva Etâin de la chambre charmante que l'amour d'Oengus lui avait donnée pour logis. Le vent (1) déposa Etâin sur le toit d'une maison, où les grands seigneurs d'Ulster, accompagnés de leurs femmes, étaient réunis et buvaient. Du toit, par l'ouverture qui servait de cheminée, Etâin tomba dans une coupe d'or qui se trouvait sur la table, à côté d'une des femmes. Cette coupe contenait de la bière. En buvant cette bière, la femme avala Etâin, dont elle accoucha neuf mois après.

Celle qui devint ainsi mère d'Etâin avait un mari qui s'appelait Etair et qui passa pour le père de la jeune fille. « Jeune fille » ici peut sembler inexact, car Etâin était âgée de mille douze ans quand la femme d'Etair la mit au monde ; mais les dieux ne vieillissent pas ; et de plus, Etâin commençait une nouvelle vie (2).

§ 2.

Etâin est femme du roi suprême d'Irlande. Mider la courtise.

Quand Etâin fut grande elle devint la plus belle

---

(1) Dans l'*Odyssée*, livre VI, vers 20, la déesse Athéné, approchant du lit où dormait Nausicaa, fille du roi des Phéaciens, est comparée au souffle du vent.

(2) *Leabhar na hUidhre*, p. 129, fragment publié par Windisch, *Irische Texte*, p. 130-131.

des filles d'Irlande et la femme du roi suprême Eochaid Airem, dont la capitale était Tara. Le règne d'Eochaid Airem, suivant Tigernach (1), aurait été contemporain de la toute-puissance de César, mort, comme on sait, en l'an 44 avant notre ère.

Un des textes qui nous racontent comment se fit le mariage d'Eochaid a soin de nous signaler l'accomplissement d'une des principales formalités juridiques par lesquelles se formait le lien conjugal dans le droit irlandais : Eochaid, avant le mariage, donna à Etâin un douaire de sept *cumal*, c'est-à-dire de sept femmes esclaves, ou d'une valeur équivalente. Et ce fut après cela qu'ils devinrent époux.

Mais Mider n'avait pas cessé d'aimer Etâin. Il profita d'une absence du roi pour venir rappeler à la jeune femme le temps où jadis, dans le monde des dieux, il était son mari. Il lui proposa de le suivre dans sa mystérieuse résidence de Bregleith. Etâin, respectant les liens nouveaux qu'elle avait formés, repoussa cette proposition. Je n'échangerai pas, » dit-elle, « le roi suprême d'Irlande pour un mari comme toi, qui n'a pas de généalogie et auquel on ne connaît pas d'ancêtres (2). » — Mider ne se tint pas pour battu.

---

(1) O'Conor, *Rerum hibernicarum scriptores*, t. II, 1re partie, p. 8.
(2) Windisch, *Irische Texte*, lignes 30-31. Ce passage est emprunté au *Leabhar na hUidhre*, manuscrit du onzième siècle. Rien n'établit plus catégoriquement la date récente des généalogies compliquées attribuées aux Tûatha Dé Danann par divers documents. Voyez, sur les ancêtres qu'on donne à Mider, Livre de Leinster, p. 11, col. 1,

§ 3.

La partie d'échecs.

Par une belle journée d'été, Eochaid Airem, roi suprême de l'Irlande et mari d'Etâin, de retour à Tara, regardait du haut de sa forteresse dans la plaine. Il admirait la campagne et ses tons harmonieux. Il vit s'approcher un guerrier inconnu. Cet étranger était vêtu d'une tunique de pourpre; ses cheveux étaient jaunes comme de l'or; son œil bleu brillait comme une chandelle. Il portait une lance à cinq pointes et un bouclier orné de perles d'or.

Eochaid lui souhaita la bienvenue, tout en lui disant qu'il ne le connaissait point. — « Je te connais » bien, moi, et depuis longtemps, » dit le guerrier. — « Quel est ton nom? » demanda Eochaid. — « Il » n'a rien d'illustre, » répondit l'étranger. « Je m'ap- » pelle Mider de Bregleith. » — « Quelle raison » t'amène ici? » reprit Eochaid. — « Je viens, » dit l'inconnu, « jouer aux échecs avec toi. » — « Je suis » fort aux échecs, » dit Eochaid, qui passait pour le premier joueur d'échecs d'Irlande. « Nous verrons » ce qu'il en est, » reprit Mider. — « Mais, » répondit Eochaid, « la reine dort en ce moment, et c'est » dans sa chambre qu'est mon jeu d'échecs (1). »

ligne 51, et p. 10, col. 1, lignes 2 et suiv. Comparez le tableau généalogique publié par O'Curry, *Atlantis*, t. III, en face de la p. 382.

(1) Il n'est pas bien sûr que le jeu dont il s'agit ici soit précisé-

— « Peu importe, » répliqua Mider, « j'ai avec moi
» un jeu qui n'est pas moins beau que le tien. »

Et il disait la vérité. L'échiquier qu'il apportait était d'argent, à chaque coin brillaient des pierres précieuses. D'un sac fait d'une brillante étoffe de fil de laiton, il tire les guerriers, c'est-à-dire les pièces, qui étaient d'or. Il dispose l'échiquier comme il fallait.

— « Joue, » dit-il au roi. — « Je ne jouerai pas
» sans enjeu, » répondit Eochaid. — « Quel sera l'en-
» jeu ? » dit Mider. — « Cela m'est égal, » reprit Eochaid. — « Quant à moi, » répliqua Mider, « si tu
» gagnes je te donnerai cinquante chevaux bruns à
» la poitrine large, aux pieds minces et agiles. » —
« Et moi, » reprit le roi, comptant sur le succès,
« si je perds, je te donnerai ce que tu voudras (1). »

Mais, contre son attente, Eochaid fut battu par Mider. Et quand il demanda à son adversaire, selon les conventions préalables, ce que celui-ci désirait : « C'est ta femme, » répondit Mider, « c'est Etâin que
» je veux. » Le roi fit observer que, d'après les règles du jeu, celui qui perdait la première partie avait droit à la revanche, c'est-à-dire qu'il fallait une seconde partie perdue pour rendre définitif le résul-

---

ment le jeu d'échecs tel que nous l'entendons, qui est originaire de Perse. Cf. O'Donovan, *The book of rights*, p. LXI.

(1) Il y a ici une lacune dans le manuscrit qui nous sert de base, c'est-à-dire dans le *Leabhar na hUidhre*. Cette lacune est d'un feuillet au moins. Nous la complétons à l'aide : 1° d'une analyse d'O'Curry (*On the Manners*, t. II, p. 192-194; t. III, p. 162-163, 190-192), qui a eu entre les mains d'autres manuscrits; 2° de la partie du récit qui suit et que le *Leabhar na hUidhre* nous a conservé.

tat de la première. Et il proposa de renvoyer à un an cette partie nouvelle. Mider accepta le délai bien que de mauvaise grâce, et il disparut, laissant le roi et sa cour interdits.

§ 4.

Mider fait de nouveau la cour à Etdin. Le poème qu'il lui chante.

Eochaid fut un an sans revoir Mider. Mais pendant ce temps, Etâin reçut du dieu amoureux de nombreuses visites. L'auteur inconnu de la composition épique dont nous donnons l'analyse met dans la bouche de Mider un poème qui ne paraît pas être ici tout à fait à sa place. C'était le chant que le messager de la mort faisait entendre aux femmes qu'il enlevait pour les conduire au séjour mystérieux de l'immortalité.

« O belle femme, viendras-tu avec moi dans la
» terre merveilleuse où l'on entend une jolie musi-
» que, où sur les cheveux on porte une couronne
» de primevères, où de la tête aux pieds le corps
» est couleur de neige, où personne n'est triste ni
» silencieux, où les dents sont blanches et les sour-
» cils noirs..... les joues rouges comme la digitale en
» fleur..... L'Irlande est belle, mais bien peu de
» paysages y sont aussi séduisants que celui de la
» Grande Plaine où je t'appelle. La bière d'Irlande eni-
» vre, mais la bière de la Grande Terre est bien plus

» enivrante. Quel pays merveilleux que celui dont je
» parle! La jeunesse n'y vieillit point. Il y coule des
» ruisseaux d'un liquide chaud, tantôt d'hydromel,
» tantôt de vin, toujours de choix. Les hommes y
» sont charmants, sans défaut, l'amour n'y est pas
» défendu. O femme, quand tu viendras dans mon
» puissant pays, ce sera une couronne d'or que tu
» porteras sur la tête. Je te donnerai du porc frais;
» tu auras de moi pour boisson de la bière (1) et du
» lait, ô belle femme! — O belle femme, viendras-tu
» avec moi (2)? »

Ces doctrines sur l'autre vie étaient connues en Grèce. Au cinquième siècle avant notre ère, Platon en avait entendu parler et les attribuait à Musée. « Suivant cet auteur, » dit le célèbre philosophe athénien, « les justes, dans l'Hadès ou séjour des morts,
» sont admis au banquet des saints, et, couronnés
» de fleurs, ils passent leur temps dans une éter-
» nelle ivresse (3). »

Le morceau mis dans la bouche de Mider par la composition épique que nous analysons n'est donc

---

(1) Sur le porc et la bière des dieux, voir plus haut, p. 275.

(2) *Leabhar na hUidhre*, p. 131; Windisch, *Irische Texte*, p. 132, 133. J'ai retranché de la traduction plusieurs vers où paraissent nécessaires des corrections qu'il n'est pas prudent de risquer sans avoir vu d'autres manuscrits. Le quatrain qui, dans l'édition de M. Windisch, forme les lignes numérotées 11 et 12, exprime une pensée chrétienne qui a été intercalée pour faire passer le reste, et je l'ai supprimé.

(3) *République*, livre II; *Platonis opera*, édit. Didot-Schneider, t. II, p. 26, lignes 15-20.

point ici à sa place. Mider voulait ramener Etâin dans un pays où elle avait vécu plusieurs siècles et qu'elle connaissait fort bien ; ce n'est pas à la « Grande Terre, » où tous les humains se réunissent après la mort, c'était dans son propre palais, à Bregleith, qu'il voulait la conduire ; et l'amour qu'il lui offrait était le sien, il ne lui proposait pas pour amants les hommes charmants et sans défauts qui habitent le domaine mystérieux de la mort.

Ses efforts furent impuissants. La fidélité d'Etâin au roi son époux resta inébranlable. Mider avait beau lui faire les offres les plus séduisantes de bijoux et de trésors : « Je ne puis, » disait-elle, « quitter mon mari que s'il y consent. » Pendant ce temps, Eochaid comptait avec angoisse les jours qui le séparaient de la date redoutable à laquelle Mider devait reparaître. On prétend que son surnom, qui paraît avoir été *Airem*, au génitif *Airemon*, vient d'*Aram*, « nombre, » et veut dire celui qui compte.

§ 5.

Mider enlève Etâin.

L'année finie, Eochaid se trouvait à Tara, entouré des grands seigneurs d'Irlande, quand apparut Mider, qui semblait fort mécontent. — « Nous allons, » dit Mider, « jouer notre seconde partie d'échecs. » — « Quel sera l'enjeu ? » demanda Eochaid. — « Ce que » désirera le gagnant, » répondit Mider, « et cette

» partie-ci sera la dernière. » « Que désires-tu ? » reprit Eochaid. — « Mettre mes deux mains au-
» tour de la taille d'Etâin, » dit Mider, « et lui don-
» ner un baiser. » Eochaid se tut d'abord ; puis enfin, élevant la voix : — « Reviens dans un mois, » lui dit-il, « et on te donnera ce que tu demandes. » Mider accepta ce nouveau délai, il partit.

Quand arriva le jour fatal, Eochaid était au milieu de la grande salle de son palais à Tara, avec sa femme ; autour d'eux se pressaient en rangs épais les plus braves guerriers de l'Irlande, que le roi avait appelés à son aide et qui remplissaient non seulement le palais, mais la cour de la forteresse ; les serrures des portes étaient fermées. Eochaid comptait résister par la force au rival qui prétendait lui enlever sa femme. La journée se passa et le dieu terrible ne paraissait point. La nuit vint. Tout d'un coup, on aperçut Mider au milieu de la salle. On ne l'avait pas vu entrer. Le beau Mider, dit le conteur irlandais, était, cette nuit, plus beau que jamais.

Eochaid le salua : « Me voici, » dit Mider ; « donne-
» moi ce que tu m'as promis. C'est une dette et
» j'ai le droit d'en exiger l'acquittement. » — « Je
» n'y ai pas songé jusqu'à présent, » répondit Eochaid hors de lui. « Tu m'as promis de me donner Etâin, » répliqua Mider.

A ces mots, la rougeur monta au visage d'Etâin. Mider lui adressa la parole : « Ne rougis pas, » lui dit-il, « tu n'as pas de reproche à te faire. Depuis

» un an, je ne cesse de solliciter ton amour, en t'of-
» frant bijoux et richesses. Tu es la plus belle des
» femmes d'Irlande et tu as refusé de m'écouter
» aussi longtemps que ton mari ne t'en aurait pas
» accordé la permission. » — « Je t'ai dit, » reprit
Etâin, « que je n'irai pas où tu m'appelles, tant que
» mon mari ne m'aura pas cédée à toi. Je me
» laisserai prendre si Eochaid me donne. » — « Je
» ne te donnerai pas, » s'écria Eochaid. « Je consens
» seulement à ce qu'il mette ses deux mains autour
» de ta taille ici, dans cette salle, comme il a été
» convenu. » — « Cela va être fait, » répondit Mider.

Il tenait une lance dans sa main droite ; il la fit passer dans la main gauche, et, de son bras droit saisissant Etâin, il s'éleva en l'air et disparut avec elle par l'ouverture qui, pratiquée dans le toit, servait de cheminée aux palais irlandais. Les guerriers qui entouraient le roi se levèrent honteux de leur impuissance ; ils sortirent et ils aperçurent deux cygnes qui voltigeaient autour de Tara ; leurs longs et blancs cous étaient unis par un joug d'or.

Les Irlandais virent souvent, plus tard, des couples merveilleux de cette espèce. Mais alors, c'était la première fois qu'un tel spectacle leur était donné. Dans ces deux cygnes, Eochaid et ses guerriers reconnurent Mider et Etâin ; mais les deux fugitifs étaient trop loin pour qu'on pût les atteindre (1). Plus tard, cependant, un druide apprit à Eochaid

---

(1) *Leabhar na hUidhre*, p. 132.

où se trouvait le palais souterrain de Mider. Eochaid, avec le secours de la puissance magique que les druides possèdent, força l'entrée de cette résidence mystérieuse, et il reprit au dieu vaincu la femme si belle et si aimée. Mais un jour Mider se vengea : la mort tragique du roi suprême Conairé, petit-fils par sa mère d'Eochaid Airem et d'Etâin, fut causée par la haine implacable de ce dieu et de ses gens, c'est-à-dire des *side* de Bregleith, contre la postérité d'Eochaid Airem et de la femme que ce prince avait enlevée à l'amoureux Mider (1).

§ 6.

Manannân mac Lir et Bran, fils de Febal.

Manannân mac Lir, comme son nom l'indique, est fils de Ler, c'est-à-dire de la Mer. Entre lui et les autres dieux, ou Tûatha Dê Danann, dont nous avons parlé jusqu'ici, il y a une différence importante : le palais merveilleux qu'il habite n'est pas situé en Irlande ; il se trouve dans une île de la mer, et à une distance assez grande des côtes pour être

---

(1) *Leabhar na hUidhre*, p. 99, col. 1, lignes 12 et suiv. Nous connaissons, au sujet de Mider, quelques documents que nous n'avons pas utilisés ici. Ainsi, sur l'intervention de ce dieu dans la légende d'Eochaid mac Maireda, voyez *Leabhar na hUidhre*, p. 39, col. 2, ligne 1. Mider, roi des hommes de Ferfalga, beau-père du héros Cûroi, est probablement identique à notre dieu. O'Curry, *On the Manners*, t. III, p. 80.

inaccessible dans les conditions ordinaires de la navigation. A ce point de vue, Manannân et quelques autres dieux de la catégorie des Tûatha Dê Danann présentent une certaine analogie avec les Fomôré : il faut faire un voyage par mer pour atteindre leur résidence, comme pour gagner la vaste terre où, sous la domination des Fomôré, les défunts trouvent les joies d'une vie nouvelle, et l'immortalité.

Bran, fils de Febal, est un des voyageurs qu'un navire a transportés dans les îles des Tûatha Dê Danann. Il en est revenu, et a pu raconter son histoire.

Un jour, il était seul près de son palais ; il entendit une musique très douce qui l'endormit, et, en se réveillant, il trouva à côté de lui une branche d'argent, couverte de fleurs (1). Il la prit, et l'apporta chez lui ; mais il ne la garda pas longtemps. Un jour, il y avait chez lui réunion nombreuse ; beaucoup de chefs, accompagnés de leurs femmes, étaient rassemblés dans son palais, quand apparut une femme inconnue qui l'invita à se rendre dans le pays mystérieux des *Side*. Puis elle disparut, et avec elle la branche d'argent.

Bran s'embarqua le lendemain, et trente personnes avec lui. Au bout de deux jours, ils rencontrèrent Manannân mac Lir, roi du pays inconnu vers lequel ils naviguaient. Manannân était dans un char, et

---

(1) On trouvera plus bas, p. 327, une branche analogue, dans la légende de Cormac.

chantait en vers le bonheur de son royaume. Bran continua son voyage et arriva dans une île qui n'était peuplée que de femmes. La reine était celle qui l'avait invité. Il y resta longtemps, puis revint en Irlande (1).

§ 7.

Manannân mac Lir et le héros Cúchulainn.

Le nom de Manannân mac Lir est mêlé aux événements épiques qui forment le cycle de Conchobar et de Cûchulainn et le cycle ossianique. On le retrouve enfin dans un des morceaux qui continuent jusqu'au septième siècle l'histoire épique de l'Irlande.

La femme de Manannân était Fand, fille d'Aed Abrat et déesse comme lui. Un jour, il l'abandonna; elle, pour se venger, rechercha en mariage le héros Cûchulainn (2), qui avait déjà une femme légitime, Emer (3), et une concubine, Ethné Ingubai (4). Elle habitait une île où elle attira le héros. C'était le « pays lumineux, » *Tir Sorcha* (5).

---

(1) Il y a de cette pièce plusieurs manuscrits. Le plus ancien est le *Leabhar na hUidhre*, p. 121, mais il ne contient plus qu'un très court fragment. Vient ensuite, par ordre de date, le manuscrit H. 2. 16, du collège de la Trinité de Dublin, col. 395-399.

(2) *Serglige Conculaind*, ou « Maladie de Cûchulainn, » chez Windisch, *Irische Texte*, p. 209, lignes 20 et suiv.

(3) *Ibid.*, p. 208, lignes 12 et suiv.; p. 214, lignes 19 et suiv.

(4) *Ibid.*, p. 206, lignes 17, 18; p. 207, lignes 9 et suiv.; p. 208, ligne 19.

(5) Windisch, *Irische Texte*, p. 219, ligne 18.

Loeg, cocher de Cûchulainn, qui, avant son maître, alla en éclaireur visiter cette étrange contrée, revint rempli d'admiration. Il y avait vu un arbre merveilleux (1), de beaux hommes, de belles femmes, vêtus d'habits magnifiques, faisant bonne chère, écoutant une musique délicieuse. Mais, ce qui l'avait surtout frappé était la beauté de Fand. Il n'y avait, en Irlande, ni roi ni reine qui l'égalassent. « Ethné Ingubai, la concubine de Cûchulainn, est bien jolie, » disait-il ; « mais une femme comme Fand rend les gens fous (2). »

Cûchulainn se laissa séduire, épousa Fand, la ramena en Irlande. Jusque-là, Emer avait supporté patiemment les infidélités momentanées du volage héros, et avait admis, en outre, qu'il eût une concubine de rang inférieur ; alors elle devint jalouse pour la première fois ; elle ne put souffrir dans Fand une rivale égale ou supérieure à elle, et qui semblait devoir occuper définitivement la première place dans le cœur du plus grand des guerriers irlandais. Elle voulut tuer Fand. Cûchulainn s'y opposa ; mais l'ardeur de la passion qu'Emer avait témoignée réveilla chez lui des sentiments qui semblaient éteints ;

---

(1) C'est probablement de cet arbre que furent détachées la branche d'argent de Bran mac Febail dont il a été déjà question et la branche aux pommes d'or de Cormac dont nous parlerons plus loin. On peut comparer les arbres du palais souterrain de Brug na Boinné, p. 274-275. L'île d'Avalon, c'est-à-dire du Pommier, dans le cycle d'Arthur, tire sans doute son nom d'un arbre analogue.

(2) Windisch, *Irische Texte*, p. 219, ligne 25 ; p. 220, lignes 5, 6.

voyant la douleur d'Emer, il lui dit, pour la consoler, qu'il la trouvait toujours jolie, et qu'il n'avait pas cessé de l'aimer. Fand était présente. Profondément blessée de cette réconciliation, elle abandonna Cûchulainn.

Au même moment Manannân, sachant la détresse de l'épouse qu'il avait eu le tort de quitter, venait la chercher. Il s'approcha de Fand : visible pour elle, il était invisible pour tout autre. Ayant été bien accueilli par elle, il se rendit tout à coup visible aux yeux de Cûchulainn et de son cocher Loeg. Il partit emmenant Fand, qui, pour Cûchulainn, était à jamais perdue et que l'art des druides fit oublier à ce héros passionné (1).

§ 8.

Manannân mac Lir et Cormac, fils d'Art. — Première partie : Cormac échange contre une branche d'argent sa femme, son fils et sa fille.

Nous retrouvons Manannân mac Lir dans le cycle ossianique. Un des principaux personnages de ce cycle est Cormac mac Airt, ou Cormac fils d'Art, dit aussi Cormac hûa Cuinn, c'est-à-dire petit-fils de Conn. Dans les annales de Tigernach, dont l'auteur mourut, comme on sait, en 1088, on lit, sous une date qui paraît corespondre à l'an 248 de notre ère,

---

(1) Windisch, *Irische Texte*, p. 222-227.

la mention suivante : « Disparition de Cormac, petit-fils de Conn, pendant sept mois (1). » La disparition de Cormac mac Airt est un événement merveilleux dont le récit est compris dans la seconde liste des récits que racontaient les *filé* ; et cette liste paraît remonter au dixième siècle. Notre légende y est désignée sous le nom d'« Aventures » ou d'« Expédition de Cormac mac Airt. » Ce titre se retrouve en tête de la pièce dont il s'agit dans deux manuscrits du quatorzième siècle, mais avec une addition d'où il résulte que le pays où Cormac se serait rendu s'appelle « Terre de la Promesse » (2). Des manuscrits plus récents intitulent ce morceau : « Trouvaille de la branche par Cormac mac Airt. » On va comprendre pourquoi.

Un jour, Cormac mac Airt, roi suprême d'Irlande, était dans sa forteresse de Tara. Il vit dans la prairie qui en dépendait un jeune homme qui tenait à la main une branche merveilleuse ; neuf pommes d'or y étaient suspendues (3). Quand on agitait cette branche, les pommes s'entre-choquant produisaient une musique étrange et douce. Personne ne pouvait l'entendre sans oublier à l'instant ses chagrins et ses maux.

(1) « Teasbhaidh Cormaic hua Cuinn fri-re secht miss. » O'Conor, *Rerum hibernicarum scriptores*, t. II, première partie, p. 44. La même expression est employée pour désigner l'enlèvement d'Etáin par Mider. *Leabhar na hUidhre*, p. 99, col. 1, ligne 13.

(2) *Tír Tairngiri*. Livre de Ballymote, f° 142, verso. Manuscrit du collège de la Trinité de Dublin, coté H. 2. 16, col. 889. Cf. p. 331.

(3) Comparez la branche d'argent dont il est question plus haut, dans la légende de Bran mac Febail, p. 323.

Puis tous, hommes, femmes et enfants, s'endormaient.

— « Cette branche t'appartient-elle ? » demanda Cormac au jeune homme. — « Oui, certes, » répondit celui-ci. — « Veux-tu la vendre ? » reprit Cormac. — « Oui, » dit le jeune homme. « Je n'ai jamais rien eu qui ne fût à vendre. » — « Quel prix en exiges-tu ? » dit Cormac. — « Je te l'apprendrai après, » répliqua le jeune homme. — « Je te donnerai ce que tu jugeras à propos, » répondit Cormac. « Et suivant toi, que te dois-je ? » — « Ta femme, ton fils et ta fille. » — « Tu les auras tous les trois, » répliqua le roi.

Le jeune homme lui donna la branche, et ils entrèrent tous deux dans le palais. Cormac y trouva réunis sa femme, son fils et sa fille. — « Tu as là un bien joli bijou, » lui dit sa femme. — « Ce n'est pas étonnant, » répondit Cormac : « je le paie un gros prix. » Et il raconta le marché qu'il avait fait.

— « Nous ne croirons jamais, » répondit sa femme, « qu'il y ait en ce monde un trésor que tu préfères à nous trois. » — « Il est vraiment trop dur, » s'écria la fille de Cormac, « que mon père nous ait échangés contre une branche ! » La femme, le fils et la fille étaient tous les trois dans la désolation. Mais Cormac secoua la branche. A l'instant ils oublièrent leur affliction, ils allèrent joyeux au-devant du jeune homme, et partirent avec lui.

Bientôt la nouvelle de cet événement étrange se répandit dans Tara d'abord, puis dans toute l'Irlande. On aimait beaucoup la reine et ses deux enfants ; il s'éleva un immense cri de douleur et de regret. Mais Cormac secoua sa branche ; aussitôt les plaintes cessèrent, et le chagrin de ses sujets fit place à la joie.

§ 9.

Manannán mac Lir et le roi Cormac fils d'Art. — Deuxième partie. — Cormac retrouve sa femme, son fils et sa fille.

Une année s'écoula. Cormac éprouva le désir de revoir sa femme, son fils et sa fille. Il sortit de son palais, prit la direction où il les avait vus s'engager. Un nuage magique l'enveloppa ; il arriva dans une plaine merveilleuse. Là s'élevait une maison, et une foule immense de cavaliers étaient réunis à l'entour. Leur occupation était de couvrir cette maison de plumes d'oiseaux étrangers. Quand ils avaient couvert une moitié de la maison, les plumes leur manquaient pour terminer ce travail, et ils partaient pour aller chercher les plumes nécessaires à l'achèvement de leur tâche. Mais pendant leur absence, les plumes qu'ils avaient posées disparaissaient, soit qu'elles fussent enlevées par le vent, soit par toute autre cause. Il n'y avait donc pas de raison pour que leur travail fût jamais achevé. Cormac les regarda longtemps, puis perdit patience. — « Je vois bien, » dit-il, « que vous faites cela depuis le commencement du monde, et que vous continuerez jusqu'à ce que le monde finisse. »

Il poursuivit sa route. Après avoir vu plusieurs autres choses curieuses, il arriva dans une maison où il entra. Il y trouva un homme et une femme de grande taille, et dont les vêtements étaient de diverses couleurs. Il les salua; eux, comme il était tard, lui proposèrent l'hospitalité pour la nuit. Cormac accepta.

L'hôte apporta lui-même un cochon tout entier, qui devait servir pour le repas, et une bûche énorme, qui, fendue en plusieurs morceaux, devait le cuire. Cormac prépara le feu et mit dessus un quartier de cochon. — « Raconte-nous une histoire, » dit l'hôte à Cormac, « et, si elle est vraie, lorsque tu l'auras » terminée, le quartier de cochon sera cuit. » — « Commence toi-même, » répondit Cormac, « ta » femme parlera ensuite ; mon tour viendra après. » — « Tu as raison, » répliqua l'hôte. « Voici mon » histoire. Ce cochon est un des sept que je possède ; » et de leur chair je pourrais nourrir le monde entier. Quand un d'eux est tué et mangé, je n'ai qu'à » mettre ses os dans l'étable, et le lendemain je le » retrouve vivant (1). » L'histoire était vraie, car aussitôt qu'elle fut finie, le quartier de cochon se trouva cuit.

Cormac mit un second quartier de cochon sur le

---

(1) Voir plus haut, p. 275, une légende analogue dans un texte plus ancien.

feu ; la femme prit la parole. — « J'ai sept vaches
» blanches, » dit-elle ; « et tous les jours je remplis
» sept cuves de leur lait. Si les habitants du monde
» entier se réunissaient dans cette plaine, j'aurais
» assez de lait pour les rassasier. » L'histoire était
vraie, car, aussitôt qu'elle fut terminée, on constata
que le quartier de cochon était cuit. « Je vois, » dit
Cormac, « que vous êtes Manannân et sa femme.
» C'est Manannân qui possède les cochons dont tu
» viens de parler, et c'est de la Terre Promise qu'il
» a ramené sa femme et les sept vaches (1). »

— « Ton tour est venu de raconter une histoire, »
reprit le maître de la maison. « Si elle est vraie,
» quand elle sera finie le troisième quartier sera
» cuit. » Cormac raconta comment il avait acquis la
branche merveilleuse aux neuf pommes d'or et à la
musique enchanteresse ; comment il avait en même
temps perdu sa femme, son fils et sa fille. Quand il
eut terminé son récit, le quartier de cochon était
cuit. — « Tu es le roi Cormac, » lui dit son hôte.
« Je le reconnais à ta sagesse ; le repas est prêt,
» mange. » — « Jamais, » répondit Cormac, « je
» n'ai dîné en compagnie de deux personnes seule-
» ment. » Manannân ouvrit une porte et fit entrer
la femme, le fils et la fille de Cormac. Le roi fut bien
heureux de les revoir ; eux éprouvèrent la même
joie que lui. — « C'est moi qui te les ai pris, » dit

(1) Sur les cochons de Manannân, voir plus haut, p. 277. Manannân a ramené deux vaches de l'Inde, p. 279.

Manannân, « c'est moi qui t'ai donné la branche
» merveilleuse. Mon but était de te faire venir ici. »

Cormac ne voulut pas commencer le repas avant
d'avoir l'explication des merveilles qu'il avait vues
sur son chemin. Manannân la lui donna ; il lui expliqua, par exemple, que les cavaliers qui couvrent une
maison de plumes et recommencent indéfiniment
leur travail sans jamais en voir l'achèvement sont
les gens de lettres qui cherchent la fortune, croient
la trouver, et ne l'atteindront jamais : en effet, chaque fois qu'ils rentrent chez eux apportant de l'argent, ils apprennent qu'on a dépensé tout celui qu'à
leur départ ils avaient laissé à la maison.

Enfin Cormac, sa femme et ses enfants se mirent
à table. Ils mangèrent. Quand il fut question de
boire, Manannân présenta une coupe. — « Cette
coupe, » dit-il, « a une propriété particulière.
» Quand on dit devant elle un mensonge, elle se
» brise, et si ensuite on dit la vérité, les morceaux
» se rejoignent. » — « Prouve-le, » s'écria Cormac. —
« C'est bien facile, » reprit Manannân. « La femme
» que je t'ai enlevée a eu depuis ce temps un nou-
» veau mari. » Aussitôt la coupe se brisa en quatre
morceaux. » — « Mon mari a menti, » répondit la
femme de Manannân. » Elle disait la vérité : à l'instant, les quatre morceaux de la coupe se rejoignirent
sans qu'il restât aucune trace de l'accident.

Après le repas, Cormac, sa femme et ses enfants
allèrent se coucher. Quand ils se réveillèrent le lendemain, ils étaient dans le palais de Tara, capitale

de l'Irlande, et Cormac y trouva près de lui la branche merveilleuse, la coupe enchantée, même la nappe qui couvrait la table sur laquelle il avait mangé la veille dans le palais du dieu Manannân. Si nous en croyons l'annaliste Tigernach, son absence avait duré sept mois, et ces événements merveilleux se seraient passés l'an 248 de J.-C. (1).

§ 10.

Manannân mac Lir est père de Mongán, roi d'Ulster. au commencement du sixième siècle de notre ère.

Cormac mac Airt vivait au troisième siècle de notre ère. Nous retrouvons encore le nom de Manannân mêlé à l'histoire épique d'Irlande vers la fin du sixième siècle ou au commencement du septième. A cette époque, régnait en Ulster Fiachna Lurgan. Il était l'ami d'Aidân mac Gabrâin, qui suivant les Annales de Cambrie mourut en 607 (2). Tigernach mentionne aussi la mort d'Aidân mac Gabrâin, mais il la date de l'année précédente (3).

---

(1) Cette pièce a été publiée avec une traduction anglaise, mais d'après un manuscrit récent, dans les *Transactions of the Ossianic Society*, t. III, p. 213. L'auteur de l'édition est M. Standish Hayes O'Grady. Certains détails paraissent modernes. J'ai peine à considérer comme ancien le passage relatif à la fidélité de la femme de Cormac. Le paganisme celtique n'est pas si chaste.

(2) *Annales Cambriæ*, édition donnée dans la collection du Maître des rôles en 1860, par John Williams Ab Ithel, p. 6.

(3) O'Conor, *Rerum hibernicarum scriptores*, t. II, première partie, p. 179.

Aidâin mac Gabrâin était roi des Scots ou Irlandais établis en Grande-Bretagne. Il est connu surtout par la guerre malheureuse qu'il soutint contre les Anglo-Saxons. Aedilfrid, roi des Northumbriens, le vainquit, suivant Bède, dans la sanglante bataille de *Degsa-Stân*, où les Anglo-Saxons victorieux perdirent un corps d'armée tout entier avec le frère de leur roi. C'est en 603 que cette bataille fut livrée (1).

Dans les rangs de l'armée commandée par Aidân mac Gabrâin, soit lors de cette bataille, soit lors d'une autre rencontre, il se trouvait des troupes auxiliaires venues d'Irlande. L'ami d'Aidan, Fiachna mac Lurgan, roi d'Ulster, les avait amenées. Il avait laissé sa femme dans son palais à Rath-môr Maige Linni. Or, pendant son absence, il arriva à sa femme une aventure étrange.

Un jour qu'elle était seule, un inconnu se présenta et lui parla d'amour. La reine repoussa ses avances. — « Il n'y a, » dit-elle, « en ce monde ni tré-
» sors ni bijoux qui pourraient me décider à déshono-
» rer mon mari. » — « Mais, » reprit l'inconnu,
« que feriez-vous s'il était en votre pouvoir de lui
» sauver la vie? » — « Ah ! » répondit-elle, « si je le
» voyais en danger, rien ne me semblerait difficile;
» je ferais tout pour venir en aide à celui qui aurait
» le moyen de le sauver. » — « Le moment est
» arrivé de faire ce que tu dis, » répliqua l'inconnu,

---

(1) Bède, *Historia ecclesiastica*, livre I, chap. 34, chez Migne, *Patrologia latina*, tome XCV, col. 76.

« car ton mari est en grand péril. Il a en face de lui
» un guerrier terrible; il n'est pas de force à lui ré-
» sister; il va être tué. Si tu cèdes à mon amour,
» tu auras un fils qui sera un prodige. Il s'appellera
» Mongân. Moi j'irai au combat; je m'y trouverai
» demain matin avant midi au milieu des guerriers
» d'Irlande, en présence de ceux de Grande-Breta-
» gne. Je raconterai à ton mari ce que nous aurons
» fait; je lui dirai que c'est toi qui m'envoies. » La
reine céda. Le lendemain, de bonne heure, l'inconnu partait en chantant quatre vers dont voici la
traduction :

>   Je vais rejoindre mes compagnons tout près.
>   Ce matin le ciel est blanc et pur.
>   C'est moi qui suis Manannân mac Lir;
>   Tel est le nom du guerrier qui est venu.

Manannân chantait ce quatrain en Irlande en sortant du palais du roi d'Ulster, à Rath môr Maige Linni, un matin, vers l'an 603 de notre ère. Au même moment, en Grande-Bretagne, près de *Degsa-Stân*, deux armées s'avançaient l'une contre l'autre, sur le point d'en venir aux mains : l'une, celle des Saxons, était commandée par Aedilfrid, roi des Northumbriens; l'autre, celle des Irlandais, avait à sa tête Aidân mac Gabrâin et le roi d'Ulster, Fiachna Lurgan. Tout d'un coup, on vit sur le front de l'armée irlandaise un guerrier inconnu qui, par sa distinction et la richesse de son équipement, attira tous les regards. Il s'approcha de Fiachna, et lui parlant en particulier, lui raconta qu'il avait vu sa femme la veille. — « J'ai promis à la reine, » ajouta-t-il, « de » te donner mon concours. » Il se plaça au premier rang et, suivant le récit irlandais, qui attribue aux Irlandais l'honneur de cette journée, il assura la victoire aux deux alliés, Aidân mac Gabrâin et Fiachna Lurgan.

Celui-ci repassa la mer, et rentra dans son palais ; il trouva sa femme grosse. Elle lui raconta son histoire ; Fiachna approuva la conduite de la reine. Peu après Mongân naquit. Il passa pour fils de Fiachna ; « mais on sait bien, » dit le conteur irlandais, « qu'en réalité son père était Manannân mac Lir (1). » Comme les Gaulois dont saint Augustin parlait au commencement du cinquième siècle, les Irlandais du septième siècle croyaient qu'il y avait des dieux amoureux et séducteurs des femmes (2).

§ 11.

Mongân, fils d'un dieu, est un être merveilleux.

Mongân, fils de Fiachna, est un personnage his-

---

(1) Le principal ms. est le *Leabhar na hUidhre*, p. 133. Le commencement y manque : on le trouve dans des mss. moins bons, tels que *T. C. D.*, H. 2. 16, col. 911, et le n° 145 du fonds Betham dans la Bibliothèque royale d'Irlande. C'est dans ce manuscrit, f° 63, que j'ai trouvé clairement écrit le nom des ennemis contre lesquels Fiachna et Aidân livrèrent bataille, *fria Saxanu*.

(2) *De civitate Dei*, livre XV, chap. 23. Ce passage a été reproduit par Isidore de Séville, *Origines*, livre VIII, chap. XI, § 103.

torique. Les chroniques irlandaises donnent la date de son décès, et tous la placent à la même époque, à quelques années près. Suivant Tigernach, le plus ancien des annalistes irlandais qui nous aient été conservés, Mongân, fils de Fiachna, fut tué d'un coup de pierre, en 625, par Arthur, fils de Bicur, Breton (1). Mongân a donc existé ailleurs que dans l'épopée. Or, suivant la légende irlandaise, il n'était pas seulement fils d'un dieu; mais, par un autre prodige, conséquence du premier, en lui revivait Find mac Cumaill, le guerrier célèbre de l'épopée ossianique, le Fingal de Macpherson; et cependant il y avait trois siècles environ que Find était mort quand naquit Mongân (2).

Déjà, dans le volume précédent (3), nous avons parlé de la légende irlandaise où l'on raconte comment fut prouvée l'identité de Mongân avec Find. Une querelle eut lieu entre Mongân et Forgoll son *file* ; il s'agissait de savoir où était mort Fothad

(1) O'Conor, *Rerum hibernicarum scriptores*, t. II, première partie, p. 187, 188. Le texte d'O'Conor est très corrompu; on trouve une meilleure leçon chez Hennessy, *Chronicum Scotorum*, p. 78. Nous devons, pour être complet, signaler un texte qui est en désaccord avec ces données chronologiques. C'est la pièce intitulée : *Tucait baile Mongáin*, « Cause de l'extase de Mongân.» *Leabhar na hUidhre*, p. 134, col. 2. On y voit Mongân vivant avec sa femme l'année de la mort de Ciaran mac int Shair, et de Tuathal Mael-Garb, c'est-à-dire en 544. *Chronicum Scotorum*, édition Hennessy, p. 48-49. La chronologie irlandaise à ces époques reculées n'est qu'approximative.

(2) Tigernach met la mort de Find en 274. O'Conor, *Rerum hibernicarum scriptores*, t. II, première partie, p. 49.

(3) Tome I, p. 265, 266.

Airgtech, roi d'Irlande, tué par Cailté, l'un des compagnons de Find dans une bataille dont les Quatre Maîtres, chronologistes hardis, fixent à l'année 285 la date un peu vague (1).

Violemment irrité contre Mongân qui le contredisait, Forgoll le menaça d'incantations terribles qui effrayèrent le roi et répandirent l'épouvante dans toute l'assistance. Il fut convenu que Mongân aurait trois jours pour donner la preuve de ce qu'il avait avancé, c'est-à-dire pour établir que Fothad avait été tué non pas à Dubtar (2) en Leinster, comme Forgoll le prétendait, mais sur les bords de la rivière de Larne, autrefois Ollarbé, en Ulster, tout près du château de Mongân. Dans le cas où, avant l'expiration du délai fixé, Mongân ne serait point parvenu à prouver qu'il avait raison, tous ses biens, sa personne même, devaient, suivant les conventions, devenir la propriété du *file*.

Mongân avait accepté cet arrangement sans hésiter, en homme sûr du succès ; et il laissa s'écouler les deux premiers jours et la plus grande partie du troisième, non seulement sans rien perdre de son impassibilité, mais sans que rien parût la justifier. Sa femme

---

(1) O'Donovan, *Annals of the kingdom of Ireland by the Four Masters*, 1851, t. I, p. 120, 121. Par une contradiction singulière, les Quatre Maîtres (*Ibid.*, p. 118, 119) font mourir en 283, c'est-à-dire deux ans plus tôt, Find, sous les ordres duquel Cailté combattait dans la bataille livrée en 285.

(2) Duffry, près de Wexford. Je dois à l'obligeance de M. Hennessy cette identification géographique, comme toutes celles qu'on trouvera dans la suite de la légende de Mongân.

était plongée dans une profonde tristesse. Dès que Mongân eût pris l'engagement fatal, les larmes ne cessèrent de couler sur les joues de la reine. — « Mets donc un terme à ta douleur, » lui disait Mongân : « quelqu'un viendra à notre aide. »

Le troisième jour arriva. Forgoll se présenta; il voulait déjà que son contrat fût exécuté. Il prétendait qu'il avait droit de prendre immédiatement possession de tous les biens de Mongân et même de sa personne. — « Attendez jusqu'au soir, » lui répondit Mongân. Il était dans sa chambre haute avec sa femme. Celle-ci pleurait et poussait des gémissements, car elle sentait approcher de plus en plus le moment fatal où le *file* allait s'emparer de tout, et elle ne voyait pas apparaître le sauveur dont parlait son mari. — « Ne t'afflige pas, ô femme, » lui dit Mongân. « L'homme qui vient à notre secours n'est plus bien » loin; j'entends le bruit de ses pieds dans la rivière » de Labrinné. »

Il s'agit ici de la rivière de Caragh, qui coule dans le comté de Kerry et qui se jette dans la baie de Dingle, à l'extrémité sud-ouest de l'Irlande. Mongân se trouvait en ce moment à environ cent lieues de là, dans la paroisse de Donegore, à quelque distance au nord-est de la ville d'Antrim, chef-lieu d'un comté qui forme l'extrémité nord-est de l'île. Cailté, son élève, le compagnon des combats de Mongân au temps où ce dernier s'appelait Find, arrivait du pays des morts pour rendre témoignage à la véracité de son ancien chef et pour confondre l'audacieuse présomption du *file* Forgoll. Il suivait la route qu'ont toujours prise ceux qui, de la contrée mystérieuse habitée par les morts, ont voulu gagner le nord-est de l'Irlande.

Les paroles consolantes du roi calmèrent un instant sa femme ; il y eut un moment de silence. Puis elle recommença à pleurer et à pousser des gémissements. — « Ne pleure pas, ô femme, » reprit Mongân. « Il va être ici, l'homme qui vient à notre se-
» cours. J'entends ses pieds qui agitent l'eau dans
» la rivière de Maine. » C'est une autre rivière du comté de Kerry ; on la rencontre quand de la rivière de Caragh on se dirige vers le nord-est en suivant la route qui devait conduire Cailté au palais de Mongân. La douleur de la reine fut apaisée pendant quelques instants par les discours de son mari ; puis, ne voyant personne venir, elle poussa de nouveau des gémissements accompagnés de larmes.

La même scène se reproduisit nombre de fois. Cailté ne passait pas une rivière sans que Mongân l'entendît et l'annonçât à sa femme. Il l'entendit, par exemple traverser la Liffey, qui arrose Dublin ; la Boyne, qui coule un peu plus au nord ; ensuite la Dee, puis le lac de Carlingford, qui de plus en plus se rapprochent du comté d'Antrim où se trouvait Mongân.

Enfin Cailté était tout près. Il traversait l'Ollarbé, c'est-à-dire la rivière de Larne, à une toute petite distance au sud du palais de Mongân. Mais on ne l'apercevait pas encore, et Mongân seul l'avait entendu. La nuit tombait. Mongân était dans son palais, assis sur son trone; à droite se tenait sa femme tout en larmes; en face de lui le *file* Forgoll réclamait l'exécution des engagements pris par le roi, et faisait appel à la bonne foi de ses cautions. Au même moment on vit un guerrier que, sauf Mongân, personne ne connaissait, s'approcher du rempart du côté du midi. Il tenait dans sa main une hampe de lance sans pointe; avec l'aide de ce bâton, il sauta successivement les trois fossés et les trois rejets de terre qui formaient l'enceinte de la forteresse. En un clin d'œil il se trouva dans la cour, et de la cour entra dans la salle. Il vint se placer entre Mongân et la paroi. Forgoll était de l'autre côté de la salle, faisant face au roi.

Le nouveau venu demande de quoi il s'agit. — « Le *file* que voilà, » dit Mongân, « et moi, nous » avons fait un pari au sujet de la mort de Fothad » Airgtech. Le *file* prétend que Fothad est mort à » Dubtar en Leinster, moi j'ai dit que c'était faux. » — « Eh bien, » s'écria le guerrier inconnu, « le *file* » en a menti. » — « Tu regretteras cette parole, » répondit le *file*. — « Ce que tu dis là n'est pas bien, » répliqua le guerrier. « Je vais prouver ce que j'a- » vance. Nous étions avec toi, » dit-il en s'adressant au roi; « nous étions avec Find, » ajouta-t-il en regardant l'auditoire. — « Tais-toi donc, » reprit Mongân, « tu as tort de révéler un secret. » — « Nous » étions donc avec Find, » reprit le guerrier. « Nous » venions d'Alba, c'est-à-dire de Grande-Bretagne, » nous rencontrâmes Fothad Airgtech près d'ici, sur

» les bords de l'Ollarbé. Nous lui livrâmes bataille
» avec ardeur. Je lui lançai mon javelot de telle
» sorte qu'il lui traversa le corps, et le fer, se déta-
» chant de la hampe, alla se fixer en terre de l'autre
» côté de Fothad. Voici la hampe de ce javelot. On
» retrouvera la roche nue du haut de laquelle j'ai
» lancé mon arme. On retrouvera à peu de distance
» à l'est le fer plongé dans le sol ; on retrouvera
» encore un peu plus loin, toujours à l'est, le tom-
» beau de Fothad Airgtech. Un cercueil de pierre
» enveloppe son cadavre ; ses deux bagues d'argent,
» ses deux bracelets et son collier d'argent sont dans
» le cercueil (1). Au-dessus de la tombe se dresse une
» pierre levée, et à celle des extrémités de cette pierre
» qui plonge dans le sol on peut lire une inscription
» gravée en ogam : « Ici repose Fothad Airgtech ;
» il combattait contre Find quand il a été tué par
» Cailté. »

On alla dans l'endroit indiqué par le guerrier; on trouva la roche, le fer de lance, la pierre levée, l'inscription, le cercueil, le cadavre et les bijoux dont il avait parlé : Mongân avait donc gagné son pari (2). Le guerrier inconnu était Cailté, élève de Find son compagnon de guerre, arrivé du pays des morts pour défendre son ancien maître injustement attaqué.

(1) *Airgtech*, surnom du roi, signifie probablement : qui a de l'argent, des ornements d'argent. Je dois cette hypothèse à M. Ernault.

(2) C'est M. Hennessy qui a signalé cette pièce à mon attention. Il m'a aidé de ses conseils pour la traduction des passages difficiles. Le meilleur manuscrit est le *Leabhar na hUidhre*, p. 133, col. 1.

On a vu comment, divulguant le secret que Mongân avait gardé jusque-là, Cailté avait publiquement proclamé l'identité de Mongân avec le célèbre Find. Cette étrange identité était la conséquence de la naissance merveilleuse de Mongân ; puisque Mongân devait le jour non pas au roi Fiachna, son père apparent, mais à un être d'une race supérieure, puisque Mongân était fils de Manannân mac Lir, c'est-à-dire d'un dieu, d'un de ces personnages surnaturels qui, suivant la croyance gauloise rapportée par saint Augustin, sont amoureux des femmes des hommes.

CHAPITRE XIV.

LA CROYANCE A L'IMMORTALITÉ DE L'AME EN IRLANDE ET EN GAULE.

§ 1. L'immortalité de l'âme dans la légende de Mongân. — § 2. La race celtique a-t-elle cru à la métempsycose pythagoricienne ? Opinion des anciens sur cette question. — § 3. Comparaison entre la doctrine de Pythagore et la doctrine celtique. — § 4. Le pays des morts. La mort est un voyage. Texte du quatrième siècle avant notre ère. — § 5. Certains héros sont allés faire la guerre au pays des morts et des dieux : tels sont Cûchulainn, Loégairé Liban et Crimthann Nia Nair. Légende de Cûchulainn. — § 6. Légende de Loégairé Liban. — § 7. La descente de cheval dans la vieille légende de Loégairé Liban et dans la légende moderne d'Ossin. — § 8. Légende de Crimthann Nia Nair. — § 9. Différence entre Cûchulainn d'un côté, Loégairé Liban et Crimthann de l'autre.

§ 1.

L'immortalité de l'âme dans la légende de Mongân.

La merveilleuse naissance de Mongân et le rôle que joue dans sa légende le dieu Manannân mac Lir ne sont pas les seuls points sur lesquels ce récit mythique nous fait connaître les croyances fondamentales de la religion celtique. Il y a dans cette légende deux points qui méritent également une étude attentive. L'un est que Find, tué à la fin du troisième siècle, n'avait cependant pas cessé de vivre, qu'il avait conservé sa personnalité, et qu'il revint en ce monde plus de deux siècles après sa mort, ayant, par une seconde naissance, pris un corps nouveau.

Le second point est l'apparition de Cailté. Celui-ci n'est pas né une seconde fois. On ne s'explique pas de prime abord comment, ayant à son décès laissé son corps dans la tombe en Irlande, il revient du pays des morts avec une forme physique que rien ne distingue de celle du reste des humains. Ce qu'il y a de certain, c'est que suivant la légende irlandaise, il en est revenu visible à tous les yeux, parlant une langue que tous ont comprise. Or cette légende n'a pas pour base une croyance spéciale aux Irlandais, puisqu'en France, encore aujourd'hui, dans le peuple, persiste la crainte des revenants. La croyance aux revenants est donc une doctrine celtique, et un peu plus loin nous donnerons là-dessus quelques développements.

§ 2.

La race celtique a-t-elle cru à la métempsycose pythagoricienne ? Opinion des anciens sur cette question.

La seconde naissance de Find est quelque chose

de beaucoup plus extraordinaire. Nous avons déjà vu qu'Etâin naquit deux fois ; mais Etâin est une déesse, une *side, banshee,* comme on dit en Irlande ; une fée, pour parler la langue des contes français. Ses deux vies, la première dans le monde des dieux, l'autre dans le monde des hommes, où une naissance contraire aux lois de la nature la fait pénétrer, ont, d'un bout à l'autre, un caractère merveilleux ; ainsi les prodiges de la seconde vie d'Etâin s'expliquent par sa première vie qui est divine.

Mais Find n'est pas un dieu : les Irlandais ne le conçoivent point comme tel ; or il est né deux fois, et pendant sa seconde vie, où il s'appelait Mongân, il se rappelait la première, pendant laquelle son nom était Find. Telle a été aussi l'histoire de Tûan mac Cairill. Tûan, après avoir été homme une première fois, a revêtu successivement plusieurs corps d'animaux ; puis une naissance nouvelle lui a rendu un corps d'homme, et sous cette dernière forme il avait gardé le souvenir des événements dont il avait été témoin au temps de ses vies précédentes, notamment durant la première, quand il s'appelait Tûan mac Stairn (1). Le phénomène est identique à celui que nous offre Mongân conservant la mémoire de ce qu'il avait vu quand il était Find.

Tûan et Find sont, dans la légende irlandaise, des exceptions aux lois générales auxquelles obéit le récit épique. Il n'est pas ordinaire qu'un mort naisse

---

(1) Voyez plus haut, p. 45 et suiv.

une seconde fois. Mais le fait est arrivé ; il est possible : telle est la doctrine celtique. De là les ressemblances que certains auteurs de l'antiquité ont cru reconnaître entre les croyances gauloises et l'enseignement de Pythagore. Ils ont même prétendu que ces ressemblances allaient jusqu'à l'identité.

Alexandre Polyhistor, qui écrivait dans la première moitié du premier siècle avant notre ère, prétend que Pythagore a eu pour disciples les « Galates » (1). Vers le milieu de ce siècle, un peu après l'an 44, Diodore de Sicile exprime la même opinion en termes plus formels. Chez les Celtes, dit-il, a prévalu la doctrine pythagoricienne que les âmes des hommes sont immortelles, et qu'après un nombre d'années déterminé elles commencent une vie nouvelle en prenant un corps nouveau (2). Suivant Timagène, qui écrivait un peu plus tard, dans la seconde moitié du même siècle, l'autorité de Pythagore atteste la supériorité du génie des druides, qui ont proclamé l'immortalité de l'âme (3). Au siècle suivant, entre les années 31 et 39 de notre ère, Valère Maxime, parlant des Gaulois et de leur doctrine sur l'immortalité de l'âme, dit « qu'il les traiterait de sots, si ces » porteurs de culottes n'avaient pas sur ce point » des croyances identiques à celles que Pythagore

---

(1) Alexandre Polyhistor, fragment 138, chez Didot-Müller, *Fragmenta historicorum græcorum*, t. III, p. 239.

(2) Diodore, livre V, chap. xxviii, § 6 ; édition Didot-Müller, t. I, p. 271.

(3) Ammien-Marcellin, livre XV, chap. 9.

» professait dans son manteau de philosophe (1). »

§ 3.

Comparaison entre la doctrine de Pythagore et la doctrine celtique.

Si les théories celtiques sur la persistance de la personnalité après la mort ressemblaient à celles de Pythagore, cependant elles n'étaient pas identiques. Dans le système du philosophe grec, renaître et mener une ou plusieurs vies nouvelles en ce monde, dans des corps d'animaux et d'hommes, est le châtiment et le sort commun des méchants : c'est par là qu'ils expient leurs fautes. Les justes défunts n'ont pas l'embarras d'un corps : purs esprits, ils vivent dans l'atmosphère, libres, heureux, immortels (2).

La doctrine celtique est tout autre. Renaître en ce monde et y revêtir un corps nouveau a été le privilège de deux héros, Tûan mac Cairill, appelé d'abord Tûan mac Stairn; Mongân, qui lors de sa première vie s'appelait Find mac Cumaill. C'était pour eux une faveur, et non un châtiment. La loi commune, suivant la doctrine celtique, est que les hommes, après la mort, trouvent dans un autre

(1) Valère Maxime, livre II, chap. VI, § 10, édition Teubner-Halm, p. 81, lignes 23-24.
(2) Didot-Mullach, *Fragmenta philosophorum græcorum*, t. II, p. IX-XII.

monde la vie nouvelle et le corps nouveau que la religion leur promet (1).

Cette vie nouvelle, promise aux morts par la religion celtique, est la continuation de cette vie-ci, avec ses inégalités et les liens sociaux qui en sont la conséquence. Les esclaves et les clients que le chef mort préférait sont brûlés sur son tombeau avec les chevaux qui le traînaient sur son char ; ils vont, avec ces animaux, dans l'autre monde continuer près du maître le service qu'ils faisaient dans celui-ci (2). Le débiteur qui meurt sans s'être acquitté sera, pendant sa seconde vie, à l'égard de son créancier, dans la même relation juridique que pendant sa première vie. L'obligation du remboursement le suivra dans le pays des morts jusqu'à ce qu'il ait intégralement rempli les engagements qu'il a contractés dans le pays des vivants (3).

(1)   ..... Regit idem spiritus artus
Orbe alio : longæ (canitis si cognita) vitæ
Mors media est.

Lucain, *Pharsale*, livre I, v. 456-458.

Le passage célèbre de César, *De bello gallico*, liv. VI, chap. XIV, § 5, « non interire animas, sed ab aliis post mortem transire ad alios, » n'est pas en contradiction avec ce passage de Lucain. L'autre corps, où passait, suivant la doctrine exprimée par César, l'âme du Celte mort se trouvait, en règle générale, dans l'autre monde et par très rare exception dans celui-ci.

(2) « Omnia quæ vivis cordi fuisse arbitrantur in ignem inferunt, etiam animalia, ac paulo supra hanc memoriam servi et clientes, quos ab iis dilectos esse constabat, justis funeribus confectis una cremabantur. » César, *De bello gallico*, l. VI, chap. XIX, § 4.

(3) « Vetus ille mos Gallorum occurrit , quos memoria proditum

Le Celte ne conçoit donc pas l'autre vie comme une compensation des maux de celle-ci pour ceux qui souffrent, comme un châtiment pour ceux qui ont abusé des jouissances de ce monde. La vie des morts dans la région mystérieuse située au delà de l'Océan est pour chacun une seconde édition, pour ainsi dire, une édition nouvelle, mais non corrigée, de la vie qu'avant de mourir il a menée de ce côté-ci de l'Océan.

Ainsi, la haute idée de justice qui domine la doctrine de Pythagore est absente des conceptions celtiques. Cette différence, au point de vue moral, est encore plus importante que celle qui concerne le lieu où, dans les deux systèmes, on fait vivre les morts. Ce lieu est le ciel pour les justes, notre monde pour les méchants, suivant Pythagore ; dans la doctrine celtique, c'est, pour les uns et les autres, une région située à l'extrême ouest au delà de l'Océan ; mais combien cette divergence est peu de chose, en comparaison de celle qui porte sur la morale ! Pythagore, qui est déjà un moderne, voit dans l'autre vie une sanction des lois de justice respectées ou violées dans la première vie. Mais une doctrine plus ancienne que Pythagore ne distingue pas de la justice le succès, considère comme juste tout ce qui arrive en ce monde, et voit dans la seconde vie du

---

est pecunias mutuas, quæ his apud inferos redderentur, dare solitos. » Valère Maxime, livre II, chap. vi, § 10, édition Teubner-Halm, p. 81, lignes 19-23.

mort une continuation des joies et des maux de la première. C'est la doctrine celtique.

Cette conception de l'immortalité est bien différente de la nôtre, dont la base philosophique joint à la foi dans la contradiction entre la justice et les succès de ce monde l'espérance d'une réparation au delà du tombeau. La race celtique n'a pas cette espérance. Cependant, elle a dans l'immortalité de l'âme une foi profonde : elle croit en un pays ou même plusieurs pays mystérieux séparés de nous par la mer et habités par les morts et les dieux. Tous les morts y vont; ils en peuvent revenir : Cailté en a donné l'exemple; quelques héros, par un privilège spécial et presque surhumain, ont pu y aller sans mourir et en sont revenus, comme, dans la légende classique, Ulysse et Orphée.

§ 4.

Le pays des morts. La mort est un voyage. Textes du quatrième siècle avant notre ère.

Les Celtes du continent, comme ceux de l'Irlande, se sont entretenus de ce pays mystérieux des morts; l'autre monde, *orbis alius*, chanté par les druides au temps de César, comme l'atteste Lucain, et confondu avec la région occidentale de la Grande-Bretagne par Plutarque et Procope (1). Les guerriers gaulois espéraient y continuer la vie de combats qui, en ce

---

(1) Voyez plus haut, p. 231, 232.

monde, faisait leur honneur et leur gloire. Avec un corps vivant, de forme identique au corps mort déposé dans leur tombe, chacun d'eux comptait retrouver dans l'autre monde ce que nous pourrions appeler en quelque sorte un second exemplaire de tous les objets qui accompagnaient leur cadavre dans la fosse ou la chambre funéraire : clients, esclaves, chevaux, chars, armes, armes surtout. Jamais un guerrier gaulois n'était enterré sans ses armes. Sans armes, qu'eût-il fait dans l'autre monde? puisqu'il devait y continuer la vie de combats qu'il avait menée dans celui-ci.

Deux des textes originaux les plus anciens que nous possédions sur les mœurs gauloises sont du quatrième siècle avant notre ère. L'auteur est Aristote, et ces deux textes sont expliqués par des arrangements plus modernes d'un passage aujourd'hui perdu d'Ephore, qui écrivait aussi au quatrième siècle.

La Hollande était alors une des provinces de l'empire celtique, et la race germanique n'y avait point encore pénétré. A cette époque reculée, elle était exposée, comme aujourd'hui, à ces redoutables invasions de la mer contre lesquelles la science de l'ingénieur moderne la défend avec succès. Le moyen âge et le seizième siècle ont été moins heureux. On sait quels désastres ont produits les terribles inondations par lesquelles la mer du Nord, rompant les digues, a créé en 1283 le Zuyderzée, plus tard la mer de Harlem.

Un ou plusieurs phénomènes semblables paraissent s'être produits dans la première moitié du quatrième siècle avant notre ère et avoir coûté la vie à des populations nombreuses, dont la fin terrible eut dans une partie considérable de l'Europe un grand retentissement. Le bruit en parvint jusqu'en Grèce. Ephore, dans son histoire, terminée en 341, parle des maisons des Celtes enlevées par la mer, de leurs habitants engloutis dans les flots. « Le nombre des victimes, » dit-il, « est si considérable que les invasions de l'Océan font perdre aux Celtes, cette nation belliqueuse, plus d'hommes que la guerre (1). »

Tout le monde peut se figurer quelle scène de désolation et de terreur présente une contrée fertile et peuplée quand tout d'un coup l'invasion irrésistible des eaux y porte la destruction et la mort. Il y a, dans ce tableau, des traits qui sont communs à tous les temps et à tous les lieux : le désespoir des femmes, leurs plaintes, les cris et les larmes des enfants.

Mais ce qui est caractéristique du temps et de la race, c'est la conduite du guerrier gaulois du quatrième siècle. Il voit que la mort approche et que ses efforts pour assurer le salut de sa famille sont inutiles. Il revêt son costume de guerre ; l'épée nue dans la main droite, la lance à la main gauche, le bouclier au même bras, entouré de sa femme et de

---

(1) Ephore, chez Strabon, livre VII, chap. II, § 1, édition Didot-Müller et Dübner, p. 243. Cf. Didot-Müller, *Fragmenta historicorum græcorum*, t. I, p. 245, fragment 44.

ses enfants en pleurs, il attend la mort, impassible : il a foi dans les enseignements de ses pères et de ses prêtres ; enseveli dans la mer avec ses armes et tous ceux qui lui sont chers, il va dans quelques instants se retrouver avec ceux qu'il aime, dans l'autre monde où tous, après la passagère épreuve de la mort, revivront pleins de santé et de joie ; et, avec des armes pareilles à celles que les flots auront englouties, il recommencera cette vie guerrière qui alors, c'est-à-dire au quatrième siècle avant J.-C., donne aux Celtes le bonheur, la gloire et la suprématie sur toutes les nations voisines (1).

§ 5.

Certains héros sont allés faire la guerre au pays des morts et des dieux ; tels sont : Cúchulainn, Loégairé Liban, Crimthann Nia Nair — Légende de Cúchulainn.

Dans la croyance celtique, la guerre paraît être une des principales occupations des dieux dans les

---

(1) Aristote, *Ethicorum Eudemiorum*, l. III, c. 1, § 25 ; édition Didot, t. II, p. 210, lignes 9, 10. Cf. *Ethicorum Nicomacheorum*, l. III, c. 10, § 7 ; édition Didot, t. II, p. 32, lignes 39-41. Le commentaire de ces deux passages nous est fourni, non seulement par le passage de Strabon cité plus haut, mais par Nicolas de Damas, fragment 104, chez Didot-Müller, *Fragmenta historicorum græcorum*, t. III, p. 457 ; et par Elien, *Variarum historiarum*, l. XII, c. 23. Ces textes ont été très savamment rapprochés par M. Karl Müllenhoff, *Deutsche Alterthumskunde*, t. I, Berlin, 1870, p. 231.

contrées lointaines dont ils partagent le séjour avec les guerriers morts. Là se continuent, pendant la période héroïque, au temps, par exemple, de Conchobar et de Cùchulainn, les combats dont l'épopée mythologique nous a rendus témoins en nous montrant les Fomôré en lutte avec les populations mythiques de l'Irlande, avec la race de Partholon, avec celle de Némed, et avec les Tùatha Dè Danann.

Un jour Cùchulainn est appelé dans le pays des dieux : c'est une île où l'on va d'Irlande en barque. Fand, déesse d'une beauté merveilleuse, lui offre sa main. Mais le héros n'obtiendra cette épouse séduisante qu'à la condition d'intervenir comme auxiliaire dans une bataille que la famille de sa fiancée doit livrer à d'autres dieux (1). Il accepte cette condition, il est vainqueur, il épouse la déesse qui est le prix de la victoire et il revient avec elle en Irlande.

Cùchulainn n'est pas le seul humain qui, suivant la légende irlandaise, ait, dans l'autre monde, pris part aux combats des dieux. Voici un autre récit conservé par un manuscrit du milieu du douzième siècle.

---

(1) *Serglige Conculainn*, ou « Maladie de Cùchulainn, » chez Windisch, *Irische Texte*, p. 209, 220. Eogan Inbir, contre lequel Cùchulainn va en guerre dans cette légende, est, dans le *Livre des conquêtes*, un des adversaires des Tùatha Dé Danann : Livre de Leinster, p. 9, col. 2, lignes 45-47; p. 11, col. 2, lignes 30-31; cf. p. 127, col. 2, ligne 6.

§ 6.

Légende de Loégairé Liban.

Un jour les habitants du Connaught étaient réunis en assemblée près d'En-loch ou du « lac des oiseaux, » dans la plaine d'Ai ; avec eux étaient Crimthann Cass leur roi et Loégairé Liban son fils. Ils passèrent la nuit dans cet endroit. Le lendemain matin de bonne heure, quand ils se levèrent, ils virent un homme s'avancer vers eux à travers le brouillard qui s'élevait du lac.

Cet homme portait un manteau de pourpre, tenait dans sa main droite une lance à cinq pointes ; sur son bras gauche était un bouclier à pommeau d'or ; une épée à poignée d'or pendait à sa ceinture ; des cheveux d'un jaune d'or lui couvraient la tête et les épaules. — « Salut au guerrier que nous ne connaissons pas ! » dit Loégairé, fils du roi de Connaught. — « Je vous remercie, » répliqua l'étranger. — « Quelle est la raison qui t'amène ? » demanda Loégairé. — « Je viens chercher une armée de secours, » reprit l'inconnu. — D'où viens-tu ? » dit Loégairé. — « Du pays des dieux, » répondit l'inconnu. « Fiachna, fils de Reta, est mon nom ; ma
» femme m'a été enlevée. J'ai tué le ravisseur dans
» un combat. Mais alors j'ai été attaqué par son neveu, Goll mac Duilb, fils du roi de Dûn Maige
» Mell, » c'est-à-dire de la forteresse de la Plaine

Agréable (un des noms du pays des morts). « Je lui
» ai livré sept batailles, et dans toutes j'ai été vaincu.
» Aujourd'hui aura lieu entre nous une nouvelle
» bataille. Je suis venu demander du secours. » Jusque-là il avait parlé en prose, il continua en vers :

I

La plus jolie des plaines est la plaine des deux brouillards,
Autour d'elle coulent des fleuves de sang :
Bataille de guerriers divins pleins de bravoure,
Non loin d'ici, c'est tout près.

Nous avons marché dans le sang généreux et rouge
De corps majestueux et de noble race ;
Leur perte répand la douleur
Parmi les femmes aux larmes rapides et abondantes.

Premier massacre, celui de la ville des deux grues ;
Près d'elle un flanc fut percé :
Là, dans la bataille, tomba, la tête tranchée,
Eochaid fils de Sall Sreta.

Avec vigueur combattit Aed fils de Find,
En poussant le cri de guerre ;
Goll mac Duilb, Dond mac Néra
Livrèrent aussi bataille, les guerriers aux belles têtes.

Les bons et jolis fils de ma femme
Et moi nous ne serons pas seuls :
Une part d'argent et d'or
Est le présent que je fais à quiconque le désire.

La plus jolie des plaines est la plaine des deux brouillards,
Autour d'elle coulent des fleuves de sang :
Bataille de guerriers divins pleins de bravoure,
Non loin d'ici, c'est tout près.

II

Dans leurs mains sont des boucliers blancs
Ornés de signes en blanc argent,
Avec des épées brillantes et bleues,
Des cornes rouges à monture métallique.

Observant l'ordre de bataille prescrit,
Précédant leur prince aux traits gracieux,
Marchent, à travers les lances bleues,
Des troupes blanches de guerriers aux cheveux bouclés.

Ils ébranlent les bataillons ennemis,
Ils massacrent tout adversaire qu'ils attaquent.
Combien ils sont beaux dans le combat,
Ces guerriers rapides, distingués, vengeurs !

Leur vigueur, quelque grande qu'elle soit, ne pourrait être moin-
Ils sont fils de reines et de rois.   [dre :
Il y a sur leurs têtes à tous
Une belle chevelure jaune comme l'or.

Leurs corps sont élégants et majestueux,
Leurs yeux à la vue puissante ont la prunelle bleue,
Leurs dents brillantes ressemblent à du verre,
Leurs lèvres sont rouges et minces.

Au combat ils savent tuer les guerriers ;
Quand on est réuni dans la salle où se boit la bière, on entend
Ils chantent en vers des choses savantes ; [leurs voix mélodieuses.
Aux échecs ils gagnent la partie de revanche.

Dans leurs mains sont des boucliers blancs,
Ornés de signes en blanc argent,
Avec des épées brillantes et bleues,
Des cornes rouges à monture métallique.

Quand le guerrier inconnu eut terminé son chant, il partit, retournant dans le lac d'où il venait de sortir. Loégairé Liban, fils du roi de Connaught, s'adressant aux jeunes gens qui l'entouraient : — « Honte à vous ! » leur cria-t-il, « si vous ne venez » pas en aide à cet homme. » Cinquante guerriers, obéissant à cet appel, vinrent se ranger derrière Loégairé. Loégairé se précipita dans le lac. Les cinquante guerriers l'y suivirent. Après quelque temps de marche, ils rejoignirent l'étranger qui était venu les inviter, c'est-à-dire Fiachna, fils de Reta. Ils prirent part à un combat meurtrier, d'où ils sortirent sains et saufs, et vainqueurs; ils allèrent ensuite assiéger la forteresse de Mag Mell, c'est-à-dire, avons-nous dit, de la Plaine Agréable, du pays des morts, où la femme de Fiachna était retenue prisonnière. Les défenseurs de la place, ne pouvant résister, capitulèrent et rendirent à leur prisonnière la liberté, pour obtenir la vie sauve. Les vainqueurs emmenèrent avec eux la femme qu'ils avaient délivrée; celle-ci les suivit en chantant une pièce de vers qui est connue en Irlande sous le nom de *Osnad ingene Echdach amlabair*, « Gémissement de la fille d'Eochaid le muet. »

Fiachna ayant recouvré sa femme, donna en mariage à Loégairé sa fille, qui s'appelait Dêr Grêné, c'est-à-dire « Larme du Soleil. » Chacun des cinquante guerriers qui étaient venus avec Loégairé reçut aussi une femme. Loégairé et ses compagnons restèrent un an dans leur nouvelle patrie; mais à la fin de l'année ils eurent le mal du pays. — « Allons, » dit Loégairé, « savoir des nouvelles d'Irlande. » — « Afin de revenir, » lui dit son beau-père, « prenez des chevaux, montez-les, et n'en descendez pas. »

Loégairé et ses compagnons suivirent ce conseil, se mirent en route, et arrivèrent à l'assemblée des habitants de Connaught qui avaient passé toute l'année à pleurer leur perte. Inutile de peindre la surprise des habitants de Connaught quand, apercevant devant eux tout à coup une troupe de guerriers à cheval, ils reconnurent Loégairé et ses cinquante compagnons. Ils se précipitèrent au-devant d'eux, pleins de joie, pour leur souhaiter la bienvenue. — « Ne vous dérangez pas, » dit Loégairé ; « nous sommes venus vous dire adieu. » — « Ne me quitte pas, » s'écria Crimthann Cass, son père. « Tu auras le royaume des trois Connaught, leur or, leur argent, leurs chevaux tout bridés ; à tes ordres seront leurs femmes si belles ; ne les quitte pas. » Mais Loégairé fut inébranlable ; il répondit qu'il ne pouvait accepter, et chanta en vers les prodiges de son nouveau séjour.

I

Quelle merveille, ô Crimthann Cass !
C'est de la bière qui tombe à chaque pluie.
Toute armée en marche est de cent mille guerriers ;
On va de royaume en royaume.

On entend la musique noble et mélodieuse des dieux ;
On va de royaume en royaume.

Buvant dans des coupes brillantes,
On s'entretient avec qui vous aime.

. . . .

J'ai pour femme moi-même
Dér Gréné, fille de Fiachna.
Après cela, te raconterai-je,
Il y a une femme pour chacun de mes cinquante compagnons.

Nous avons apporté de la plaine de Mag Mell
Trente chaudrons, trente cornes à boire,
Nous en avons apporté la plainte que chante Maer,
Fille d'Eochaid le muet.

Quelle merveille, ô Crimthann Cass !
C'est de la bière qui tombe à chaque pluie.
Toute armée en marche est de cent mille guerriers ;
On va de royaume en royaume.

II

Quelle merveille, ô Crimthann Cass !
Je fus maître de l'épée bleue.
Une nuit des nuits des dieux !
Je ne la donnerais pas pour ton royaume.

Après avoir chanté ces vers, Loégairé quitta son père et l'assemblée des habitants de Connaught, et il retourna dans ce pays mystérieux d'où il venait. La royauté y est partagée entre Fiachna son beau-père et lui ; c'est lui qui règne dans la forteresse de Mag Mell, — c'est-à-dire de la Plaine Agréable où vont habiter les morts, — et il a toujours pour compagne la fille de Fiachna (1).

(1) Livre de Leinster, p. 275, col. 2, p. 276, col. 1 et 2.

§ 7.

La descente de cheval dans la vieille légende de Loégairé Liban et dans la légende moderne d'Ossin.

Dans cette légende, un détail caractéristique sur lequel nous appellerons l'attention, c'est la recommandation faite à Loégairé Liban par son beau-père de ne pas descendre de cheval en Irlande. Loégairé a suivi ce conseil. Aussi a-t-il pu regagner sain et sauf la contrée merveilleuse où il a trouvé une femme, un trône, et un bonheur surhumain.

Il y a là une croyance mythologique que la légende de Loégairé n'est pas seule à nous conserver. L'existence de cette croyance est attestée aussi par le cycle ossianique. Nous parlons du cycle ossianique, dans sa forme la plus moderne, telle que la lui a donnée, au milieu du siècle dernier, Michel Comyn, quand il a écrit son poème célèbre intitulé « Ossin dans la terre des jeunes. » Ossin, comme Loégairé, a été dans une contrée merveilleuse où, après des victoires, il a épousé la fille du roi. Alors un désir irrésistible de revoir l'Irlande s'empare de lui. Il quitte sa femme avec l'intention de revenir bientôt. Il est monté sur un coursier merveilleux. Cet animal surnaturel sait la route qui le conduira en Irlande et qui l'en ramènera. La femme du héros lui fait la recommandation que Loégairé Liban a reçue de son beau-père : « Rappelle-toi, ô Ossin, ce que je te dis. Si tu mets pied à terre, jamais tu ne reviendras dans la contrée si jolie que j'habite (1). »

Une circonstance inattendue empêcha Ossin de suivre ce sage conseil. Un jour, en Irlande, voulant venir en aide à trois cents hommes qui avaient à porter une table de marbre et qui succombaient sous cette charge, il fit un effort violent; la sangle d'or de son cheval se brisa, il tomba sur le sol. En un instant il perdit la vue; sa beauté, sa jeunesse et sa force furent remplacés par la décrépitude, la vieillesse et l'épuisement. Il n'a pu depuis retrouver la route du pays séduisant où il avait laissé sa charmante épouse. Il est resté en Irlande sans autre consolation que le souvenir d'un passé qui ne reviendra pas (2).

§ 8.

Légende de Crimthann Nia Nair.

Nous venons de voir ce que Michel Comyn écrivait il y a un peu plus d'un siècle. La littérature la plus ancienne de l'Irlande raconte l'histoire d'un héros qui fut encore moins heureux qu'Ossin : car en tombant comme lui du cheval merveilleux, ce ne fut

---

(1) *Transactions of the Ossianic Society for the year* 1856, vol. IV, 1859, p. 266. L'édition de ce texte curieux est due à M. Brian O'Looney.

(2) *Ibid.*, p. 278.

pas seulement de cécité, de vieillesse et de décrépitude qu'il fut atteint : il mourut. Le héros dont nous voulons parler est le roi suprême d'Irlande, Crimthann Nîa Nair.

Ce personnage appartient au cycle de Conchobar et de Cûchulainn. Sa généalogie fait partie des récits qui ont donné à la race irlandaise une si grande réputation d'immoralité. Lugaid était fils de trois frères, Bress, Nar et Lothur; et Clothru, sa mère, était leur sœur (1). Lugaid s'unit ensuite à Clothru, qui fut ainsi successivement sa mère et sa femme, et de cette union est issu Crimthann (2).

Crimthann, fils de Lugaid et de Clothru, devint roi suprême d'Irlande. Il épousa la déesse Nair, qui l'emmena de l'autre côté de la mer, dans un pays inconnu où il resta un mois et quinze jours. Il en revint avec quantité d'objets précieux. On cite un char qui était tout entier d'or; un jeu d'échecs en or, où étaient incrustées trois cents pierres précieuses; une tunique brodée d'or; une épée dont la ciselure d'or représentait des serpents; un bouclier avec ornements saillants en argent; une lance dont les blessures étaient toujours mortelles; une fronde qui ne manquait jamais son coup; deux chiens attachés à une chaîne d'argent si jolie qu'on l'estimait trois cents femmes esclaves. Crimthann mourut des

---

(1) Livre de Leinster, p. 124, col. 2, lignes 34 et suiv.

(2) Comparez saint Jérôme, *Adversus Jovinianum*, livre II, chap. 7, chez Migne, *Patrologia latina*, t. 23, col. 296 A.

suites d'une chute de cheval, six semaines après son retour en Irlande (1).

§ 9.

Différence entre la légende de Cùchulainn d'un côté, celles de Loégairé Liban et de Crimthann Nia Nair de l'autre.

La légende de Loégairé Liban et celle de Crimthann Nia Nair nous offrent ce caractère commun que le héros, au retour du pays mystérieux créé par la mythologie, ne peut descendre de cheval sans s'exposer à une perte certaine. Il semble que telle est la loi commune. Cependant, Cùchulainn et son cocher y échappent. Cùchulainn et le cocher, — je pourrais dire même le char et les deux chevaux, que le système militaire des Celtes primitifs associe d'une manière inséparable à ses exploits, — ont quelque chose de surhumain et sont, à une foule de points de vue exceptés des lois générales auxquelles le reste de la nature est assujetti.

Au retour du pays des dieux, ramenant avec lui la déesse Fand qu'il a épousée, et Loeg son cocher, qui lui a servi de guide, Cùchulainn n'éprouve, ainsi

---

(1) Un très court résumé de la légende de Crimthann se trouve dans le traité appelé *Flathiusa hErenn*, Livre de Leinster, p. 23, col. 2, lignes 2-8; Livre de Lecan, f° 295, verso, col. 2; cf. *Annales des Quatre Maîtres*, édition d'O'Donovan, 1851, t. I, p. 92-95; Keating, *Histoire d'Irlande*, édition de 1811, p. 408, 409.

que Loeg, aucun effet de ce voyage. C'est ainsi que, dans l'épopée homérique, rien n'est changé chez Ulysse quand il revient de l'île de Calypso. Cûchulainn, comme Ulysse, a pu sans mourir faire son voyage merveilleux ; au contraire, Loégairé et Crimthann, à leur retour du pays inconnu qu'ils ont été visiter, ne sont que des revenants, dans le sens mythique que l'imagination populaire, en France, donne encore à ce mot : des revenants, c'est-à-dire des morts, qui pour un temps fort court ont quitté leur patrie nouvelle afin de revoir leurs parents et leurs amis. Fugitives apparitions, ils ne peuvent toucher terre sans s'évanouir au même instant.

Quand Michel Comyn, ramenant Ossin de la région merveilleuse de l'éternelle jeunesse, le fait survivre sous forme de vieillard caduc à l'accident qui l'a précipité de cheval, il lui confère, par le droit qu'en prenant la plume conquiert tout poète, un privilège contraire à la tradition celtique. Cependant il y a dans cette composition, vieille seulement d'un peu plus d'un siècle, un dernier écho de l'enseignement celtique le plus ancien sur l'immortalité de l'âme. Le Celte croyait que l'âme survivait à la mort, mais il ne concevait pas cette âme sans un corps nouveau semblable au premier ; je dis semblable, mais sauf certains caractères : ainsi ce corps nouveau, immortel dans le pays des morts, ne pouvait, sans perdre la vie, toucher du pied la terre des vivants.

CHAPITRE XVI.

CONCLUSION.

§ 1. D'une différence importante entre la mythologie celtique et la mythologie grecque. — § 2. La triade mythologique dans les *Véda* et en Grèce. — § 3. La triade en Irlande. — § 4. La triade en Gaule chez Lucain : Teutatès, Esus et Taranis ou Taranus. — § 5. Le dieu gaulois que les Romains ont appelé Mercure. — § 6. Le dieu cornu et le serpent mythique en Gaule. — § 7. Le dualisme celtique et le dualisme iranien. — § 8. Le naturalisme celtique.

§ 1.

D'une différence importante entre la mythologie celtique et la mythologie grecque.

Quelques textes d'auteurs latins et grecs, un grand nombre d'inscriptions trouvées sur le continent et dans les Iles Britanniques, nous donnent des noms de divinités celtiques, les uns isolés, les autres associés à des noms de divinités gréco-latines. Certains savants paraissent attendre des études celtiques la détermination précise des attributions spéciales à chacune de ces divinités et semblent croire qu'un jour on pourra donner sur chacune d'elles un ensemble net et précis de légendes analogue à celui que la mythologie grecque a groupé sous le nom de chacun de ses principaux dieux. C'est une illusion.

En effet, si la mythologie celtique offre comme base un fonds de croyances semblable à celui qui a inspiré les traits généraux de la mythologie grecque, elle s'est développée, surtout au point de vue de la forme littéraire et artistique, d'une façon toute différente, et elle a vécu dans un milieu qui n'a jamais eu d'Homère ni de Phidias. Le génie littéraire de la Grèce a créé des caractères, clairement distincts et vigoureusement soutenus dans une foule de détails, pour des dieux qui sont des doublets les uns des autres, tels que Phaéton, Apollon, Héraclès, trois personnifications du soleil. Les sculpteurs et les peintres ont donné à ces dieux originairement identiques des types différents, nettement séparés les uns des autres soit par la forme du corps, soit par les objets qui leur sont associés, vêtements, armes, etc.

Quand la sculpture grecque a pénétré en Gaule, elle y a tenté un essai de ce genre, mais tous les monuments qui en subsistent sont postérieurs à la conquête romaine, c'est-à-dire qu'ils datent d'une époque où la religion gauloise était en pleine décadence ; et, sauf le passage de Lucien sur Ogmios, nous n'avons aucun texte littéraire qui se rapporte au mouvement religieux correspondant à cette période artistique.

La littérature irlandaise la plus ancienne nous offre les conceptions mythologiques des Celtes dans une période où la civilisation était beaucoup plus primitive. Alors on n'avait pas encore donné aux créations de la mythologie les contours précis par lesquels elles sont fixées, quand les arts du dessin, atteignant une certaine perfection, parviennent à créer pour chaque nom divin une forme anthropomorphique distincte de celles à qui les autres noms divins servent pour ainsi dire d'étiquette. Les compositions épiques de l'Irlande n'ont pas la valeur esthétique de celles de la Grèce et de leurs imitations romaines. On n'y voit pas chaque dieu se présenter avec ce caractère nettement dessiné, longuement suivi, qui, toujours stable et un dans les circonstances les plus variées, est une création propre au génie littéraire de la Grèce. En Irlande comme dans la mythologie védique, les traits qui pourraient caractériser la figure de chacun des personnages qu'un nom divin désigne restent souvent indécis et vagues; tantôt tels et tels personnages sont distincts les uns des autres, tantôt ils se confondent les uns avec les autres et ne font qu'un.

Rien de commun, par exemple, en Irlande comme la triade, c'est-à-dire trois noms divins, qui, à certains moments, semblent désigner autant d'êtres mythiques distincts, et qui ailleurs ne sont évidemment que trois noms ou trois adjectifs, exprimant trois aspects différents de la même personnalité mythologique.

§ 2.

La triade mythologique dans les Vêda *et en Grèce.*

Dans la mythologie védique, Varuna, le plus ancien des dieux ; Yama, le dieu de la mort ; Tvashtri, père du dieu suprême Indra, sont trois formes de la même idée. Yama est le père de la race divine et, par conséquent, d'Indra, comme Tvashtri (1), Varuna aussi reçoit le titre de dieu père (2). Varuna est dieu de la nuit (3), variante de la mort, qui est le domaine de Yama ; il a été vaincu et détrôné par Indra (4) son fils, qui, ailleurs, ayant remporté la victoire sur son père Tvashtri, lui ôte la vie (5). Ainsi Yama, Varuna et Tvashtri, qui souvent semblent trois dieux distincts, sont, en réalité, trois noms du même dieu, ou trois expressions pour désigner la même conception mythologique.

Dans la mythologie grecque, Brontès, ou le bruit du tonnerre, Stéropès et Argès, deux noms de l'éclair, ont pour origine trois expressions qui désignent deux formes du même phénomène, et on a imaginé que ces trois expressions désignaient trois personnages distincts, réunis en un groupe sous le

---

(1) Bergaigne, *La religion védique*, t. I, p. 88.
(2) *Id., ibid.*, t. III, p. 111.
(3) *Id., ibid.*, t. III, p. 116-121.
(4) *Id., ibid.*, t. III, p. 142-148.
(5) *Id., ibid.*, t. III, p. 58-60, 144.

nom de Cyclopes (1). C'est une triade dans le sens le plus rigoureux du mot, c'est-à-dire que les Cyclopes sont trois personnifications du même phénomène naturel. Telles sont aussi les *Charites*, que les Romains ont appelées Grâces (2), et le triple Géryon, personnification de la nuit (3).

Mais les Cyclopes les *Charites*, et Géryon, n'occupent qu'un rang secondaire dans le Panthéon grec. Les dieux les plus importants, Aïdès, Ennosigaios aussi appelé Poseidaôn, Zên plus connu sous le nom de Zeus, tous fils de Kronos (4), sont au nombre de trois comme les petits dieux grecs et les grands dieux védiques dont nous venons de parler, et comme les dieux celtiques dont il sera question plus loin. Toutefois, dès l'époque à laquelle remontent les documents les plus anciens, le génie grec a donné aux trois fils de Kronos, des attributs tellement distincts qu'il est impossible de les confondre l'un avec l'autre.

§ 3.

La triade en Irlande.

L'esprit celtique éprouve beaucoup moins le be-

---

(1) Hésiode, *Théogonie*, vers 139-145.
(2) *Théogonie*, vers 907. Cf. Max Müller, *Lectures on the science of language, second series*, 2ᵉ édition, p. 369-376..
(3) *Théogonie*, vers 287; Eschyle, *Agamemnon*, v. 870. Cf. plus bas, p. 211-213, et plus haut, p. 385, note.
(4) Hésiode, *Théogonie*, vers 455-457.

soin d'attacher à chaque mot différent une idée distincte de celle qu'un autre mot exprime. Nous lisons dans de vieux textes irlandais que les Tûatha Dê Danann avaient au même moment trois rois : Mac Cuill, Mac Cecht et Mac Grêné. Tous trois, par leur père Cermait, étaient petits-fils de Dagdé, dieu suprême ; tous trois régnaient en même temps sur l'Irlande ; tous trois furent tués à la bataille de Tailtiu. La femme du premier s'appelait Fotla ; celle du second, Banba ; celle du troisième, Eriu. Or, ces trois femmes prétendues sont simplement trois noms de l'Irlande. Il n'y a donc qu'une femme, et comme la triple épouse se réduit à l'unité, les trois époux n'en font qu'un (1).

Mac Cuill, Mac Cecht et Mac Grêné ont un doublet. Dans le « Dialogue des deux docteurs, » un des plus anciens documents qui nous parlent de ce doublet, on trouve écrits Brîan, Iuchar et Uar les trois noms qui le constituent. Comme Mac Cuill, Mac Cecht et Mac Grêné, Brîan, Iuchar et Uar appartiennent au groupe des Tûatha Dê Danann et le dominent. Ce sont les dieux de la science et du génie littéraire et artistique. Brigit, leur mère, est à la fois une déesse et une *file* féminine ; elle est fille de Dagdé, ou « bon dieu, » le dieu suprême, le grand roi des Tûatha Dê Danann. Ses enfants, Brîan,

---

(1) *Lebar gabala*, dans le Livre de Leinster, p. 9, col. 2, lignes 27-30 ; p. 10, col. 1, lignes 35-39 ; *Flathiusa hErenn*, Livre de Leinster, p. 15, col. 1, lignes 1-4 ; poème chronologique de Gilla Coemain, Livre de Leinster, p. 127, col. 2, lignes 7-10.

Iuchar et Uar, ont donc le même grand-père que Mac Cuill, Mac Cecht et Mac Grêné (1).

Entre Brîan, Iuchar et Uar, il n'y a qu'une différence de nom ; on peut même dire qu'entre Iuchar et Uar la différence n'est qu'apparente, car le second de ces deux noms n'a été obtenu qu'en retranchant trois lettres du premier. Un procédé analogue a été suivi par les auteurs qui écrivent les deux derniers noms de cette triade : Iucharba et Iuchair. Iuchair n'est qu'une forme abrégée de Iucharba.

Brîan, et ses deux frères ou associés, appelés tantôt Iuchar et Uar, tantôt Iucharba et Iuchair, ont, sur tous points, la même histoire. A eux trois, ils tuent le dieu Cêin, appelé ailleurs Cîan (2) ; tous trois sont tués dans le même endroit, par le dieu Lug (3). On les dépeint tous les trois de la même manière : tous trois ont la chevelure blonde, sont vêtus d'un manteau vert sur une tunique d'un rouge

---

(1) *Dialogue des deux docteurs*, dans le Livre de Leinster, p. 187, col. 3, lignes 54 et suiv. Chose curieuse, Bress, leur père, est un Fomôré, et ils appartiennent, comme leur mère et leur grand-père maternel, au groupe des Tûatha Dé Danann, ennemis des Fomôré. Nous avons déjà parlé de Brîan et de ses deux frères, p. 145 et suiv.

(2) Poème de Flann Manistrech, dans le Livre de Leinster, p. 11, col. 1, ligne 28.

(3) Livre de Leinster, p. 11, col. 2, lignes 2, 3. Les vers de Flann Manistrech cités dans cette note et dans la précédente sont le thème sur lequel a été créée la légende de Tuirell Bicreo. Cette légende, qui paraît dater du quinzième siècle, a reçu à une date beaucoup plus moderne une forme beaucoup plus développée, sous le titre, bien connu en Irlande, de *Aided Chloinne Tuirend*, « Mort violente des enfants de Tuirenn. »

qui tend au jaune. Tous trois portent une lance très forte et très pointue. Une épée à poignée d'ivoire pend sur la cuisse de chacun d'eux. Leurs trois boucliers sont rouges. Les noms de leurs trois chevaux diffèrent, mais ont le même sens : chacun veut dire « vent. » Leurs trois pères nourriciers s'appellent Victoire, Dignité et Force protectrice. Les noms de leurs trois concubines sont Paix, Plaisir et Joie ; ceux de leurs trois reines, Belle, Jolie, Charmante. Leurs trois châteaux se nomment Fortune, Richesse et Large Hospitalité (1). Enfin à eux trois ils donnent le jour à un fils unique dont le nom, Ecné, veut dire « science, littérature, poésie (2). »

Brían, Iuchar et Iucharba appartiennent au cycle mythologique. Ils ont un doublet dans le cycle de Conchobar et de Cûchulainn, et, malgré certaines apparences historiques, ce doublet appartient encore à la mythologie. Il faut, disons-nous, reconnaître une triade mythologique dans la légende de Clothru, épouse à la fois de ses trois frères. De cette association conjugale naît un fils unique ; Lugaid, ce fils, plus tard roi suprême d'Irlande, a, gravées sur la peau par un phénomène étrange, deux lignes circulaires rouges, l'une au cou, l'autre à la ceinture ; ces lignes séparaient chacune des portions du corps

---

(1) Livre de Leinster, p. 30, col. 3, lignes 38 et suiv.

(2) *Dialogue des deux docteurs*, dans le Livre de Leinster, p. 187, col. 3, lignes 53-58. Sur *ecne* = *ate-gnio-n*, dont la forme la plus complète en vieil irlandais est *aithgne*, voyez la *Grammatica celtica*, 2ᵉ édition, p. 60, 869.

par lesquelles il ressemblait à chacun de ses trois
pères. Il ressemblait au premier par la tête, au second
par le haut du corps jusqu'à la ceinture, au troisième
par la partie inférieure du corps. Il épousa sa mère,
dont il eut un fils qui lui succéda sur le trône d'Irlande (1).

La triade est produite par l'habitude d'employer
trois synonymes pour exprimer la même idée mythologique. Quelquefois les Irlandais ont conservé sur
ce point la notion de la réalité. Ainsi, dans un des
manuscrits du *Glossaire* de Cormac, nous lisons que
la femme du grand dieu Dagdé a trois noms, qui
sont : Mensonge, Tromperie et Honte (2). Dagdé lui-
même, d'après le même ouvrage, a trois noms :
outre le nom par lequel nous venons de le désigner,
il porte ceux de Céra et de Rûad-rofhessa (3). Nous
ne voyons pas qu'on ait supposé trois dieux pour
expliquer ces trois noms. Mais par exemple, d'un
dieu unique, du dieu père appelé Kronos chez les
Grecs, on en a fait trois en Irlande. Ce dieu, qui
originairement fut maître du monde, et qui, vaincu
par son fils, devint roi des morts, a été, en Irlande,
transformé en trois dieux ; le premier, d'abord roi,

---

(1) *Flathiusa hErend*, dans le Livre de Leinster, p. 23, col. 1,
ligne dernière; col. 2, lignes 1-3; *Aided Meidbe*, ibid., p. 124, col. 2,
lignes 34 et suiv.; Keating, *Histoire d'Irlande*, édition de 1811,
p. 406. Cf. plus haut, p. 364.

(2) Whitley Stokes, *Sanas Chormaic*, p. 90. Hérè, femme de
Zeus, est aussi une trompeuse (*Iliade*, XV, 31, 33; XIX, 97, 106,
112.

(3) Whitley Stokes, *Sanas Chormaic*, p. 47, 144.

fut détrôné; le second fut tué par son petit-fils dans la bataille; le troisième vaincu, mis en fuite, fut obligé de se réfugier dans le pays des morts, où il règne. Les Irlandais appellent le premier Brèss, le second Balar, le troisième Téthra; et ces trois noms, à l'origine, ont désigné la même divinité.

§ 4.

La triade en Gaule chez Lucain : Teutatès, Esus, Taranis ou Taranus.

Nous retrouvons en Gaule les triades divines. Pour en bien comprendre le sens, il est nécessaire de déterminer d'abord auquel des deux groupes, entre lesquels se partage le panthéon celtique, chacune de ces triades appartient.

La plus célèbre des triades divines adorées en Gaule est celle dont Lucain parle, dans des vers bien connus et que nous avons déjà souvent cités : les dieux qui la composaient s'appelaient Teutatès, Esus et Taranis ou Taranus. Ils appartenaient au groupe des dieux de la mort et de la nuit, des dieux pères et méchants que les Irlandais ont nommés Fomôré. On les honorait par des sacrifices humains (1). L'objet de ces sacrifices était d'obtenir que cette triade redoutable, considérée comme divinité de la mort, acceptât l'âme

---

(1) Lucain, *Pharsale*, l. I, vers 444-446.

de la victime en échange d'autres personnes plus chères dont la vie était menacée (1).

Ces immolations terribles se pratiquaient surtout à la guerre : les captifs étaient mis à mort et leur massacre était un acte religieux. Les Gaulois établis en Asie y portèrent cet usage barbare, et il était encore en vigueur parmi eux dans la première moitié du second siècle avant notre ère (2). Il persistait en Gaule longtemps après cette date ; il est mentionné dans la description de la Gaule écrite par Diodore de Sicile vers l'année 44 avant notre ère. Les prisonniers de guerre, nous dit Diodore, sont sacrifiés aux dieux ; avec les animaux que le sort des armes a fait tomber entre les mains des vainqueurs, ils sont brûlés, ou mis à mort d'une autre façon (3). Les Gaulois ne procédaient pas autrement au temps de

---

(1) « Qui sunt affecti gravioribus morbis quique in præliis periculisque versantur, aut pro victimis homines immolant aut se immolaturos vovent administrisque ad ea sacrificia druidibus utuntur, quod, pro vita hominis nisi hominis vita reddatur, non posse deorum immortalium numen placari arbitrantur. » César, *De bello gallico*, livre VI, chap. XVI, § 2, 3.

(2) « Cum... mactatas humanas hostias, immolatosque liberos suos audirent. » Discours prononcé au sénat par le proconsul Cneius Manlius, l'an 187 avant J.-C., chez Tite-Live, livre XXXVIII, chap. XLVII ; comparez Diodore de Sicile, livre XXXI, chap. 13, édition Didot, t. II, p. 499. Ici il est question d'événements de l'année 167 avant J.-C.

(3) « Χρῶνται δὲ καὶ τοῖς αἰχμαλώτοις ὡς ἱερείοις πρὸς τὰς τῶν θεῶν τιμάς. Τινὲς δὲ αὐτῶν καὶ τὰ κατὰ πόλεμον ληφθέντα ζῷα μετὰ τῶν ἀνθρώπων ἀποκτείνουσιν ἢ κατακαίουσιν ἢ τισιν ἄλλαις τιμωρίαις ἀφανίζουσι. » Diodore de Sicile, livre V, chap. XXXII, § 6, édition Didot, t. I, p. 273, 274.

la grande guerre que César leur fit de 58 à 51 avant J.-C. Après avoir dit qu'ils ont un dieu, identique suivant lui au Mars romain, l'auteur des *Commentaires* continue ainsi : « Quand ils ont résolu de
» livrer une bataille, ils vouent ordinairement à ce
» dieu le butin qu'ils projettent de faire ; après la
» victoire, ils immolent en son honneur tout ce qui
» a vie (1). »

Deux inscriptions nous apprennent le nom, ou un des noms de la divinité gauloise que César a désignée par le nom latin de Mars. L'une est une dédicace à Mars *Toutatis*; elle a été trouvée en Grande-Bretagne (2). L'autre, découverte à Seckau en Styrie, s'adresse à Mars *Latobius Harmogius Toutatis Sinatis Mogenius* (3). Ainsi, Toutatis ou Teutatès est le

---

(1) « .... Martem bella regere. Huic, cum prælio dimicare constituerunt, ea, quæ bello ceperint, plerumque devovent : cum superaverunt, animalia capta immolant reliquasque res in unum locum conferunt. » César, *De bello gallico*, l. VI, chap. xvii, § 2, 3.

(2)   Marti
             Toutati.

Inscription de Rooky Wood, Hertfordshire. *Corpus inscriptionum latinarum*, t. VII, n° 84. Ce monument est aujourd'hui conservé au Musée Britannique.

(3)   Marti
           Latobio
           Harmogio
           Tovtati
           Sinati Mog
           enio.

Corpus inscriptionum latinarum, t. III, n° 5320. M. Mowat, *Revue épigraphique*, t. I, p. 123, lit Tiovtati avec un i après le t. Je préfère la lecture du *Corpus inscriptionum latinarum*, t. III, p. 1163,

dieu auquel, pendant la guerre, les Gaulois immolaient leurs captifs. C'est un des noms et une des personnifications de ce dieu père qui régnait sur les morts. Par faveur, croyait-on, il pouvait épargner les jours du Gaulois menacé dans son existence, et qui, comme remplaçant, lui envoyait dans l'autre monde un captif immolé (1).

Taranis ou Taranus, si l'on admet la correction de M. Mowat (2), est un doublet de Teutatès ou Toutatis. L'étymologie de son nom établit que c'est un dieu de la foudre : *taran*, en gallois, en cornique et en breton, est le nom de la foudre. Or, le dieu de la foudre, en Irlande, est Balar, un des trois principaux chefs des Fomôré. Son œil, le mauvais œil, dont le regard tue, n'est autre chose que la foudre. On a considéré Taranus comme identique au Jupiter

---

col. 2 : phonétiquement, elle est la seule admissible. *Ou*, dans *Toutatis*, est une variante d'*eu* dans *Teutates* ; *o* dans *Totatigens* (*Corpus*, t. VI, n° 2407), *u* dans *Tutatis*, cité par M. Mowat au passage que nous critiquons, sont des variantes justifiées (*Grammatica celtica*, 2ᵉ édition, p. 34); *Tioutatis* serait un monstre. Ce dissentiment sur un point de détail ne m'empêche pas d'avoir sur une foule d'autres points en haute estime les travaux du savant épigraphiste qui a agrandi par de si nombreuses découvertes le domaine des études celtiques.

(1) Le *Mars Belatu-Cadros*, « beau quand il tue, » de Grande-Bretagne semble être le même dieu sous un autre nom. *Corpus inscriptionum latinarum*, t. VII, nᵒˢ 318, 746, 885, 957.

(2) *Revue épigraphique*, t. I, p. 123-126. L'hypothèse que les thèmes en *i* faisaient leur génitif en *ou* (*Grammatica celtica*, 2ᵉ édit., p. 234) me semble inadmissible. Dans mon opinion, *Taranu-cnos* est un composé asyntactique.

romain. Sans doute, Jupiter a pour arme la foudre ; mais la religion des Romains n'étant pas dualiste comme celle des Gaulois, Jupiter joint à cet attribut accessoire des qualités fondamentales comme dieu bon et dieu fils, qui le rendent tout à fait étranger au Taranus celtique. Jupiter est le fils de Saturne ou de Kronos ; il est le dieu du jour et de la vie. Taranus, comme Balar, est le dieu de la mort, père des dieux de la vie (1). Voilà pourquoi en Gaule, comme Lucain nous l'apprend, on lui offrait des sacrifices humains.

Esus, dont une variante *Æsus* nous a été conservée par une monnaie de la Grande-Bretagne (2), a été placé avec raison par Lucain dans la même triade, puisqu'on lui offre des sacrifices humains. Le bois qu'il coupe dans le bas-relief gallo-romain du musée de Cluny était sans doute destiné au bûcher du sacrifice. Au temps de Tibère, de l'an 14 à l'an 37 de notre ère, quand fut sculpté ce monument, il était défendu en Gaule de sacrifier des victimes humaines. Mais la suppression de cet usage n'était point ancienne, puisque, sept ans avant notre ère, Denys d'Halicarnasse en parle encore en mettant le verbe au présent ; et si cette lugubre cérémonie ne se pratiquait plus sous le règne de Tibère, du moins le cérémonial en subsistait, puisque

---

(1) Les dédicaces « dèo Taranu-cno » par les Gaulois de la rive droite du Rhin, — Brambach (*Corpus inscriptionum rhenarum*; nᵒˢ 1589, 1812), — s'adressent à un fils de Taranus.

(2) A. de Barthélemy, dans la *Revue celtique*, t. I, p. 293, col. 1.

sous Claude, en l'an 43 ou 44 après notre ère, Pomponius Méla nous apprend qu'il était encore maintenu : ne pouvant plus tuer d'hommes, les druides alors se bornaient à tirer quelques gouttes de sang à des gens de bonne volonté (1).

§ 5.

Le dieu gaulois que les Romains ont appelé Mercure.

Ainsi, Teutatès, Taranis ou Taranus et Esus sont autant de formes de ce dieu de la mort, père du genre humain, appelé *Dis pater* par César. En Irlande il porte, nous l'avons dit, trois noms : Bress, Balar et Téthra; c'est le chef des Fomôré. Dans le groupe divin qui leur est opposé, la victoire est remportée par *Lug*, plus anciennement *Lugus*. Le nom de Lug, en irlandais, veut dire « guerrier (2). » En effet l'acte le plus important de ce dieu a consisté à tuer le dieu de la mort Balar. C'est Lug que César présente comme identique au Mercure romain, déjà confondu à cette époque avec l'Hermès grec. Lug ressemble à ce Mercure-Hermès en ce qu'il est le dieu des arts et

(1) Voir plus haut, t. Ier, p. 149.
(2) Glossaire d'O'Davoren, chez Whitley Stokes, *Three irish glossaries*, p. 103. Suivant un passage célèbre du pseudo-Plutarque, *De fluviis*, le premier terme du composé *Lugu-dunum* aurait signifié « corbeau. » La vérité est probablement que dans le récit légendaire gaulois auquel ce texte renvoie, il était question d'une apparition d'oiseaux, et que dans la croyance gauloise ces oiseaux étaient une manifestation du dieu Lugus.

du commerce. Mais de cette ressemblance à l'identité, il y a une distance énorme. Nous avons déjà fait une observation analogue à propos du Jupiter romain et du Taranis ou Taranus gaulois : les mythographes romains, partant de la croyance à la réalité de leurs dieux et des dieux étrangers, s'imaginaient avoir établi l'identité de deux personnalités mythologiques, quand ils avaient constaté entre elles certains points de ressemblance. De là est résultée la fusion de leur mythologie avec celle des Grecs : par l'emploi de cette méthode, ils sont arrivés à se persuader à eux-mêmes et à faire croire aux Gaulois romanisés que les dieux gaulois et les dieux romains étaient les mêmes. Cette doctrine était fausse : le dieu gaulois que César a appelé Mercure est une conception mythologique originale qui, ressemblant sur certains points au Mercure-Hermès gréco-romain, en diffère sur d'autres points ; il est, par exemple, un dieu guerrier.

Les Gaulois ne l'appelaient pas seulement Lugus : ils lui donnaient plusieurs autres noms, et, parmi ces noms, plusieurs ont pour élément fondamental une racine SMER dont la valeur n'a pas encore été déterminée (1). Sur un vase découvert à Sanxey, près de Poitiers, on lit la dédicace DEO MERCVRIO ATUSMERIO. La base d'une statue de Mercure trouvée à

---

(1) En irlandais moyen, *smér* veut dire « feu. » Whitley Stokes, *Sanas Chormaic*, p. 149. De ce mot paraît dériver l'irlandais moyen *sméroit* « charbon. » On ne sait pas quelle est dans ces deux mots l'origine de l'e long.

Meaux offre la légende Deo Adsmerio (1). Sur un des autels romains de Paris conservés au musée de Cluny, M. Mowat a déchiffré les cinq lettres Smeri ou Smert. Elles commencent la légende, aujourd'hui fruste, inscrite au-dessus d'un bas-relief représentant un personnage qui va frapper un serpent d'un coup de massue (2). Ce personnage est un doublet de Lugus. Le serpent est une des formes du dieu mauvais indo-européen (3).

Dans le bassin du Rhin, le dieu identifié au Mercure romain perd souvent son nom gaulois ; mais alors il est accompagné d'une déesse qui a conservé ce nom : c'est *Rosmerta*, et *Ro-smer-ta* nous offre la même racine qu'*Atu-smer-iu-s* ou *Ad-smer-ius*, et que le mot incomplet *Smer-i...* ou *Smer-t...* (4).

§ 6.

Le dieu cornu et le serpent mythique en Gaule.

Le serpent de l'autel du musée de Cluny, — ce serpent que va frapper d'un coup de massue le dieu celtique identifié à Mercure, ce serpent qui est une

---

(1) Mowat, dans le *Bulletin des antiquaires de France*, 1882, p. 310.
(2) Mowat, dans le *Bulletin épigraphique de la Gaule*, t. I, p. 117.
(3) Bréal, *Mélanges de mythologie et de linguistique*, p. 96 et suiv.
(4) Charles Robert, *Epigraphie de la Moselle*, p. 65 et suiv. Le nom propre d'homme *Smertu-litanus*, « large comme *Smertus*, » dans une inscription de Worms (Brambach, n° 901), est un témoignage du même culte, et le nom de femme galate *Zmerto-mara*, « grande comme *Smertos*, » atteste que les Gaulois avaient porté ce culte en Asie.

des personnifications du dieu méchant, — reparaît dans d'autres monuments dont il a été fait en ces derniers temps une étude approfondie (1). Dans la plupart des monuments publiés jusqu'ici, ce serpent a une tête de bélier. Il est associé comme attribut à des divinités gauloises par des monuments trouvés à Autun, à Montluçon, à Epinal, à Vandœuvre (Indre), à La Guerche (Cher). Un des plus curieux de ces monuments est celui d'Autun. Le dieu est accroupi, tricéphale et cornu ; deux serpents à tête de bélier lui font une sorte de ceinture.

Ses trois têtes nous rappellent la triade gauloise : Teutatès, Esus et Taranis ou Taranus ; la triade irlandaise : Bress, Balar et Téthra. Il porte des cornes. En Irlande, le père de Bress s'appelle *Buar-ainech*, c'est-à-dire « à la figure de vache (2). » Quant aux serpents à tête de bélier, ce sont les monstres à têtes de chèvre, *goborchind*, de l'Irlande (3). Sur l'autel de Vandœuvre (Indre), le dieu cornu, toujours accroupi, n'est pas tricéphale ; mais il est accompagné de deux autres dieux debout qui complètent la triade ; et les deux serpents, au lieu de lui servir de ceinture, sont placés aux deux extrémités du bas-relief.

---

(1) Alexandre Bertrand, *L'autel de Saintes et les triades gauloises*, dans la *Revue archéologique* de juin, juillet et août 1880; *Les divinités gauloises à attitude bouddhique*, dans la *Revue archéologique* de juin 1882.

(2) Voir plus haut, p. 203.

(3) Voir plus haut, p. 95.

Le dieu cornu, père de Bress, et par conséquent aussi de ses deux doublets Balar et Téthra, ne s'appelait pas, en Gaule, dieu « à figure de vache, » *Buar-ainech* en irlandais : on le nommait *Cernunnos* (1). Cernunnos, suivant nous, est le premier père, le dieu fondamental de la nuit et de la mort ; ses cornes sont le croissant de la lune, reine de la nuit. Teutatès, Esus et Taranis ou Taranus sont ses fils, ou, si l'on veut, ses doublets, pourrait-on dire en quelque sorte. Le nom de *Cernunnos* est gravé sur la troisième face de l'autel n° 3 du musée de Cluny ; au-dessous on distingue nettement une figure humaine cornue. La partie inférieure du corps est fruste ; mais vu la hauteur du monument, il est certain que ce dieu était accroupi, comme les deux autres dieux cornus dont nous avons parlé, celui d'Autun et celui de Vandœuvre (Indre). Aucun serpent ne l'accompagne ; le sculpteur a fait du mythe deux tableaux : après avoir placé Cernunnos sur la troisième face de l'autel, il a représenté sur la quatrième face le meurtre du serpent.

Dans la doctrine celtique telle que nous la trouvons en Irlande, le dieu de la mort, tué par son petit-fils, vit toujours et règne, en changeant de

(1) Le TARVOS TRIGARANUS du musée de Cluny est un doublet de Cernunnos. Il correspond au taureau du troupeau de Géryon dans la mythologie grecque : par un phénomène d'étymologie populaire, Géryon ou le crieur au triple corps a été changé en trois grues chez les Gaulois ; du reste le thème celtique *garano*, « grue, » est presque identique étymologiquement au Géryon grec.

nom ; les Gallo-Romains ont préféré une autre forme du mythe. Dans le système qui a inspiré le bas-relief de Paris, le dieu du crépuscule n'a pas tué le dieu de la nuit, son père ; il a tué seulement le serpent qui est le compagnon ordinaire de ce dieu redoutable. Du reste, bien qu'habituellement les Indo-Européens confondent la nuit avec l'orage, le serpent est le représentant de l'orage et de la foudre plutôt que de la nuit, et il n'y aurait pas lieu de s'étonner si cette distinction avait été encore saisie en Gaule au premier siècle de notre ère.

Aussi y a-t-il des exemples du dieu cornu sans l'emblème du serpent. Nous citerons les bas-reliefs de Beaune et de Reims. Le dieu de Reims tient une espèce de sac d'où s'échappent des glands ou des faînes que semblent attendre un bœuf et un cerf placés au-dessous. On se rappelle que les Irlandais païens, immolant leurs enfants à la grande idole *Cromm cruach*, la « courbe sanglante, » attendaient du lait et du blé en échange (1). Cette idole n'était autre chose qu'une grossière image du dieu de la mort. Au prix d'innocentes victimes, ce dieu donnait, croyait-on, à ses cruels adorateurs la nourriture et la vie.

§ 7.

Le dualisme celtique et le dualisme iranien.

Ainsi, l'étude de la mythologie irlandaise nous

---

(1) Voir plus haut, p. 108.

fait connaître les points fondamentaux de la mythologie celtique continentale. La religion celtique était fondée sur la croyance en deux principes, le premier négatif et méchant, le second positif et bon, né pourtant du premier; ces deux principes sont opposés l'un à l'autre et en lutte l'un contre l'autre, comme Ormazd et Ahriman dans l'ancienne religion de l'Iran. On aurait tort cependant de croire que l'origine de ce dualisme soit iranienne, et de considérer les druides comme les élèves des mages. Le mot *dévos*, en irlandais *dia*, en breton *doué*, est chez les Celtes, comme dans la littérature védique, le nom des dieux bienfaisants, des dieux fils opposés au père mauvais; il n'est pas, comme dans la littérature iranienne, exclusivement réservé aux dieux ennemis. Quant au dieu père méchant, vaincu par son fils, il n'a pas ce caractère d'absolue perversité qui distingue l'Ahriman des Iraniens. Il reste un des principaux dieux, *dé[v]i*, c'est dans son empire que s'accomplit le prodige de la vie bienheureuse des morts; et le mélange singulier de cruauté et de paternité, qui le distingue constitue un des aspects les plus étranges comme les plus curieux de la religion celtique.

§ 8.

Le naturalisme celtique.

A ce dualisme, les Irlandais païens associent, par une contradiction frappante, et des croyances panthéistes attestées par une longue invocation qui semble un débris d'un vieux rituel, et des doctrines naturalistes qu'on retrouve également au début de la *Théogonie* d'Hésiode. Chez Hésiode, la terre et le ciel précèdent les dieux et leur ont donné le jour. En Irlande, la terre, la mer, les forces de la nature semblent un moment, dans le *Livre des conquêtes*, être considérées comme plus puissantes que les dieux contre qui elles sont invoquées ; ce sont elles aussi qu'on prend à témoin dans les serments (1).

Quel rôle le panthéisme et le naturalisme ont-ils joué dans le monde celtique ?

Le panthéisme est une doctrine philosophique qui n'a probablement jamais pu avoir qu'un petit nombre d'adeptes ; mais le culte de la nature sous les divers aspects qu'elle nous offre, le culte par exemple des montagnes, des forêts, des rivières, était plus à la portée des foules. Les inscriptions romaines de la Gaule nous ont conservé des dédicaces à ces divinités secondaires : ainsi au dieu Vosge, *Vosegus* (2), qui n'est autre chose que le groupe de montagnes de ce nom ; à la déesse Ardenne, *Arduinna*, dont le nom est, dans une inscription, accompagné de deux arbres, et qui est une forêt bien connue (3) ;

---

(1) Voyez plus haut, p. 243-252.

(2) Brambach, *Corpus inscriptionum rhenarum*, n° 1784. Comparez les dédicaces à la déesse Abnoba qui est aussi une montagne, *ibid.*, 1626, 1690 ; elle est appelée *Diana Abnoba*, n° 1654, et *Deana Abnoba*, n° 1683.

(3) Dans cette inscription, qui est le n° 589 de Brambach, on a écrit à tort *Ardbinna* ; la bonne leçon, avec un *u* au lieu d'un *b* à la seconde syllabe, nous est conservée par une inscription de Rome,

à la déesse Seine, *Sequana*, dont le culte paraît s'être principalement célébré à la source de cette rivière (1). Nous retrouvons la même idée dans le troisième poème liturgique d'Amairgen, où nous remarquons les trois invocations suivantes : « Montagne fertile, fertile! Bois vallonné! Rivière abondante, abondante en eau (2)! » Ce culte secondaire était donc commun à l'Irlande et à la Gaule. Il n'est point spécial à la race celtique, car on le trouve en Grèce et à Rome. Au même ordre d'idées se rattache le culte des villes, celui, par exemple, de la *dea Bibracte* chez les Eduens (3), celui de la forteresse de Tara en Irlande (4).

Mais toutes ces divinités ne tiennent qu'un rang inférieur dans la pensée des Celtes. Les grands dieux sont ceux dont les luttes sanglantes ont inspiré les récits légendaires qui constituent le cycle mythologique irlandais. C'étaient eux qui, avant tous autres, recevaient les hommages des fidèles; car d'eux, de leur faveur ou de leur haine dépendait, suivant une croyance universelle chez les Celtes des Iles Britan-

---

Corpus inscriptionum latinarum, tome VI, n° 46, et par une inscription d'origine incertaine publiée par de Wal, *Mythologiæ septentrionalis monumenta latina*, vol. I, n° xx. Comparez la dédicace *sex arboribus*, Orelli, 2108.

(1) De Wal, *Mythologiæ septentrionalis monumenta latina*, vol. I, n° cccxlii.

(2) Voyez plus haut, p. 250.

(3) Bulliot, dans la *Revue celtique*, tome I, p. 306. Comparez les dédicaces *deo Nemauso*, *deæ Noreiæ*, Orelli, 2032-2035.

(4) « Temair tor tuathach! » Troisième invocation d'Amairgen. Livre de Leinster, p. 13, col. 2, ligne 10.

niques comme chez ceux du continent, la prospérité ou le malheur des individus, des familles et des peuples.

Tel est le résultat général auquel paraît conduire l'étude des textes classiques latins et grecs qui concernent la religion celtique, quand on combine cette étude avec l'emploi des moyens nouveaux d'information que nous possédons aujourd'hui. Je veux d'abord parler des inscriptions, toujours plus nombreuses, que, depuis quelques années surtout, le sol des contrées autrefois gauloises livre presque chaque jour aux investigations des épigraphistes; je rappellerai ensuite les monuments figurés, la plupart presque inconnus jusqu'ici, que le zèle de M. Alexandre Bertrand a réunis en quantité considérable et classés en si bon ordre dans les salles du musée de Saint-Germain. Enfin, j'insisterai sur les éditions de textes irlandais que nous devons aux labeurs si longs et si méritoires d'O'Curry et d'O'Donovan, à l'Académie d'Irlande et aux savants celtistes (1), au paléographe éminent (2), qui sont, au point de vue de nos travaux, sa principale gloire; à MM. Whitley Stokes et Windisch, auxquels d'injustes attaques n'ôteront pas l'honneur d'avoir, avec M. Hennessy, fait les premiers connaître sur le continent la littérature épique de l'Irlande.

(1) Je commettrais une ingratitude si je ne constatais pas les services que m'a rendus l'introduction mise en tête du Livre de Leinster par M. Robert Atkinson.
(2) M. J.-T. Gilbert.

CORRECTIONS ET ADDITIONS

P. 32, ligne 5. La syntaxe voudrait *cen-chuis* ou *cen-chossa*, mais le composé Gri-cen-chos est asyntactique, comme Tigernmas pour *Tigern-bais*. S'ils n'étaient asyntactiques, ces mots seraient indéclinables.

P. 74, note 2, ligne 3, *au lieu de* Weford, *lisez* Wexford.

P. 115, ligne 26, *au lieu de* en d'Irlande, *lisez* en Irlande.

P. 125, ligne 1, *au lieu de* des dieux, *lisez* du dieu.

P. 145, ligne 1. La déesse Dana est appelée *Ana*, *Anu* dans le *Glossaire* de Cormac, chez Whitley Stokes, *Three irish Glossaries*, p. 2, 6. Dans un texte cité par O'Davoren, *ibidem*, p. 49, on trouve *anann* (génitif de *anu*), qui est glosé par *imbith*, c'est-à-dire « d'abondance. »

P. 153. *Nuadu* est employé comme nom commun, au génitif *nuadat*, dans le *Festin de Bricriu*, chez Windisch, *Irische Texte*, p. 289, ligne 12; et ce mot est glosé par *in rig*, « du roi, » dans le *Leabhar na hUidhre*, Windisch, *Irische Texte*, p. 289, note.

INDEX ALPHABÉTIQUE

Abcan, fils de Becelmas, 176.
Aborigènes, 291.
Abraham, 40, 41.
Achéloüs, 14.
Achille, 121.
Accroupis (dieux), 384, 385.
Acrisios, roi d'Argos, 207, 208, 210, 211, 217.
Adam, 67, 303.
Adsmerius (*deus*), 383.
Aedilfrid, roi des Northumbriens, 334, 335.
Aed Slane, roi d'Irlande, 256.
Aenach Carmain, 6.
Æsus, 109, 380.
Agamemnon, 109.
Age d'or, 199, 200. Voyez *Race d'or*.
Agnoman, père de Nemed, 51, 52, 75, 88, 89.
Ahi, 99.
Ahriman, 15, 387.
Ai (Plaine d'), 356.
Aicil (Ile d') 77.
Aidan mac Gabráin, 333-336.
Aïdès, 17, 18, 20, 121, 240, 371.
Ailech, 14, 235.
Ailill, roi de Connaught, 127, 128, 286-288, 299.
Ain, fille de Partholon, 34, 35.
Air, 251.
Aja Ekapad, 32.
Alaunus (*Mercurius*), vi.
Alcmène, 294.
Alcuin, 229.
Alexandre Polyhistor, 347.
Amairgen Glúngel, 242-254, 256, 258-261, 389.
Ambroisie, 309.

Amphitryon, 294.
Ange gardien, 279.
Annales des Quatre Maîtres, 70. Voyez *Quatre Maîtres*.
Annenn, fils de Némed, 90.
Antrim, 339.
Aphrodite, 186.
Apollon. v, vi, 37, 99, 368.
Araxe, fleuve 31.
Arbres des dieux, 274, 275, 302, 325. Voyez *Branches*.
Arc, 190, 295.
Ard-ladran, 74.
Ardlemnacht, 265.
Arduinna, déesse, 388.
Arès, 186. Voyez *Mars*.
Argeiphontès, 201, 202.
Argès, 218, 370.
Argos, ville, 207.
Argos ou Argus, 201-203.
Aristote, 351.
Artémis, 37.
Arthur, 325.
Arthur, fils de Bicur, 337.
Assemblées publiques d'Irlande, 6, 304.
Asura, 15.
Atbalat, « ils meurent, » 225.
Athènè, 121.
Athènes, 202.
Atlantique (Océan), 19.
Attique, 14.
Atusmerius (*deus Mercurius*), vi, 382.
Auguste, empereur, 81, 139.
Augustin (Saint), 336, 343.
Autun, 384, 385.
Avallon (Ile d'), 325.

Babel, 40.
Badbgna, 100.
Balar Balcbeimnech, chef des Fomôré, 15, 112, 137, 173, 174, 176, 182, 185-188, 197-219, 225, 294, 301, 304, 376, 379-381, 384.
Balor Beimean, 208-218. Voyez *Balar*.
Baltique (Mer), 88.
Banba, 68, 234, 254, 372.
Bar « mer, » 25.
Barque de verre, 119,
Barques des morts, 232.
Barthélemy (Saint), 25.
Batailles mythologiques, 14, 15, 31, 32, 100, 101, 113-116, 121, 180-187, 260, 389.
Bàth, 25, 39.
Beaune, 386.
Bède, 41, 153, 324.
Belach Conglas, 116.
Belatucadros (Mars), VI, 379.
Belenus (Apollo), VI.
Bélier, 384.
Belisama (Minerva), VII.
Bellérophon, 97, 99, 204-206.
Belténé ou Beltiné, 5, 38, 158, 180, 243.
Beothach, 56.
Bethach, 116.
Beurre, 308, 310.
Bibracte (Dea), 389.
Bière, 303, 309, 318, 358, 360, 361.
Bière de Goibniu ou des dieux, 275, 277-279.
Bilé, 225, 230, 239.
Bith, fils de Noé, 67, 72-75.
Blathmac, roi d'Irlande, fils d'Aed Slane, 256, 296.
Blé, 102, 269, 290, 386.
Boann, femme de Dagdé, 271, 283, 284, 286.
Bochra, fils de Lamech et père de Fintan, 76, 81.
Bodb, roi des *side* de Munster, 285, 286.
Bodhbh Dearg, 276.
Bœuf, 386.
Bois d'Irlande, 296.
Bois divinisés, 250-252, 388.
Bolg, « sac de cuir, » 134.
Bona dea, 290-292.
Bouclier, 358.
Bouddhique (Attitude), 384.
Boyne, rivière, 115, 259, 270, 271, 280, 281, 340.

Bracelets d'argent, 342.
Bragance, 230, 231.
Bran, fils de Febal, 322-325.
Branches merveilleuses, 323, 327-329, 331, 333. Voyez *Arbre*.
Breas, 159-163, 168.
Bregleith, 312, 314, 319, 322.
Brégon, 229, 230, 233, 239.
Brennus, 148, 149.
Bress mac Eladan, Fomôré, roi d'Irlande, 15, 145, 153, 154, 156, 167-172, 175, 182, 183, 198, 203, 204, 307, 373, 376, 381, 384.
Bress, père de Lugaid, 364.
Bretagne (Ile de), 232. Voyez *Grande-Bretagne*.
Bretons, 117, 134, 264, 337.
Brian, fils de Dana, 145-149, 183, 372-374.
Briareos, 219.
Bricriu le querelleur, 295, 297, 298.
Brigantia, déesse, 146, 148.
Brigantia, ville d'Espagne, 230.
Brigindo, déesse, 146.
Brigit, déesse, 145-148, 182, 183, 372.
Brigite (Sainte), 145.
Britan, 116.
Brontès, 218, 370.
Brug Maic ind Oc, 270-280.
Brug na Boinne, 270-280.
Buar-ainech, 202-204, 384, 385.
Buide Conaill, 296.

Cacus, 212, 213.
Cadmus, 10, 121.
Caer, fille d'Ethal Anbual, 286-289, 312.
Caillin (Saint), 82.
Cailté, 338, 340-343, 345, 351.
Caïn, 92, 93.
Calypso, fille d'Atlas, 120, 366.
Camulus (Mars), VI.
Caragh (Rivière de), 339, 340.
Carell, 49, 57.
Carlingford (Lac de), 240.
Caspienne (Mer), 87, 89.
Catalogues de la littérature épique de l'Irlande, 1-3.
Caturix (Mars), VI.
Celtchar, fils de Uithechar, 295.
Cenmare (Rivière de), 38.
Cenn Cruach, 105-113.
Cennfaelad, archevêque d'Armagh, 78.
Cera, 375.

Cercueil de pierre, 342.
Cerf, 386.
Cermait, 372.
Cernunnos, 385.
César, v, vii, viii, xi, 110, 178, 304, 349, 351, 378, 382.
Cessair, xii, 64-75, 84.
Cetnen, 221, 222.
Chaînes d'argent, 195, 288.
Chaînes d'or, 288.
Cham, 81, 92.
Chambre funéraire de Newgrange, 273.
Chanaan, 94.
Chant, 283, 289, 297, 324, 325.
Charites, 371.
Charlemagne, 229.
Chars, 287, 295, 298, 323, 349, 364, 365.
Chasse, 295.
Chevaux des chefs gaulois, 349 ; cf. 365.
Chèvre, 95, 97, 203, 384.
Chimère, 97, 205-207.
Chronicum Scotorum, 68, 69, 75, 228.
Cian, père de Lug, 175, 373.
Cicéron, vii.
Cichol Gri-cen-chos, 32, 391.
Ciel, 237.
Cill Eithne, 282.
Cimbaed, fils de Fintan, 223.
Cimetière de Brug na Boinné, 271-273.
Cinaed hûa Artacain, 271.
Cin dromma Snechta, 68.
Claude, empereur, 381.
Clément, grammairien irlandais, 228, 229.
Clothru, mère de Lugaid, 364, 374.
Cluny (Musée de), 383, 385.
Cnamros, 100.
Cochons de Manannân, 330, 331.
Cochons des dieux, 275, 277-279, 330, 331.
Collier d'argent, 342.
Colmân, fils de hûa Clûasaig, 256, 257, 296.
Columba (Saint) ou Colum Cille, 47, 57, 59, 137, 154, 164, 175.
Colum Cuaellemeach, 176.
Comyn (Michel), 362, 363, 366.
Conaire, roi suprême d'Irlande, 322.
Conall Cernach, 295, 297, 298.
Conann, fils de Fébar, 14, 86, 101-122, 135, 209, 230.

Conchobar, roi d'Ulster, 4, 193, 224, 289, 295, 297-299, 304, 312, 323, 355, 374.
Connaught, 126, 127, 158, 165, 264, 286, 288, 356, 360.
Conn Cêtchathach, 301, 304, 326, 327.
Connlé, fils de Conn, 119, 192.
Corbeaux, 194, 195, 381.
Corco Duibné, 73, 233.
Cormac mac Airt, 81, 326-333.
Corneilles, 195, 196.
Cornes à boire, 358, 361.
Cornus (Dieux), 105, 203, 383-387.
Corpré, *filé*, fils d'Étan, 171, 172, 198.
Corse, 81.
Coupe enchantée, 332, 333.
Courses de chevaux, 139.
Creidné, 169, 177, 179, 181-184, 307.
Crépuscule, 202, 204, 386.
Crète (Ile de), 103.
Crimthann Cas, roi de Connaught, 356, 360, 361.
Crimthann Nia Nair, roi suprême d'Irlande, 272, 364.
Crimthan Sciathbel, 264, 265.
Croissant de la lune, 104, 385.
Crom Conaill, 296.
Cromm Crûach, 105-113, 386.
Crûachan, 272, 288.
Cruithnich ou Pictes, 7, 12, 264.
Cûan hûa Lothchain, 137, 139.
Cûchulainn, 4, 127, 128, 193, 195, 224, 289, 294, 299, 300, 312, 324-326, 355, 365, 366, 374.
Cuil Cesra, 74.
Cumal, 314.
Curcog, fille de Manannân, 278-280.
Cycle mythologique irlandais, 6-15.
Cycles épiques irlandais, 4, 5.
Cyclopes, 218, 219, 272, 370, 371.
Cygnes, 288, 289, 321.

Dagan, 269. Voyez *Dagdé*.
Dagdé, 15, 129, 145, 175, 178, 179, 182, 183, 190, 191, 221, 224, 233, 267-292, 294, 305, 306, 372, 375.
Dana, mère des Tûatha Dè Danann, 145, 147, 391.
Danaé, 207, 208, 211, 214.
Danois, 132.
Danube, 225.
Dasyu, 131, 174.

Dechtéré, 294, 295, 298, 299, 304.
Dée Donand, 145.
Dee (Rivière de), 340.
Degsa Stân, 334, 335.
Déi Dana, 145.
Déi Danann, 149.
Delbaeth, 145, 221, 222.
Delphes, 147, 149.
Démons, 142, 143, 188, 253, 387.
Denys d'Halicarnasse, 380.
Dergréné, fille de Fiachna, 359, 361.
Dettes après la mort, 349.
Deucalion, 14.
Déva, 15.
Dévos, 387.
Dia, 387.
Diancecht, 169, 175, 177, 307, 308.
Diane scythique, 109-111.
Diarmait, roi d'Irlande, fils d'Aed Slane, 256, 296.
Diarmait, roi d'Irlande, fils de Cerball, 47, 74, 77, 78, 82.
Dieux cornus, 99, 105, 203, 383-387.
Dingle (Baie de), 339.
Dinn-senchus, 107, 108.
Diodore de Sicile, 347, 377.
Dis pater, 104, 226, 381.
Divitiacus, 226.
Dodone, 14.
Domna (Dieux de), 128-131, 173. Voyez *Fomôré*.
Domna (hommes de). Voyez *Fir-Domnann*.
Dona, mère des Tûatha Dê Danann, 145, 147.
Dond mac Nera, 357.
Donegore, 339.
Douaire, 314.
Doué, 387.
Dowth, 272.
Druides, 177, 210, 214, 255, 258, 262, 302, 321, 322, 326.
Druim Cain, 255.
Duald mac Firbis, 129, 165.
Dualisme, 386, 387.
Dub, 179.
Dubtar en Leinster, 338.
Dûn Maige Mell, 356, 359, 361.
Dûn na m-barc, 73.
Dûn tulcha, 78.

Eau, 251.
Eber Dond, fils de Milé, 254-256, 258-261.
Eber Find, fils de Milé, 112, 261.

Echecs, 139, 315, 316, 319, 358, 364.
Echiquier, 316.
Echu Buadach, 223.
Eclair, 370. Voyez *Mauvais œil*.
Ecosse, 138.
Ecriture ogamique, 306.
Egypte, 40, 227.
Egyptiens, 229.
Eithné, fille de l'intendant d'Elcmar, 278 282.
Elada, 306.
Elcmar, 277, 278.
Elloth, 130.
Elusion, 19.
Emer, 324, 326.
En, fils d'Ethoman, 176.
Enée, 291, 292.
Enloch, 356.
Ennosigaios, 371.
Eochaid Airem, 274, 314-322.
Eochaid, fils de Sal Sreta, 357.
Eochaid hûa Flainn, 22, 30, 31, 36, 39, 41, 68, 69, 102, 116, 142, 152, 174, 230.
Eochaid mac Duach, 136, 139.
Eochaid mac Eirc, 136, 137, 139, 163-165 175.
Epée de Téthra, 188-190.
Ephore, 352, 353.
Epidémie, 256, 257.
Epil, « il meurt, » 225.
Epinal, 384.
Erémon, fils de Milé, 111, 260, 261, 264, 265, 280.
Erglann, 114.
Eris, 76.
Eriu, 68, 234, 254, 255, 259, 372.
Eschyle, 202, 207.
Esclaves gaulois, 349.
Espagne, 7, 12, 19, 26, 29, 76, 85, 87, 117, 119, 133, 134, 137, 227, 228, 230, 234, 241.
Esru, 40.
Esus, 375, 380, 381, 384, 385.
Etáin, femme d'Eochaid Airem, 274, 312-322, 346.
Etair, 213.
Etan, mère de Corpré, 171, 307.
Ethal Anbual, 286-288.
Ethné ou Ethniu, fille de Balar ou Balor, et mère de Lug, 174, 200, 210, 214, 216, 218, 222, 300, 303.
Ethné Ingubai, 324, 325.
Etoiles, 201.

Evandre, 291, 292.

Faînes, 386.
Fal, 301.
Fand, fille d'Aed Abrat, 324-326.
Fauna, 290, 291.
Faunus, 291.
Fées, 71, 214. Voyez *Side*.
Femmes (Succession par les) 265.
Fêné, 39, 173, 228.
Fenius Farsaid, 39, 88, 89, 228.
Fer, fils de Partholon, 34, 35.
Fercertné, 193.
Ferdiad, 127.
Fergnia, fils de Partholon, 34, 35.
Fergus Leth-derg, 114, 115.
Fergus mac Roig, 295.
Fer legind, 256.
Festin de Goibniu, 277, 308, 309.
Festins irlandais, 170.
Feth fiada, 277, 278, 280.
Fiachach Findgil, fils de Delbaeth, 221, 222.
Fiachna, fils de Delbaeth, 222.
Fiachna, fils de Reta, 356-361.
Fiachna Lurgan, 333-337, 343.
Fial, femme de Lugaid, 253, 254.
Fidchell, 139.
Fidga (hommes de), 264, 265.
File, 6, 244-247.
Find mac Cumaill, 4, 337-339, 341, 342, 345, 346, 348.
Finnên (saint), 47-49, 56-59.
Fintan, fils de Bochra, 64-84, 157.
Fir Bolg, 12, 54, 60, 75, 77, 117, 123-166, 173, 175, 262, 307.
Fir Domnann, 54, 60, 76, 123-166, 173, 262.
Fir Fidga, 264, 265.
Flann Manistrech, 130, 151, 152, 175, 180, 185, 221, 222, 267, 268, 373.
Foires d'Irlande, 138.
Fomôré, 14-16, 31, 32, 91-122, 128-131, 134, 137, 143, 166-219, 284, 355, 373, 376-381.
Forbais fer Fidga, 265.
Forêts divinisées, 250-282, 388, 389.
Forgerons, 176, 179, 181, 183, 184, 308-310.
Forgoll, *file*, 337-341.
Fors, fils d'Electra, 81.
Fossés, 295.
Fothad Airgtech, 337, 338, 341 342.
Fotla, 234, 254, 372.
Foudre, x, 205, 206, 379, 380.

Fronde, 187, 364.
Fuamnach, 212.
Funérailles celtiques, 349.

Gabail int shida, 267, 269, 270, 274, 275.
Gæsum, 190.
Galiôin ou Galidin, 54, 60, 75, 123-166, 173, 262.
Garano-, « grue, » 385.
Gaule, v, viii, xi, 27, 146, 189, 232, 261-263, 358, 376-386.
Gaulois, 104, 147-149, 261-264.
Gaulois d'Asie, 377.
Gavida, 212, 216-218.
Gyès, 219.
Géants, 93-97.
Généalogie, 314.
Genèse, 61.
Gend, 100.
Géryon, 211-213, 371, 385.
Gilla Coemain, 126, 132, 133, 164, 168, 175, 200, 201, 220-224, 267, 268, 289, 372.
Girauld de Cambrie, 22, 61, 69, 95.
Glands, 386.
Glas Gaivlen, 212, 213.
Glossaire de Cormac, 375.
Goba, « forgeron, » 218.
Goborchind, 95, 96, 203, 384.
Goibniu, 179, 181-184, 277, 278, 308-310.
Gôidel Glas, 40, 88.
Gôidels, 127, 131, 143, 173, 224, 228, 272.
Goll mac Duilb, 356, 357.
Gomer, fils de Japhet, 39, 88, 89, 160.
Grâces, 371.
Graicos, 27.
Grande-Bretagne, 7, 12, 42, 134, 146, 231, 232.
Grande Plaine (la), 317.
Grande Terre (la), 317, 319.
Grannus (Apollo), vi.
Grèce, 12, 14, 122, 134, 148, 389.
Grecque (Mythologie), 8-21, 24, 25, 45, 46, 96-99, 119-124, 197-208, 211-213, 217, 219, 236-240, 294, 366-371.
Grecs, 148, 201, 272.
Grian-ainech, surnom d'Ogmé, 234, 306.
Grues (trois), 385.

Haies, 295.

Harlem (Mer de), 252.
Harpe, 190, 191, 283.
Harpiste, 176.
Hécatée de Milet, 264.
Hélène, 10.
Héli, juge d'Israël, 42.
Hellen, 237.
Héphaistos, 309.
Héra, 98.
Héraclès ou Hercule, 98, 99, 121, 190, 211, 212, 240, 294, 368.
Hercule (colonnes d'), 228.
Hermès, 200-202, 204, 218, 294, 381.
Hésiode, 8, 13, 16-18, 27, 37, 45, 125, 198, 206, 207, 238, 388.
Hiver, 231, 233.
Hollande, 352.
Homère, 206, 207, 368. Voyez *Iliade, Odyssée.*
Hongrie, 224.
Hydre de Lerne, 98.
Hydromel, 318.

Iain, fille de Partholon, 34, 35.
Iapétos, 236-238.
Iarbonel, 56, 141, 143.
Iliade, 17, 20, 201, 237, 260.
Iles Britanniques, 119.
Immortalité des dieux, 271, 275.
Immortalité de l'âme, 317, 318, 344-366.
Inber Scêné, 38, 41, 242.
Incantations de saint Gall, 308-310.
Inde, 279.
Indech, Fomôré, fils du dieu de Domna, 130, 153, 173, 176, 184.
Indra, 15, 21, 370.
Inondations mythologiques, 13, 14.
Io, 105, 202, 203.
Iolaüs, 98.
Iphigénie, 109.
Iraniens, 387.
Israël, 227.
Italie, 148.
Ith, fils de Brégon, 230, 231, 233-236, 239, 241.
Iuchair, fils de Dana, 145, 373, le même que le suivant.
Iuchar, fils de Dana, 145, 183, 372-374.
Iucharba, fils de Dana, 145, 183, 373.
Japhet, fils de Noé, 39, 81.
Jean Scot dit Eringène, 247, 248.
Jérôme (Saint), 39, 42, 70, 153.
Joug d'argent, 195.

Joug d'or, 321.
Jour, 251.
Jupiter, v, vi, x, 189, 379, 380, 382.
Keating, 22, 71, 102, 290.
Knowth, 272.
Kottos, 219.
Kronos, 8-10, 15, 16-20, 27, 120, 183, 198, 199, 201, 230, 237, 238, 371, 375, 380.
Lacs divinisés, 250-252.
Ladru, 73-75.
La Guerche (Cher), 384.
Lait, 102, 169, 265, 269, 279, 290, 318, 386.
Lance de Mars, 189.
Laon, 304.
Larne (Rivière de), 338, 340.
Latone, 37.
Lebar Gabala ou Livre des Conquêtes, autrement dit des Invasions, xi, 21, 40, 89, 276.
Leinster, 126.
Ler, 322.
Lerne (Hydre de), 98.
Lestrygons, 96.
Leyde, 304.
Lidney, 155.
Liffey (Rivière de), 340.
Lion, 37, 190.
Livre des Conquêtes ou des Invasions, en irlandais *Lebar-Gabala*, xi, 21, 87, 93, 95, 116, 173, 221, 228, 229, 256, 268, 388.
Loch Rudraige, 30.
Loeg, cocher de Cùchulainn, 325, 326, 365, 366.
Loégairé, roi d'Irlande, 251.
Loégairé Liban, 356-362, 365.
Lothur, père de Lugaid, 364.
Lough Erne, 14.
Lough Neagh, 13.
Lucain, 109, 110, 349, 351, 376, 380.
Luchta, fils de Luchaid, 176.
Luchtiné, 180-184.
Lucien, 176, 189, 190, 368.
Lucrèce, vii.
Lug, dieu, 137-139, 153, 174-180, 182, 183, 187, 190, 191, 195, 200, 201, 202, 204-207, 218, 221, 222, 224, 270, 271, 276, 293-305, 373, 381.
Lugaid, fils d'Ith, 253.
Lugaid Sriab-derg, roi suprême d'Irlande, 364, 374, 375.
Lugidunum, 305.

Lugmag, 305.
Lugnasad, 5, 138.
Lugudunum, 139, 304, 305, 381.
Luguvallum, 305.
Lune, 104, 203, 244, 251, 385.
Lyon, 139, 178, 304.

Mac Cecht, 221, 233-235, 255, 372, 373.
Mac Cuill, 175, 221, 233-235, 255, 372, 373.
Mac Grêné, 221, 233-235, 255, 372, 373.
Mac ind Oc, 270-289.
Mac Kineely, 212-217.
Mac Lonan, 196.
Mac Samhthain, 212.
Maer, fille d'Eochaid le Muet, 359, 361.
Mag-Bilé, 47.
Mag cetné, 102.
Magie, 287.
Mag Itha, 14, 31, 235.
Mag mâr, 28. Voyez *Mag mór*.
Mag meld ou Mag mell, 23, 85, 359, 361.
Mag môr, 85, 136, 137, 175.
Magog, fils de Japhet, 39, 88, 89, 160.
Mag Rein, 159.
Mag Slechta, 106-108, 112.
Mag-Tured (Batailles de), 14, 16, 77, 112, 149-220, 304, 306-308.
Mag-Tured Conga, 162.
Mag-Tured na bFomorach, 162.
Maine (Rivière de), 340.
Malva, 228.
Man (Ile de), 138.
Manannân mac Lir, 276-279, 322-344.
Maponus (Apollo), vi.
Marais, 296.
Mars, v, vi, x, 189, 378.
Massue, 383.
Mathusalem, 61.
Mauritanie, 228.
Mauvais œil, 205, 209, 379.
Medb, reine de Connaught, 127, 128, 286, 288, 299.
Médecine, 307, 308.
Médecins, 283, 284.
Méduse, 206-208.
Méla, 88.
Mercure, v-vii, 178, 218, 304, 381-383.
Mer divinisée, 250-252.
Mer Noire, 87.

Mer Rouge, 43.
Métamorphoses, 51-59, 62, 248, 288, 289, 321.
Métempsycose, 345-351.
Michel Comyn, 362, 363, 366.
Midé (Province de), 78.
Mider, de Bregleith, 274, 311-322.
Milé, fils de Bilé, 7, 12, 224, 225, 228, 230.
Milé (les fils de), 7, 12, 43, 56, 60, 76, 86, 118, 143, 200, 201, 220-265, 269, 290, 292, 301, 305.
Miletumarus, 224, 225.
Minerve, v, vii.
Mines d'or, 200.
Minotaure, 98, 103, 105.
Moccus (*Mercurius*), vi.
Moïse, 40, 72.
Mongân, roi d'Ulster, 63, 335-346.
Montagnes divinisées, 250-252, 388, 389.
Montluçon, 384.
Moore (Thomas), 71.
Morc, fils de Délé, 101, 114, 115.
Mort, 16, 32, 36, 113, 119, 121, 225, 226, 232, 317, 351-355. Voyez *Espagne*, *Fomóré*.
Movilla, 47.
Munster, 126, 169, 264, 285.
Murbolg, 100.
Muredach Munderc, 49.
Musée, 318.
Musique, 191, 283, 289, 323, 325, 327, 328, 331, 335, 358, 360.
Mythologie grecque. Voyez *Grecque* (Mythologie).
Mythologie romaine, v-vii, 212, 213, 289-292. Voyez *Mercure*.

Nains, 92, 93.
Nair, 364.
Nar, père de Lugaid, 364.
Naturalisme celtique, 249-252, 387-389.
Nectar, 309.
Nédé, fils d'Adné, 193, 194.
Nèit, dieu de la guerre, 14, 168, 234.
Nèl, 40, 88.
Nemed, 7, 11, 14, 15, 46, 51-53, 60, 75, 84-122, 124, 125, 132, 134, 141, 143, 164, 209, 355.
Nennius, 22, 25, 26, 29, 42, 44, 66, 69, 85, 86, 117-119, 133.
Neuf vagues, 256-258.
Newgrange, 272, 273.
Niall Aux-neuf-otages, 78.

Niobé, 37.
Nodens, Nodons, dieu romano-breton, 155.
Noé, 67.
Nûadu Argatlâm, 153-156, 163, 168, 169, 172, 175, 180, 185-187, 209, 307, 391.
Nudens, dieu romano-breton, 155.
Nuit, 233, 251. Voyez Fomôré.
Numa Pompilius, 296.

Obriareós, 219.
Odyssée, 17, 19, 20, 120, 260.
Odusseus, ou Ulysse, 204.
Œdipe, 10.
Œil de Balor, 209, 217.
Œil (Mauvais), 205, 209.
Oengus, fils de Dagdé, 270-289, 312, 313.
Ogamique (Écriture), 306, 342.
Ogma, Ogmé, ou Ogmios, 129, 130, 176, 185, 188-191, 234, 270, 271, 276, 306, 307, 368.
Ogygès, 14.
Ogygie, 120.
Oiseaux, 194-196, 288, 289, 294, 295, 297, 321, 381.
Ollarbé, rivière, 338, 340.
Olympe, 8, 9.
Ombres, les morts, 119.
Orcades (Îles), 42.
Ormazd, 15, 367.
Orphée, 351.
Ossin, ou Ossian, 4, 362, 363.
Ovide, 125.

Palais magiques, 270, 273, 274, 276, 277, 298, 302, 303, 322, 330, 332, voyez Sid.
Palestine, 94.
Pandore, 27.
Pannonie inférieure, 224.
Panthéisme celtique, 243-249, 388.
Partholon, 7. 11. 12, 15, 24-44, 46, 49, 50, 60, 65-67, 75, 82, 89, 92, 124, 158, 355.
Patrice (Saint), 57, 59, 82, 105-108, 153, 280-282, 284, 310.
Peintres grecs, 368.
Pélée, 121.
Persée, 206-208, 210, 211, 217.
Phaéton, 368.
Pharaon, 88.
Phéniciens, 19.
Phidias, 368.
Philistins, 228.

Phoibos, 204.
Pictes, 7, 12, 42, 264, 265.
Pierre solaire, 202.
Pindare, 19, 121, 198, 230, 238.
Platon, 20, 318.
Plutarque, 231, 351.
Pomponius Méla, 88, 381.
Pont-Euxin, 87, 88.
Port-a-deilg, 215.
Port na Glaise, 213.
Poseidaôn, 17, 204, 371.
Postumus, roi des Latins, 42.
Préceltiques (Races), 126, 127, 131, 173, 174.
Procope, 231, 351.
Proitos, 208.
Prométhée ou Prométheus, 237-240.
Promesse (Terre de la), ou Terre promise, 327, 331.
Ptolémée, fils de Lagus, 223.
Pythagore, 347, 348, 350.
Python, 98.

Quartio, fils de Miletumarus, 224.
Quatre Maîtres, 221, 290, 338.
Race d'airain, 9, 11, 12, 45, 46, 123, 124.
Race d'argent, 9, 11, 12, 24, 25, 45, 46, 123, 124.
Race d'or, 8, 11, 45, 46, 123-125, 198-200.
Raith, 90.
Rathmôr Maige Linni, 334, 335.
Reims, 386.
Revenants, 345.
Rhadamanthus, 19.
Rhin, 263.
Rhiphées (Monts), 88.
Rivières divinisées, 250-252, 388, 389.
Romaine (Mythologie), v-vii, 212, 213, 289-292. Voyez Mercure.
Rome, 147-149, 389.
Rosmerta, 383.
Rouge (Mer), 43, 227.
Rûadan, 182-184.
Rûad Rofhessa, 375.
Rudraige, 30, 183.
Rusicada, 228.

Sabd ll-dânach, 178.
Sacrifices humains, 107-111, 376-381, 386.
Saint-Bertrand-de-Comminges, 304.
Saint-Gall (Bibliothèque de), 308.
Samain, 5, 102, 112, 180.

Sanglier, 190.
Satire, 171, 172.
Saturne, 380.
Scál, 303.
Scandinaves, 132.
Scêné, 242.
Scôta, fille de Pharaon, 40, 88, 89, 228.
Scots, 26, 40, 42, 85, 127, 131, 173, 224, 227, 228, 272.
Sculpture grecque, 368.
Scythie, 87, 89, 227.
Semion, fils d'Erglann, 116.
Semion, fils de Stariat, 54, 133.
Semul, 114.
Senchas na relec, 271, 276.
Senchus Mór, 3, 34, 35, 100, 228.
Sengand, 100.
Sen-mag, 30.
Sequana, déesse, 388.
Sera, père de Partholon et de Starn, 40, 49.
Sériphe, 208.
Serment, 251.
Serpent mythologique, 97, 383-386.
Severn, rivière, 155, 185.
Siabra, 143.
Sid, 267, 268, 274, 285, 286, 306, 312.
Side, 283, 285, 312, 323. Voyez *Fées*.
Sid des hommes de Femen, 285.
Sid Uaman, 286.
Silentes de la poésie latine, 120.
Simonide, 208.
Slane, roi des Galiôin, 133.
Slaney, rivière, 264.
Sliab Betha, 74.
Sliab Mis, 253.
Slieve Mish, 253, 254.
Smerius, ou Smertus, 383.
Smertomara, 383.
Smertulitanus, 383.
Soirées d'hiver, 231, 233.
Soleil, 202, 205, 244, 251.
Sommeil produit par la musique, 191, 289, 323, 328.
Sophocle, 208.
Sreng, 159-162, 168.
Starn, fils de Sera, 49, 59.
Stéropès, 218, 370.
Styx, 121.
Sualtam, 294, 299.
Succession par les femmes, 265.
Suil Baloir, 209.
Sulis (Minerva), vii.

Syrie, 228.

Taliésin, 62, 63, 245.
Tailtiu (Bataille de), 260, 284, 372. Voyez *Táltiu*.
Táin bô Cúailngé, 267.
Táltiu, fille de Mag-môr, 136-139, 175.
Tanaidé O'Maelchonairé, 164.
Tara, capitale de l'Irlande, 78, 161, 172, 175, 177, 255, 301, 302, 314, 315, 319-321, 327, 328, 332, 389.
Taranis. Voyez *Taranus*.
Taranucnus, 379, 380.
Taranucus (Jupiter), vi.
Taranus, vi, 109, 110, 376, 379-382, 384, 385.
Tartare, 16-18, 20, 98, 237, 238.
Taureau, 293. Voyez *Buar-ainech*.
Tarvos Trigaranus, 385.
Télémachie, 19.
Teliavus (Saint), 110.
Teltown, autrefois Táltiu, 138.
Terre, mère des Titans, 237.
Terre de la Promesse, 327.
Terre divinisée, 250-252.
Terre promise, 331.
Terre labourable, 296.
Tête de bélier, 383, 384.
Tête de chèvre, 92, 95, 97, 384.
Téthra, 15, 16, 20, 21, 173, 188, 190, 192-199, 306, 376, 381, 384.
Teutatès, 109, 376, 378, 381, 384, 385.
Thèbes, 10, 12, 16, 24, 27.
Thésée, 99, 102.
Thrace, 7.
Tibère, 81, 380.
Tigernach, 4, 223, 296, 314, 326.
Tigernmas, 111-113, 199, 200, 303.
Timagène, 262, 347.
Tire beo, 28.
Tir tairngiri, 327.
Tir n-aill, 28.
Tir sorcha, 324.
Titans, 15, 17, 18, 183, 199, 201, 219, 236, 238.
Tolan ou *tolon*, 25.
Tombelles de Dowth, Knowth et Newgrange, 272, 273.
Tonnerre, 370. Voyez *Foudre*.
Tor-inis, île, 101, 103, 113, 116, 209.
Tor môr, 210.
Tory (Ile de). Voyez *Tor-inis*.
Totatigens, 379.

Toutatis, vi, 378, 379.
Tour de Brégon, 230, 233, 239.
Tour de Conann, 14, 16, 101-122, 209, 230.
Tour de Kronos, 121.
Tour de verre, 118, 119.
Tourenus (Mercurius), vi.
Trag mâr, 85.
Triades mythologiques, 370-384, 384.
Tricéphales (Dieux), 384.
Troie, 10-12, 16, 24, 27.
Tûan mac Cairill, 43-63, 65, 67, 78, 82, 117, 126, 142, 346, 348.
Túatha Dé Danann, 7, 11, 13, 15, 32, 46, 56, 60, 76, 77, 103, 104, 125, 131, 134, 137, 140-191, 220-224, 243, 253-260, 266-343.
Túath Fidga, 264.
Tuirell Bicreo, 373.
Tuirenn, 373.
Tvashtri, 15, 370.
Typhaon, 98.
Typhœus, 98.
Tyr, dieu scandinave, 189.

Uar, fils de Dana, 145, 372-374.
Ugainé, fils d'Echu Búadach, 223.
Ulster, 126-128, 295, 299, 333, 335.

Ulysse, 120, 351, 366.
Urard mac Coisi, 3, 175, 178.
Usnech, 5.

Vaches de Munster, 170.
Vaches mythologiques, 202, 244-243, 277, 331, 384, 385.
Valère Maxime, 347.
Vandœuvre (Indre), 384, 385.
Varuna, 15, 21, 370.
Védique (Mythologie), 15, 21, 32, 99, 369-371.
Verre (Barque et tour de), 118-120.
Villes divinisées, 389.
Vin, 318.
Visucius (Mercurius), vi.
Vosegus, dieu, 388.
Vritra, 32, 99.
Vyamsa, 32, 99.

Yama, 15, 21, 370.

Zên, 371.
Zeus, 8-10, 13, 15, 18, 27, 37, 98, 99, 121, 124, 144, 183, 186, 189, 198, 199, 201, 208, 290, 294, 371.
Zio, dieu allemand, 189.
Zuyderzée, 352.

FIN DE L'INDEX ALPHABÉTIQUE.

TABLE DES MATIÈRES

Préface. v

CHAPITRE PREMIER.

NOTIONS GÉNÉRALES.

§ 1. Les catalogues de la littérature épique irlandaise. 1
§ 2. Les cycles épiques irlandais. 4
§ 3. De la place occupée par la littérature épique dans la vie des Irlandais aux premiers siècles du moyen âge. 5
§ 4. Le cycle mythologique irlandais. Les races primitives dans la mythologie irlandaise et dans la mythologie grecque. . . 6
§ 5. Le cycle mythologique irlandais (*suite*). Les inondations dans la mythologie irlandaise et dans la mythologie grecque. 13
§ 6. Le cycle mythologique irlandais (*suite*). Les batailles entre les dieux dans la mythologie irlandaise, dans celles de la Grèce, de l'Inde et de l'Iran. 14
§ 7. Le roi des morts et le séjour des morts dans la mythologie irlandaise, dans la mythologie grecque et dans celle des *Véda*. 16
§ 8. Les sources de la mythologie irlandaise. 21

CHAPITRE II.

ÉMIGRATION DE PARTHOLON.

§ 1. La race de Partholon en Irlande. La race d'argent dans la mythologie d'Hésiode. 24

§ 2. La doctrine celtique sur l'origine de l'homme. 26
§ 3. La création du monde dans la mythologie celtique telle que nous l'a conservée la légende de Partholon. 29
§ 4. Lutte de la race de Partholon contre les Fomóré. 31
§ 5. Suite de la légende de Partholon. La première jalousie, le premier duel. 33
§ 6. Fin de la race de Partholon. 36
§ 7. La chronologie et la légende de Partholon. 37

CHAPITRE III.

ÉMIGRATION DE PARTHOLON (*suite*). LÉGENDE DE TUAN MAC CAIRILL.

§ 1. Pourquoi la légende de Tûan mac Cairill a-t-elle été inventée ?. 45
§ 2. Saint Finnén et Tûan mac Cairill. 47
§ 3. Histoire primitive de l'Irlande suivant Tûan mac Cairill. 50
§ 4. La légende de Tûan mac Cairill et la chronologie. Modifications dues à l'influence chrétienne. 58
§ 5. La légende de Tûan mac Cairill, dans sa forme primitive, est d'origine païenne. 62

CHAPITRE IV.

CESSAIR, DOUBLET DE PARTHOLON ; FINTAN, DOUBLET DE TUAN MAC CAIRILL.

§ 1. Comparaison de la légende de Partholon et de Tûan avec celle de Cessair et de Fintân. 64
§ 2. Date où a été imaginée la légende de Cessair et de Fintân. 66
§ 3. Cessair chez Girauld de Cambrie et chez les savants irlandais du dix-septième siècle. Opinion de Thomas Moore. . 69
§ 4. Pourquoi et comment Cessair vint s'établir en Irlande. . . 72
§ 5. Histoire de Cessair et de ses compagnons depuis leur arrivée en Irlande. 73
§ 6. Les poèmes de Fintân. 75
§ 7. Fintân : 1° au temps de la première bataille mythologique de Mag-Tured ; 2° sous le règne de Diarmait mac Cerbaill, sixième siècle de notre ère. 77
§ 8. Les trois doublets de Fintân. Saint Caillin, son élève : conclusion. 80

CHAPITRE V.

ÉMIGRATION DE NÉMED ET MASSACRE DE LA TOUR DE CONANN.

§ 1. Origine de Némed ; son arrivée en Irlande. 84
§ 2. Le règne de Némed en Irlande ; ses premières relations avec les Fomôré. 90
§ 3. Ce que c'est que les Fomôré. Textes divers qui les concernent. 91
§ 4. L'équivalent des Fomôré dans la mythologie grecque et dans la mythologie védique. 96
§ 5. Combats de Némed contre les Fomôré. 100
§ 6. Domination tyrannique des Fomôré sur la race de Némed. Le tribut d'enfants. Comparaison avec le Minotaure. 101
§ 7. L'idole *Cromm crûach* ou *Cenn crûach* et les sacrifices d'enfants en Irlande. Les sacrifices humains en Gaule. 105
§ 8. Tigernmas, doublet de *Cromm crûach* et dieu de la mort. 111
§ 9. Le désastre de la tour de Conann d'après les documents irlandais. 113
§ 10. Le désastre de la tour de Conann suivant Nennius. Comparaison avec la mythologie grecque. 117

CHAPITRE VI.

ÉMIGRATION DES FIR-BOLG.

§ 1. Les Fir-Bolg, les Fir-Domnann et les Galiôin dans la mythologie irlandaise 123
§ 2. Les Fir-Bolg, les Fir-Domnann et les Galiôin dans l'épopée héroïque irlandaise. 126
§ 3. Association des Fomôré ou dieux de Domna, *Dé Domnann*, avec les Fir-Bolg, les Fir Domnann et les Galiôin. . . 128
§ 4. Etablissement des Fir-Bolg, des Fir-Domnann et des Galiôin en Irlande. 131
§ 5. Origine des Fir-Bolg, des Fir-Domnann et des Galiôin. Doctrine primitive, doctrine du moyen âge. 133
§ 6. Introduction de la chronologie dans cette légende. Liste des rois. 135

§ 7. Táltiu, reine des Fir-Bolg et mère nourricière de Lug, un des chefs des Tûatha Dé Danann. Assemblée annuelle de Táltiu le jour de la fête de Lug ou Lugus. 136

CHAPITRE VII.

ÉMIGRATION DES TUATHA DÉ DANANN. PREMIÈRE BATAILLE DE MAG-TURED.

§ 1. — Les Tûatha Dé Danann sont des dieux : leur place dans le système théologique des Celtes.. 140
§ 2. Origine du nom des Tûatha Dé Danann. La déesse Brigit et ses fils, le dieu irlandais Brian et le chef gaulois Brennos. 144
§ 3. La bataille de Mag-Tured est primitivement unique. Plus tard on distingue deux batailles de Mag-Tured. 149
§ 4. Le dieu Nûadu Argatlâm.. 153
§ 5. Indications sur l'époque où a été composé le récit de la première bataille de Mag-Tured. 156
§ 6. Pourquoi fut livrée la première bataille de Mag-Tured. 158
§ 7. Récit de la première bataille de Mag-Tured. Résultat de cette bataille. 164

CHAPITRE VIII.

ÉMIGRATION DES TUATHA DÉ DANANN (suite). SECONDE BATAILLE DE MAG-TURED.

§ 1. Règne de Bress. Sa durée. 167
§ 2. Règne de Bress. Avarice de ce prince. 169
§ 3. Le file Corpré. Fin du règne de Bress. 171
§ 4. Guerre des Fomóré contre les Tûatha Dé Danann. Les guerriers fomóré Balar et Indech.. 172
§ 5. Arrivée de Lug chez les Tûatha Dé Danann à Tara.. . . 174
§ 6. Revue des gens de métier par Lug. 178
§ 7. Seconde bataille de Mag-Tured. Fabrication des javelots. 180
§ 8. L'espion Rûadan.. 182
§ 9. Seconde bataille de Mag-Tured (suite). Blessure d'Ogmé et de Nûadu. 184
§ 10. Seconde bataille de Mag-Tured (suite et fin). Mort de Balar. Défaite des Fomóré. L'épée de Téthra tombe entre les mains d'Ogmé. 187

§ 11. La harpe de Dagdé... 190
§ 12. Les Fomôré et Téthra dans l'île des Morts... 192
§ 13. Le corbeau et la femme de Téthra... 194

CHAPITRE IX.

LA SECONDE BATAILLE DE MAG-TURED ET LA MYTHOLOGIE GRECQUE.

§ 1. Le Kronos grec et ses trois équivalents irlandais, Téthra, Bress, Balar... 197
§ 2. Forme irlandaise de l'idée grecque de la race d'or. Tigernmas, doublet de Balar, de Bress et de Téthra... 199
§ 3. Balar et le mythe d'Argos ou Argus. Lug et Hermès... 201
§ 4. Io et Bûar-ainech. Balar et Poseidaôn... 202
§ 5. Lug, meurtrier de Balar, et le héros grec Bellérophontès. 204
§ 6. Lug et le héros grec Persée... 206
§ 7. Le Balar populaire de l'Irlande. Balar et Acrisios. Ethné, fille de Balor, et Danaé, fille d'Acrisios. Les trois frères irlandais et le triple Géryon. Leur vache et le troupeau de Géryon ou de Cacus. Le fils de Gavida et Persée... 208
§ 8. Les trois ouvriers des Tûatha Dé Danann et les trois Cyclopes de Zeus chez Hésiode... 218

CHAPITRE X.

LA RACE DE MILÉ.

§ 1. Les chefs des Tûatha Dé Danann changés au onzième siècle en hommes et en rois. Chronologie de Gilla Coemain et des Quatre Maîtres... 220
§ 2. Milé et Bilé, ancêtres de la race celtique... 224
§ 3. La doctrine qui fait arriver les Irlandais d'Espagne et leur donne pour pays d'origine la Scythie et l'Egypte... 226
§ 4. Ith et la tour de Brégon... 229
§ 5. L'Espagne et l'île de Bretagne confondues avec le pays des morts... 231
§ 6. Expédition d'Ith en Irlande... 233
§ 7. La mythologie irlandaise et la mythologie grecque. Ith et Prométhée... 236

CHAPITRE XI.

CONQUÊTE DE L'IRLANDE PAR LES FILS DE MILÉ.

§ 1. Arrivée des fils de Milé en Irlande. 241
§ 2. Premier poème d'Amairgen. Doctrine panthéiste qu'il exprime. Comparaison avec un poème gallois attribué à Taliésin et avec le système philosophique de Jean Scot dit Eringène. 243
§ 3. Les deux autres poèmes d'Amairgen. Doctrine naturaliste qu'ils expriment.. 249
§ 4. Première invasion des fils de Milé en Irlande.. 253
§ 5. Jugement d'Amairgen.. 255
§ 6. Retraite des fils de Milé.. 258
§ 7. Seconde invasion des fils de Milé en Irlande. Ils font la conquête de cette île... 259
§ 8. Comparaison entre les traditions irlandaises et les traditions gauloises.. 261
§ 9. Les Fir-Domnann, les Bretons et les Pictes en Irlande.. 264

CHAPITRE XII.

LES TUATHA DÉ DANANN, DEPUIS LA CONQUÊTE DE L'IRLANDE PAR LES FILS DE MILÉ. PREMIÈRE PARTIE. LE DIEU SUPRÊME DAGDÉ.

§ 1. Ce que devinrent les Tûatha Dé Danann après leur défaite par les fils de Milé. Le morceau intitulé « De la Conquête du Sîd. ». 266
§ 2. Le dieu Dagdé. Sa puissance après la conquête de l'Irlande par les fils de Milé.. 268
§ 3. Le palais souterrain de Dagdé à Brug na Boinné ou Sîd maic ind Oc. Oengus, fils de Dagdé. Rédaction païenne de la légende qui concerne Oengus et ce palais... 270
§ 4. Rédaction chrétienne de cette légende. 276
§ 5. Les amours d'Oengus, fils de Dagdé. 282
§ 6. L'evhémérisme en Irlande et à Rome. Dagdé ou « Bon dieu » en Irlande ; *Bona dea*, la « Bonne déesse, » compagne de Faunus à Rome.. 289

CHAPITRE XIII.

LES TUATHA DÉ DANANN APRÈS LA CONQUÊTE DE L'IRLANDE PAR LES FILS DE MILÉ. DEUXIÈME PARTIE. LES DIEUX LUG, OGMÉ, DIANCECHT ET GOIBNIU.

§ 1. Lug joue dans la légende de Cûchulainn le même rôle que Zeus dans celle d'Héraclès. 293
§ 2. La chasse aux oiseaux mystérieux. 294
§ 3. Le palais enchanté. Naissance de Cûchulainn. 297
§ 4. Le mortel Sualtam et le dieu Lug, tous deux père de Cûchulainn. 299
§ 5. Lug et Conn Cétchathach, roi suprême d'Irlande au second siècle de notre ère. 301
§ 6. Lug était bien un dieu quoi qu'en aient dit plus tard les Irlandais chrétiens. 303
§ 7. Ogmé ou Ogmios le champion. 306
§ 8. Diancecht le médecin. 307
§ 9. Goibniu le forgeron et son festin. 308

CHAPITRE XIV.

LES TUATHA DÉ DANANN APRÈS LA CONQUÊTE DE L'IRLANDE PAR LES FILS DE MILÉ. TROISIÈME PARTIE. LES DIEUX MIDER ET MANANNAN MAC LIR.

§ 1. Le dieu Mider. Etâin, sa femme, est enlevée par Oengus, puis naît une seconde fois et devient fille d'Etair. 311
§ 2. Etâin est femme du roi suprême d'Irlande. Mider la courtise. 313
§ 3. La partie d'échecs. 315
§ 4. Mider fait de nouveau la cour à Etâin. Poème qu'il lui chante. 317
§ 5. Mider enlève Etâin. 319
§ 6. Manannân mac Lir et Bran fils de Febal. 322
§ 7. Manannân mac Lir et le héros Cûchulainn. 324
§ 8. Manannân mac Lir et Cormac fils d'Art. Première partie. Cormac échange contre une branche d'argent, sa femme, son fils et sa fille. 326

§ 9. Manannân mac Lir et le roi Cormac fils d'Art. Deuxième partie. Cormac retrouve sa femme, son fils et sa fille.. 329
§ 10. Manannân mac Lir est père de Mongân, roi d'Ulster au commencement du sixième siècle de notre ère. 333
§ 11. Mongân fils d'un dieu, est un être merveilleux.. 336

CHAPITRE XV.

LA CROYANCE A L'IMMORTALITÉ DE L'AME EN IRLANDE ET EN GAULE.

§ 1. L'immortalité de l'âme dans la légende de Mongân. . . . 344
§ 2. La race celtique a-t-elle cru à la métempsycose pythagoricienne ? Opinion des anciens sur cette question. 345
§ 3 Comparaison entre la doctrine de Pythagore et la doctrine celtique.. 348
§ 4. Le pays des morts. La mort était un voyage. Texte du quatrième siècle avant notre ère. 351
§ 5. Certains héros sont allés faire la guerre au pays des morts et des dieux, tels sont : Cûchulainn, Loegairé Liban et Crimthann Nîa Nair. Légende de Cûchulainn. 354
§ 6. Légende de Loegairé Liban. 356
§ 7. La descente de cheval dans la vieille légende de Loegairé Liban et dans la légende moderne d'Ossin. 362
§ 8. Légende de Crimthann Nîa Nair. 363
§ 9. Différence entre Cûchulainn d'un côté, Loegairé Liban et Crimthann Nîa Nair de l'autre. 365

CHAPITRE XVI.

CONCLUSION.

§ 1. D'une différence importante entre la mythologie celtique et la mythologie grecque.. 367
§ 2. La triade mythologique dans les *Véda* et en Grèce. . . . 370
§ 3. La triade en Irlande.. 371
§ 4. La triade en Gaule chez Lucain : Teutatès, Esus et Taranis ou Taranus. 376
§ 5. Le dieu gaulois que les Romains ont appelé Mercure. . . 381
§ 6. Le dieu cornu et le serpent mythique en Gaule.. 383
§ 7. Le dualisme celtique et le dualisme iranien.. 386

§ 8. Le naturalisme celtique. 387

CORRECTIONS ET ADDITIONS. 391

INDEX ALPHABÉTIQUE. 393

FIN DE LA TABLE DES MATIÈRES.

TOULOUSE. — IMPRIMERIE A. CHAUVIN ET FILS, RUE DES SALENQUES, 28.

www.ingramcontent.com/pod-product-compliance
Lightning Source LLC
Chambersburg PA
CBHW070928230426
43666CB00011B/2351